U0711733

民法典中国特色的
法理诠释

MINFADIAN ZHONGGUOTESE DE
FALIQUANSHI

薛 波 著

中国政法大学出版社

2025·北京

声　　明　　1. 版权所有，侵权必究。

2. 如有缺页、倒装问题，由出版社负责退换。

图书在版编目（ＣＩＰ）数据

民法典中国特色的法理诠释 / 薛波著. -- 北京 ：
中国政法大学出版社，2025. 5. -- ISBN 978-7-5764
-2145-3

Ⅰ. D923.05

中国国家版本馆 CIP 数据核字第 2025PC7950 号

出 版 者　　中国政法大学出版社

地　　址　　北京市海淀区西土城路 25 号

邮寄地址　　北京 100088 信箱 8034 分箱　邮编 100088

网　　址　　http://www.cuplpress.com（网络实名：中国政法大学出版社)

电　　话　　010-58908586(编辑部) 58908334(邮购部)

编辑邮箱　　zhengfadch@126.com

承　　印　　固安华明印业有限公司

开　　本　　720mm×960mm　　1/16

印　　张　　16.25

字　　数　　260 千字

版　　次　　2025 年 5 月第 1 版

印　　次　　2025 年 5 月第 1 次印刷

定　　价　　79.00 元

自 序

构建中国自主的私法学知识体系

2022 年 4 月 25 日，习近平总书记在中国人民大学考察时指出"加快构建中国特色哲学社会科学体系，归根结底是构建中国自主的知识体系"，对社会科学研究范式的转型和发展提供了方向指引。法学作为哲学社会科学的重要分支，当前亦面临着自主知识体系构建的问题。

自清末维新变法以降，西法东渐，中国的私法学传统主要师法德国、法国、瑞士、日本等发达国家。在研究范式、研究对象（内容）、研究方法、材料选用、制度修辞等方面，莫不以西学为师尊。随着一代又一代的有志之士致力于民族复兴大业，随着中国社会经济的高速发展尤其是社会主义市场经济体制的确立和不断完善，中国的私法学研究亦取得了长足进步。中国的民商法学人逐渐摆脱早先对西学顶礼膜拜的前见思维束缚，开始立足于本国国情和本土实践，检讨和反思域外私法学理论的缺陷和弊端。例如，民法学对物权行为理论从否定到部分/全部继受，对动态体系论的系统检讨，公司法中对资本维持原则的反思和质疑，证券法中对证券欺诈因果关系的判断，金融法中对金融发展/创新和金融稳定/监管关系的探寻，等等，这些无不昭示着中国民商法学研究的自省自觉和"转型"迹象。恰如萨维尼所言，法律作为一种历史上特定的现象，如同诗歌、语言、宗教一样，深深地扎根于民族的生活和历史。[1] 不是某个特定的立法者的理性塑造了法律，而是由贯穿整个历史

---

[1] 参见陈爱娥：《萨维尼：历史法学派与近代法学方法论的创始者》，载《清华法学》2003 年第 2 期。

的"民族精神"（Volksgeiste）的"内在的潜移默化的力量"（inneren still-wirkender Krafte）使之得以有机地培育成长。[1]只有民族的，才是世界的。中国的私法学研究开始关注自己的本土实践和"中国特色"问题，不再简单地邯郸学步、模拟西学，开始注重对域外制度的功能继受。这无疑属于中国私法学研究的重大进步。

这种对中国立场、中国问题的反思酝酿发酵、跌宕不断。直到2020年5月28日《中华人民共和国民法典》（以下简称《民法典》）颁布才达到了高潮。作为中国特色社会主义市场经济建设成果在法治层面的凝练和表达，《民法典》的颁布标志着中国特色社会主义私法立法实现了"体系化"和"科学化"目标，标志着统一私法法源体系之建立。一个全中华民族的民法典表明中华民族已经攀上历史的高峰。[2]

在《民法典》颁布后，我国学术界的研究多集中于对《民法典》的制度解析和解释适用方面，期间涌现出了大批优秀学术成果。但是，纵观这些研究成果，多集中于微观制度解释和适用方面，有相当一部分作品从比较法和司法裁判视角解读《民法典》。而《民法典》的"中国特色"问题则少有人问津。据笔者观察，个中的原因主要有：第一，受既有知识传统和思维惯性之影响。中国私法学的知识系统多来源于德国、法国、瑞士、日本等，在《民法典》编纂前/后，对域外法制度如何同《民法典》编纂的中国国情和《民法典》"中国特色"深度融合问题，思虑不周、体察不够。第二，《民法典》实施之后，社会各界长期聚焦于对《民法典》的宣传学习推广工作，对《民法典》的"中国特色"虽然有部分学者提及，但多属泛泛而论，未及深入。忽视《民法典》的"中国特色"对《民法典》的解读显然是远远不够的。

新中国的《民法典》建设可谓筚路蓝缕。新中国成立以来，曾分别于1952年、1964年、1979年、2001年、2013年5次启动《民法典》编纂工作，前四次因国际国内环境等诸多因素的限制，或编纂条件不具备，或编纂时机不够成熟，均未能成功。2013年第5次启动《民法典》编纂终因天时、地

---

[1] 参见［德］K. 茨威格特、H. 克茨：《比较法总论》，潘汉典等译，潘汉典校订，法律出版社2003年版，第212页。

[2] 参见谢怀栻：《大陆法国家民法典研究》，载《外国法译评》1994年第3期。

利、人和等诸条件具备才得以顺利完成。作为在"集国人智慧、成伟大法典"雄心引导下颁布的新中国第一部《民法典》，总计 7 编 84 章 1226 条 10 万多字，可谓皇皇巨著，属于学术界集体智慧的结晶，更属于中华民族集体智慧结出的硕果。《民法典》颁布后有必要重视并深挖其蕴含的"中国特色"和"中国元素"，这样才无愧于这部法典的坎坷形成史，无愧于党中央对《民法典》的高度重视，无愧于全国人民的殷殷期待。

笔者自 2013 年攻读博士研究生开始便长期关注《民法典》编纂的理念、技术、路线、方法、制度设计、修辞表达等问题，并先后陆续发表了系列文章。尤其是在《民法典》颁布之后，自 2020 年初开始，笔者在通读《民法典》条文、研习其立法演进脉络之后，开始爬梳和整理《民法典》编纂相关史料，围绕《民法典》的"中国特色"这一主题展开了长期、集中的思考，先后形成了系列文章并陆续得以发表。他们分别是《后民法典时代司法解释与案例指导制度功能调适论》（《河北法学》2021 年第 2 期）；《论司法解释入民法典分编的方法和步骤》（《甘肃社会科学》2019 年第 1 期）；《"中国特色"民法典编纂方法及其对商事立法的镜鉴》（《学术界》2020 年第 10 期）；《中国特色民法典编纂方法的效应评估与消极效应祛除》（《学术论坛》2022 年第 5 期）；《后民法典时代民商法法源结构的效用评估与消极效用克服》（《学术界》2022 年第 9 期）；《论民法典编纂的历史逻辑及配套措施跟进》（《河南财经政法大学学报》2020 年第 6 期）；《论我国〈民法典〉的推介和输出》（《时代法学》2021 年第 2 期）；《民法典时代我国公司法修改的目标遵循与具体思路——一种内外部相结合的二元分析视角》（《政法学刊》2020 年第 6 期）。

在这些文章当中，《后民法典时代司法解释与案例指导制度功能调适论》和《司法解释入民法典分编的方法和步骤》这两篇文章聚焦于《民法典》、民商事司法解释、案例指导制度三者的互动关系展开探讨。民商事司法解释和案例指导制度均属于中国司法体制之"独创"。改革开放以来，伴随着每一部民商单行法的颁布，随之颁布了大规模配套司法解释。司法解释被誉为"法治状况的晴雨表"[1]，在司法裁判中被作为裁判规范广泛使用，作用不

---

[1] 参见张新宝教授为王伟国的《最高人民法院民商事司法解释研究》一书所做的序言。王伟国：《最高人民法院民商事类司法解释研究》，中国人民大学出版社 2010 年版，第 2 页。

亚于甚至高于制定法。属于中国民商事立法和司法体制中颇具"中国特色"的制度安排。在此次《民法典》编纂启动伊始，笔者曾预言，如果《民法典》编纂不能有效吸收业已存在的大规模民商事司法解释，将很难取得成功。最终，《民法典》提取了大量司法解释规则。案例指导制度既不同于大陆法系的先例法，亦非英美法系的判例法。有认为是"司法解释的变形"，亦有认为是"中国特色"的司法判例制度。如何定性至今仍在讨论的漩涡之中。笔者就《民法典》实施后二者的功能协调做了理论上的探索，呼吁"限缩"司法解释制度之功能，"扩张"案例指导制度的适用空间。

在《"中国特色"民法典编纂方法及其对商事立法的镜鉴》和《中国特色民法典编纂方法的效应评估与消极效应祛除》两篇文章中，笔者首次"创新性"地将中国《民法典》的编纂方法凝练为"摸着石头过河"，并对采用这一编纂方法的积极效应和消极效应做了全面的评估。在《后民法典时代民商法法源结构的效用评估与消极效用克服》一文中，笔者提出后《民法典》时代我国民商法法源结构呈现出"《民法典》—商事单行法—民商司法解释—案例指导制度"这样一种"自上而下"的"金字塔式"结构，对这种法源结构的消极效用及其克服提出了解决之道。

《民法典》颁布之后，习近平总书记主持召开第二十次中央政治局常委会，对学习和贯彻《民法典》作出了重要的指示和部署，我国政治界、学术界、实务界、商界等社会各界人士迅速掀起学习宣传《民法典》的热潮。但是大多均集中于国内。作为和《德国民法典》《法国民法典》《瑞士民法典》《奥地利民法典》并列的 21 世纪世界"范式"《民法典》的代表，中国《民法典》有必要重视其推介和输出问题。在《论我国〈民法典〉的推介和输出》一文中，笔者对推介和输出中国《民法典》的时代背景和战略意义、推介的方法和策略、推介和输出的可能误区做了提示性研究。这对于中国《民法典》的国际化具有一定启示意义。众所周知，我国《民法典》于编纂之初即旗帜鲜明地宣称实行"民商合一"体制，《民法典》总则编"吸收/复制"了大量《中华人民共和国公司法》（以下简称《公司法》）"总则章"的规则，《公司法》"总则章"已经支离破碎，需重新编排整合。在 2023 年《公司法》修改之前，笔者有感而发写就了《后民法典时代我国公司法修改的目标遵循与具体思路——一种内外部相结合的二元分析视角》一文。这些文章选题均较为宏观，部分主题在学界几乎无人系统研究。

当然，学术研究不是"屠龙之术"。在上述行文中，笔者也力求做到准确、清楚、饱满，但囿于研究主题的限定，缺少对某一具体制度的"定量"分析。为深入《民法典》"中国特色"之细部，笔者选取了《民法典》中最为"核心"的制度（没有之一）民事法律行为的分支之一"决议行为"展开研究。《民法典》第 134 条第 2 款创新性地将决议行为纳入了《民法典》。决议行为"入典"丰富了私法自治的内涵，增加了法律行为的类型，属于"民商合一"的微观范例。在《民法典》颁布之前，笔者曾撰文呼吁纳决议"入典"，最终《民法典》第 134 条第 2 款确立了决议行为成立制度。在《民法典》颁布后的一段时间内，笔者集中于《公司法》上的决议行为研究，后尝试从特别法回归一般法，先后完成了《私法决议行为的性质归属与体系效应》（《荆楚法学》2023 年第 5 期）、《决议行为"入典"与法律行为分类理论重勘》（《社会科学》2022 年第 7 期）、《决议"入典"对法律行为的冲击与法律行为概念重勘》（《学术界》2024 年第 3 期）等一系列文章，这三篇文章旨在从私法一般法层面廓清决议制度之本质，厘清决议和法律行为之关系并尝试构建私法决议行为一般理论。

总之，无论是从宏观层面还是从微观层面，本书各章节都紧密围绕《民法典》的"中国特色"这一主题展开，旨在形塑和打造具有"中国特色"的民商法学知识体系，这与党中央提出的构建自主的知识体系要求无疑高度契合。随着《民法典》时代的来临，《民法典》是当前民商法学研究绕不过去的制度集成和指引，亦是中国自主私法学知识体系建设仰赖的"核心依托"和"轴心"。

在当前学术界构建自主法学知识体系的宏阔背景之下，笔者尝试将自己对《民法典》"中国特色"问题的相关学术思考进行体系化整合，最终形成了呈现在读者诸君面前的这部书稿。笔者不敢妄言本书承载着多少学术创新，做出了多少学术贡献（苏力语），因为所有的感想都是建立在无数前辈学人成果的累积和思想的结晶基础之上的。如果说有那么一点价值的话，那么首先需要感谢的是他们。但是，这部书稿集中展示了笔者对《民法典》"中国特色”元素的挖掘和探索，对构建中国自主私法学知识体系的自主性追求。历史的洪流滚滚向前。作为中国私法学研究群体中"微弱的一滴水"，中国私法学的建设和发达，需要千千万万个类似笔者这样的"垫脚石"的不懈努力。笔者对自己当初学术路径的选择无怨无悔并将持续努力。在这样一个全球变革的时代，希冀能为推进中国私法学的发展和繁荣略尽绵薄之力。

薛　波

2023 年 8 月 9 日初秋于福田寓所

■ 目　录 ■

下篇　民法典中国特色的微观忖度

| 上　篇 |

民法典中国特色的宏观审思

凝聚世人期待，经由中国政治界、法学界、实务界、商务界等社会各界人士倾情合力打造的《中华人民共和国民法典》（以下简称《民法典》）已经于 2020 年 5 月 28 日第十三届全国人民代表大会第三次会议审议通过。在《民法典》颁布的历史性时刻，及时总结《民法典》编纂的经验、特色和创新，是我国法学界责无旁贷的历史使命。本书拟立足于《民法典》编纂的宏观视角，提炼和阐释"中国特色"的《民法典》编纂方法。

一、中国特色民法典编纂方法的意涵

方法由"方"和"法"两部分组成。在相关词典里，对"方法"一词有多重解释。《汉语大辞典》对"方法"的解释是：①测定方形之法；②办法，门径；③方术，法术；④法则。[1]《现代汉语词典》的解释为：关于解决思想、说话、行动等问题的门路、程序等。[2] 从法学的角度看，所谓方法，即在给定条件之下，为实现特定目标/目的所采取的途径、路径、步骤、方式、手段、措施等。[3] 方法包含两个基本要素：一是某个有待实现目标的确定；二是为实现目标选择的推进办法和推进途径。任何选择目标的设定和实现都必须依赖一定的方法。方法受到广泛的青睐和重视是现代人文社会科学最显著的特征之一。

《民法典》的编纂方法，即为实现编纂《民法典》目标/目的所采用的途径、路径、步骤、方式、方案、手段、措施等。和编纂方法相近似的概念是

---

〔1〕 参见汉语大词典编辑委员会、汉语大词典编纂处编，罗竹风主编：《汉语大词典》（第 1 卷），汉语大词典出版社 1990 年版，第 1560 页。

〔2〕 参见中国社会科学院语言研究所词典编辑室编：《现代汉语词典》，商务印书馆 1983 年版，第 306 页。

〔3〕 参见葛洪义：《法律方法讲义》，中国人民大学出版社 2009 年版，第 4 页。

编纂技术，我国学术界通常对二者不加区分、混淆使用。实际上，编纂技术和编纂方法是有所区别的。编纂技术是从"静态"视角即《民法典》的编制体例和内容构造入手来观察的；编纂方法是从"动态"视角即《民法典》的形成过程来看待的。编纂方法既不关乎《民法典》的立法技术，亦与《民法典》的内容无涉。犹如建造一栋房屋，编纂技术指建房的框架结构和材料选用问题，建房材料是砖瓦还是大理石，框架结构是选用别人的设计图纸还是自行临摹；编纂方法指从形成过程来观察房子是采用何种方式搭建起来的，如是以专业工程队于短期内一次性施工完毕，还是采用临时工形式渐进成型。

从世界范围来看，主要包括"法学阶梯"和"学说汇纂"两种经典的编纂技术，其代表者分别为 1804 年的《法国民法典》和 1896 年的《德国民法典》。1804 年的《法国民法典》在继承公元 533 年古罗马皇帝优士丁尼颁布的《法学阶梯》三分法的基础上稍加调整，分为"人""财产及对于所有权的各种限制""取得财产的各方法"三编。1896 年的《德国民法典》系继承历史法学派的精神编纂而成。深受康德哲学影响的萨维尼及其继受者普赫塔、海塞、耶林、温德沙伊德等人，通过对罗马法律素材长期的系统整理和概念化努力，仿效《学说汇纂》体例打造出了"总则""债务关系法""物权法""亲属法""继承法"五编制的民法典。中国《民法典》采用总则、物权、合同、人格权、婚姻家庭、继承、侵权责任七编制的体例。有学者认为，中国《民法典》的编制体例是对《德国民法典》的翻版和改造；[1]亦有学者认为，中国《民法典》在潘德克顿体例的基础上融入了英美法元素，体现出了鲜明的中国特色。[2]尽管编纂技术/体例对认识中国《民法典》的特色和创新具有十分重要的意义，但其并非中国《民法典》最大的特色和创新。

按照马克斯·韦伯"形式理性"和"实质理性"的区分思想，欧洲的法律普遍具备逻辑性和"形式理性"的特征。[3]自罗马法以降，民法即为践行"形式理性"之典范。公元 6 世纪，由罗马皇帝优士丁尼一世完成的《优士丁尼法典》《法学阶梯》《学说汇纂》（Codex Digesta, Institutiones）三部法律法

---

〔1〕 参见孙宪忠：《中国民法典总则与分则之间的统辖遵从关系》，载《法学研究》2020 年第 3 期。
〔2〕 参见王利明：《体系创新：中国民法典的特色与贡献》，载《比较法研究》2020 年第 4 期。
〔3〕 参见 [德] 马克斯·韦伯：《论经济与社会中的法律》，张乃根译，中国大百科全书出版社 1998 年版，第 61、62 页。

规的汇编也被称为"Codici",最终确定了在罗马法系中法律术语的含义为"法典"。[1]19世纪末,西欧法国、德国、奥地利、瑞士等资本主义国家掀起的近代"民法法典化"运动,在全面继受和发展罗马私法体系的基础上形成了所谓的"民法法系"或者"大陆法系"。[2]"民法法典化"运动使民法的"形式理性"特征得到了集中呈现,通过对民法典的体例编排、概括条款、术语表达等一系列的设计,体现出强烈的精确性、可计算性和可复制性,最终使民法典能够跨时空、跨地域传播。因此,师承《德国民法典》《法国民法典》等大陆法系经典民法典的国家,在各自民法典的体例选择上,实则多形"异"实"同"。正如萨维尼所言,法律作为历史上形成的文化现象,它萌生于特定民族的灵魂深处并在那里经过长期的历史进程而孕育成熟,只有从该国的历史中才能发现该国的民族精神。[3]那么,何谓中国《民法典》编纂最大的特色和创新呢?

受各国政治、经济、社会、历史、文化基础等因素的影响,域外民法典的编纂方法亦大异其趣。19世纪的《法国民法典》是法国大革命的产物,亦是第一部资本主义国家民法典。在制定民法典前,法国是一个单一国家,虽然全国各地施行的法律各不相同,但是不存在地区性的法典,制定《法国民法典》可谓是白手起家,[4]它采取了一次性编纂方式。20世纪的《德国民法典》是自由主义时代法律思想的产物,它忠实反映了当时俾斯麦帝国的社会关系。[5]《德国民法典》编纂之初,虽然已经有《巴伐利亚马克希米里安民法典》《普鲁士国家的普通邦法》《奥地利普通民法典》《撒克逊王国民法典》以及于1848年制定的《德国普通票据法》和于1861年制定的《德国普通商法典》等邦(王国、公国等)法存在,但也是一次性完成的。作为有志于成为21世纪世界民法典标杆和典范的中国《民法典》,在历史条件上显然有别

〔1〕 参见魏磊杰、王明锁:《民法法典化、法典解构化及法典重构化——二百年民法典发展历程述评》,载易继明主编:《私法》(第5辑第2卷),北京出版社2005年版,第59页。

〔2〕 参见周枏:《罗马法原论》(上册),商务印书馆2014年版,第18页。

〔3〕 参见〔德〕茨威格特、克茨:《比较法总论》(上),潘汉典等译,中国法制出版社2017年版,第262页。

〔4〕 参见谢怀栻:《外国民商法精要》(第3版),程啸增订,法律出版社2014年版,第66页。

〔5〕 参见〔德〕霍尔斯特·海因里希·雅克布斯:《十九世纪德国民法科学与立法》,王娜译,法律出版社2003年版,第117页。

于《法国民法典》和《德国民法典》，中国《民法典》在编纂方法上具有自己的独创性和特殊性。本书所指的《民法典》编纂方法，非指民法典编纂的技术方法/编纂体例，而是指在民法典形成过程中所采取的方式、依据和路线图。如果从这一视角切入，中国《民法典》的编纂方法可以归之于我们耳熟能详的"摸着石头过河"这一方法。

回顾改革开放四十年来我国民事立法的变迁，我国民事立法一直采取"成熟一个、制定一个"的指导思想和方针，立法机关根据不同时期政治、经济、社会发展的需要陆续颁布了众多民商事单行法。与此同时，为保障单行法的实施，最高人民法院根据审判实践之需要，还陆续颁布了规模庞大的民商事司法解释及司法解释性质的文件群体。《民法典》"总则编""合同编""物权编""人格权编""婚姻家庭编""继承编""侵权责任编"正是立基于这些民事单行法和司法解释完成的。我们是成熟一编就制定一编，另外一部分成熟再制定第二编，第二编成熟后制定第三编——经过不断的摸索、不断的积累、不断的试错、不断的总结，最后"聚沙成塔"合拢为统一民法典。这种先逐一制定民事单行法和相关联的司法解释及司法解释性质文件，然后在此基础上编订纂修合拢成统一法典的模式，是改革开放后采用"摸着石头过河"的方法一步一步摸索形成的，在世界范围内尚无先例可循。它深深镶嵌在中国改革开放经济发展史中，扎根于中国土壤和中国司法实践，充溢着浓郁的中国元素和本土化色彩。

尽管早在民法典编纂前，有学者在总结改革开放四十年中国民事立法历史经验时，便已经提到了"摸着石头过河"的方法，但也只是作为我国民事立法的"经验"或"特色"对待，[1]未提升至中国民事立法"方法论"和"认识论"的高度。在《民法典》颁布这一历史性时刻，回顾中国民事立法四十年的变迁浮沉，提炼中国民法典编纂的方法论，"摸着石头过河"无疑应当属于中国独树一帜、独一无二的《民法典》编纂方法。

---

[1] 参见房绍坤：《新中国民事立法的基本经验及其评析》，载《首届中国法学名家论坛学术论文集》工作小组编著，何勤华主编：《曲折、磨难、追求——首届中国法学名家论坛学术论文集》（下），北京大学出版社2011年版，第557页。

二、中国特色民法典编纂方法的由来和成因

（一）历史探源

"摸着石头过河"本是一句接地气（甚至被认为有点俗气）却富有智慧的民间俚语。完整的说法是"摸着石头过河——踩稳一步，再迈出去"或者"摸着石头过河——求稳当"。它的本义是指，在经验不足的情况下必须大胆试验、积极探索、摸清规律、稳步前进，通过反复尝试、不断摸索、不断调整、不断总结经验，以达到最终的目标。[1]这一方法具有四方面的特征：①目标的明确性。"摸"石头的最终目标是到达对岸的"河"。②内容的实践性。通过一边做一边总结，以提高认识、获知规律。③方法的探索性。在不断试错、反复尝试中摸索前进。④过程的曲折性。它是一个实践、认识、再实践、再认识的迂回过程。

追溯这种方法的由来，其最早由刘伯承元帅提出。新中国成立初期，受命去组建军事院校的张爱萍在临行前向刘伯承请教，刘伯承说："我送你六个字，可要牢牢记住，这就是摸着石头过河。"[2]但率先将这一方法运用到经济工作领域的却是陈云。1950年4月，陈云在政务院第27次会议上提出："物价涨不好，跌亦对生产不好。要'摸着石头过河'，稳当点为好。"1954年5月17日，针对如何在进行社会主义改造的同时充分发挥资本主义工商业的积极作用，陈云提出，应当采用"加工订货、统购包销"的具体方式，并再次强调了"摸着石头过河"的指导思想。[3]1980年12月16日，在中央工作会议上作《关于经济形势与经验教训》讲话时，陈云从总结历史经验和教训的角度再次论述了改革开放应当采取"摸着石头过河"的原则和方法。随后，在12月25日的闭幕会议上，改革开放总设计师邓小平表示赞同。他指出，陈云同志的这个讲话在一系列问题上正确总结了我国31年来经济工作的经验教训，是我们今后长期的指导方针。自邓小平讲话后，"摸着石头过河"正式跃升为我党工作的方法论和认识论。之后，在不同场合，邓小平又多次全面、系统地阐释了"摸着石头过河"这一工作方法的具体要求和实践内涵。他指

---

〔1〕 参见韩振峰：《"摸着石头过河"改革方法的来龙去脉》，载《光明日报》2014年4月19日。
〔2〕 陈振家：《邓小平的智源》，中国社会科学出版社2003年版，第219页。
〔3〕 参见王曦、舒元：《"摸着石头过河"：理论反思》，载《世界经济》2011年第11期。

出："改革开放胆子要大一些，敢于试验，不能像小脚女人一样。看准了的，就大胆地试，大胆地闯。……没有一点闯的精神，没有一点'冒'的精神，……就走不出一条好路，……就干不出新的事业。"〔1〕"我们现在做的事都是一个试验。对我们来说，都是新事物，所以要摸索前进。"〔2〕进入 21 世纪，2017 年 12 月，习近平总书记在十八届中共中央政治局第二次集体学习上在强调全面深化改革时亦强调："摸着石头过河，是富有中国特色、符合中国国情的改革方法。摸着石头过河就是摸规律，从实践中获得真知。摸着石头过河和加强顶层设计是辩证统一的。"〔3〕毋庸置疑，新中国成立以来尤其是在改革开放四十年来中国特色社会主义经济发展过程中，"摸着石头过河"的思想和工作方法发挥着方向和指南作用，是中国特色社会主义事业取得伟大胜利的方法论基础。

《民法典》作为社会主义市场经济建设的基本法，其编纂和中国特色社会主义市场经济实践始终密切相连。回顾新中国成立七十年来《民法典》的编纂史，本质上就是中国特色社会主义市场经济建设实践在私法领域的体现和表达，亦是"摸着石头过河"这一工作思想和工作方法在民事立法领域的生动运用和具体贯彻。

1949 年新中国成立后，百废待兴、诸事待举。中共中央明令废止包括《中华民国民法》在内的国民政府"六法全书"，全国人民代表大会常务委员会于 1954 年组建以法制委员会主任王明领衔的领导班子，参酌 1922 年《苏联民法典》起草民法典，于 1956 年 12 月完成了《中华人民共和国民法典（草案）》（以下简称《民法典（草案）》）的草拟工作。该草案共包括总则、所有权、债、继承四编，总计 525 条，但是随着"整风"和"反右"运动的到来，此次《民法典》编纂戛然而止。1962 年全国人民代表大会常务委员会组织第二次起草《民法典》，于 1964 年 11 月 1 日定稿完成了《中华人民共和国民法典草案（试拟稿）》，该草案包括总则、财产的所有、财产的流转三编，总计 24 章 262 条。但是，由于 1964 年在全国开始的"社会主义教育

---

〔1〕《邓小平文选》（第 3 卷），人民出版社 1993 年版，第 372 页。

〔2〕《邓小平文选》（第 3 卷），人民出版社 1993 年版，第 174 页。

〔3〕参见《习近平总书记在十八届中共中央政治局第二次集体学习时的讲话》，载 http://dang-shi. people. com. cn/n/2014/0409/c85037-24858259. html，2019 年 7 月 10 日访问。

运动"和1966年的"文化大革命"，中国民事立法自此进入了长达十年的"停滞期"。1979年11月在全国人民代表大会常务委员会副委员长彭真的领导下再次成立民法典起草小组，至1982年5月完成了《民法典草案（第四稿）》，包括民法任务和基本原则、民事主体、财产所有权、合同、智力成果权、财产继承权、民事责任和其他规定，总计8编43章465条。但因时值改革开放初期，经济体制改革方向未定，加之1979年至1985年民法和经济法论战甚嚣尘上，民法的独立地位受到了严重质疑。制定《民法典》的时机和条件均不成熟，第三波《民法典》编纂亦折戟沉沙。

随后，中国民事立法的方针彻底从"批发"转向"零售"，坚持走单行立法的思路。1980年颁布《中华人民共和国婚姻法》（以下简称《婚姻法》），1985年颁布《中华人民共和国继承法》（以下简称《继承法》）。1986年在彭真同志的力推之下制定《中华人民共和国民法通则》（以下简称《民法通则》），总计9章156个条文，对基本原则、民事主体、民事权利、民事责任、诉讼时效作了比较周详的规定，实际上是一个"小"（微缩/缩编）民法典。《民法通则》的颁布拉开了我国民事立法的序幕，[1]20世纪80年代又先后制定了《中华人民共和国经济合同法》（以下简称《经济合同法》）（1981年）、《中华人民共和国涉外经济合同法》（以下简称《涉外经济合同法》）（1985年）、《中华人民共和国技术合同法》（以下简称《技术合同法》）（1987年），合同立法呈现"三足鼎立"的局面。1991年制定《中华人民共和国收养法》（以下简称《收养法》），1995年制定《中华人民共和国担保法》（以下简称《担保法》），1999年《中华人民共和国合同法》（以下简称《合同法》）的颁布结束了合同法"三足鼎立"的局面。2002年制定《中华人民共和国农村土地承包法》（以下简称《农村土地承包法》）。

虽然其间也曾有过编纂《民法典》的尝试和努力，但却仅仅是昙花一现。2002年12月23日，立法机关向全国人民代表大会常务委员会提交了《民法典（草案）》，包括总则、物权法、合同法、人格权法、婚姻法、收养法、继承法、侵权责任法、涉外民事法律关系适用法，总计9编1209条。由于该草案只是对现行生效法律的"汇编"而非法典意义上的"编纂"，内容矛盾重

---

〔1〕 参见薛波、雷兴虎：《制定〈民法总则〉不宜全面废弃〈民法通则〉》，载《宁夏社会科学》2016年第1期。

复，立法质量不高，初次审议之后便无下文，《民法典》立法实际上处于休眠状态。[1]此后，立法机关继续之前单行法的立法思路，于 2007 年颁布《中华人民共和国物权法》（以下简称《物权法》），于 2009 年颁布《中华人民共和国侵权责任法》（以下简称《侵权责任法》），于 2010 年 10 月 28 日通过《中华人民共和国涉外民事关系法律适用法》。2011 年 3 月 10 日全国人民代表大会常务委员会委员长吴邦国庄严宣布：中国特色社会主义法律体系已经形成。

就在有学者预言民法典已经渐行渐远之际，[2]2014 年 10 月 23 日，党的十八届四中全会通过的《中共中央关于全面推进依法治国若干重大问题的决定》提出："加强市场法律制度建设，编纂民法典。"该决定的出台使《民法典》得以"复生"。立法机关旋即拟定了"两步走"的编纂策略：第一步修订《民法通则》为《中华人民共和国民法总则》（以下简称《民法总则》），第二步整合其他民事法律为民法典各分编。2016 年 6 月第十二届全国人民代表大会常务委员会法制委员会将制定《民法总则》列入年度立法计划。2016 年 7 月《中华人民共和国民法总则（草案）》被提请全国人民代表大会常务委员会第一次审议，历经 4 次审议后，2017 年 3 月 15 日《民法总则》以 2782 票赞成、30 票反对、21 票弃权顺利通过。[3]2018 年 8 月 27 日《民法典》各分编草案开始审议，全部草案历经二审，其中争议较大的人格权编、婚姻家庭编、侵权责任编历经三审。2019 年 12 月已经实施的《民法总则》和民法典分编草案"合体"，草案整体提请第十三届全国人民代表大会常务委员会第十五次会议审议。2020 年 5 月 28 日《民法典》以 2879 票赞成、2 票反对、5 票弃权高票表决通过，包括总则编、物权编、合同编、人格权编、婚姻家庭编、继承编、侵权责任编及附则，总计 7 编 1260 条 106 600 字。新中国第一部《民法典》重磅登场。

爬梳新中国成立七十年来《民法典》编纂的历史变迁，可以窥见，新中国《民法典》编纂历经坎坷劫波，浮浮沉沉，而非一蹴而就。在前三次尝试一次性编纂《民法典》无果之后，中国的民事立法转而采用"摸着石头过

---

[1] 参见王卫国主编：《中国民法典论坛（2002—2005）》，中国政法大学出版社 2006 年版，序言部分。

[2] 参见柳经纬：《渐行渐远的民法典》，载《比较法研究》2012 年第 1 期。

[3] 参见张鸣起：《〈中华人民共和国民法总则〉的制定》，载《中国法学》2017 年第 2 期。

河"的方法，"成熟一个、制定一个"逐步完善各领域的民事单行法，为《民法典》立法奠定了良好的法律素材和实践基础，然后再对现行有效的民事单行法规范进行科学整理，对已经不适应现实情况的规定进行修改完善并对社会生活中的新情况、新问题作出有针对性的新规定。[1]最后，在这两方面基础上形成统一《民法典》。

（二）形成诱因

1. 哲学层面：受经验主义哲学影响

经验主义哲学与先验主义哲学、超验主义哲学相对应，它滥觞于英国，代表人物有培根、杜威等。不同于建立在超验主义哲学基础之上的神启法，亦有别于先验哲学基础上的法典式制定法，[2]经验主义哲学是指人们在同客观事物直接接触的过程中通过感觉器官获得的关于客观事物的现象和外部联系的认识。[3]它以实践经验为基础，不是以概念、逻辑、推理、论证为基础的思维活动和思维方式。"摸着石头过河"方法是典型的经验主义哲学的产物，它裹挟在中国特色社会主义市场经济建设实践过程中，是我们在《民法典》编纂过程中不断试错、不断摸索、不断总结、不断改进最终形成的。

2. 经济层面：市场经济条件不具备

经济基础决定上层建筑，特定的法律模式和结构选择总是镶嵌在特定的经济土壤之中。民法作为调整市民社会财产关系和人身关系的基本法，其生存的经济基础只能是市场经济而非计划经济。新中国成立以来，我国多次尝试一次性编纂《民法典》均无疾而终，后来改采"摸着石头过河"的编纂方法，最根本的原因在于编纂《民法典》的经济条件不具备。1956年、1964年、1979年编纂《民法典》时我国实行的是计划经济体制，计划经济主要通过行政指示和行政命令来组织和安排生产、交换、流通、消费活动。最极端例证莫过于1964年《民法典（草案）》，该草案第三编"财产的流转"将经济行政关系作为财产流转的核心，没有自然人、法人、物权、债权、法律行

---

〔1〕 参见李建国：《关于〈中华人民共和国民法总则（草案）〉的说明》——2017年3月8日第十二届全国人民代表大会第五次会议上》，载《人民日报》2017年3月9日。

〔2〕 参见谢晖：《经验哲学之兴衰与中国判例法的命运》，载《法律科学》2000年第4期。

〔3〕 参见中国大百科全书总编辑委员会《哲学》编辑委员会、中国大百科全书出版社编辑部编：《中国大百科全书·哲学1》，中国大百科全书出版社1987年版，第372页。

为、合同等民法基本内容,〔1〕集中反映了计划经济体制的特点。

3. 政治层面:政治环境不允许

编纂《民法典》是一项规模浩大的政治活动和政治工程,必须要有与之相适应的政治环境和政治条件,我国 1954 年、1964 年《民法典》编纂失败主要受国际环境和国内政治运动的冲击,1979 年《民法典》编纂时全国正在进行真理标准问题大讨论,《民法典》编纂所需要的政治环境也不具备。这亦是 1979 年第三次尝试《民法典》编纂无果后改采"摸着石头过河"编纂方法的重要原因。

4. 学术层面:民法典编纂的技艺欠缺

新中国成立初期,新中国面对资本主义国家的全面封锁采取"一边倒"的外交政策,我国民商法理论全盘继受了苏联国家主义法学,聘请苏联专家,派遣留学生赴苏联学习,组织翻译了大批苏联民法著作。1954 年起草《民法典》的范本是 1922 年的《苏俄民法典》、1979 年参考了《苏联民事立法纲要》和 1962 年的《苏俄民法典》。〔2〕历次《民法典》编纂莫不受苏联民法影响,直到 2014 年《民法典》编纂还有学者呼吁肃清苏联民法对我国《民法典》编纂的影响。〔3〕苏联民法在研究方法上长于阶级分析和政治分析,忽视了对法教义(解释)学方法的运用。编纂技艺的欠缺是改采"摸着石头过河"方法的学术动因。

5. 实践层面:编纂民法典的司法土壤尚不匹配

1957 年最高人民法院全年审理的案件仅有 2573 件,其中刑事案件 2545 件,民事案件仅有 28 件。全国共结案 2203 件,其中刑事案件 2184 件,民事仅有 19 件。最高人民法院 1957 年的工作报告也指出,在实行农业合作化之后土地归集体所有,私人间的耕地纠纷基本消失,1956 年全国初审土地纠纷只有 6070 件。〔4〕这表明,当时民事纠纷非常稀少。1979 年改革开放后推行的复转军人进法院、社会招干、机关分流政策使我国法院系统法官的法律思维

---

〔1〕 参见郝铁川:《中国民法典起草的历史(下)》,载《法制日报》2016 年 7 月 13 日。

〔2〕 参见梁慧星等:《中国民法学的历史回顾与展望》,载《望江法学》2007 年第 1 期。

〔3〕 参见杨立新:《编纂民法典必须肃清前苏联民法的影响》,载《法制与社会发展》2016 年第 2 期。

〔4〕 参见董必武 1958 年所作的《最高人民法院工作报告》,转引自孙宪忠、谢鸿飞:《中国民法学六十年:1949—2009 年》,载《私法研究》2010 年第 1 期。

和审判素养相对欠缺。民商事案件审判长期依靠国家政策、党和国家颁布的有关民商事方面的政策性文件、司法解释性质的文件甚至领导人的批复、批示、指示、指令等，缺少与《民法典》编纂相匹配的司法土壤。

总之，受上述多重因素的影响和制约，最终使中国《民法典》改采"摸着石头过河"这一编纂方法。尽管这种方法不是源于立法者事先的理性设计，亦非法学家逻辑构建的结果，而是中国特色社会主义经济发展的实践尤其是1978 年改革开放以来市场经济建设"自生自发秩序[1]"的产物。但是，在《民法典》颁布这一万众瞩目的历史性时刻，回顾我国《民法典》编纂史，这一方法却显得极为特殊，值得学界认真对待和反思。

三、中国特色民法典编纂方法对商事立法的借鉴

（一）借鉴的现实性和可行性

1. 现实性

《民法典》的颁布必然会影响到其他各部门法的法典化观念和进程。在所有部门法中，民法和商法的关联最为紧密。早在《民法典》编纂之初我国立法机关即旗帜鲜明地提出，中国《民法典》编纂秉持"民商合一"的立法传统。[2]《民法典》"总则编""物权编""合同编""侵权责任编"亦涉及对商事关系的调整。典型如《民法典》"总则编"的法人分类采用营利法人、非营利法人和特别法人三分法、《民法典》"合同编"规定的 19 种典型合同，除赠与合同和保管合同之外，其余皆为商事合同。但是，基于商事关系的特殊性以及现代商事关系发展已经从传统的商品生产、制造、加工、销售、服务等经营活动形成的商事关系调整转移到了资本和金融领域的金融商事关系的事实。[3]实际上，《民法典》对商事关系的容纳仍然极为有限。《民法典》颁布之后我国既有的《公司法》《中华人民共和国证券法》（以下简称《证券法》）、《中华人民共和国合伙企业法》（以下简称《合伙企业法》）、《中华

---

〔1〕 参见［英］弗里德利希·冯·哈耶克：《法律、立法与自由》（第 1 卷），邓正来等译，中国大百科全书出版社 2000 年版，第 55 页。

〔2〕 参见全国人民代表大会常务委员会副委员长李建国 2017 年 3 月 8 日在第十二届全国人民代表大会第五次会议上所作的《关于〈中华人民共和国民法总则（草案）〉的说明》。

〔3〕 参见施天涛：《商事关系的重新发现与当今商法的使命》，载《清华法学》2017 年第 6 期。

人民共和国个人独资企业法》（以下简称《个人独资企业法》）、《中华人民共和国企业破产法》（以下简称《破产法》）、《中华人民共和国保险法》（以下简称《保险法》）、《中华人民共和国票据法》（以下简称《票据法》）、《中华人民共和国海商法》（以下简称《海商法》）等商事单行法将游离于《民法典》之外独立存在。

目前，中国特色社会主义商事立法已经基本备齐和健全，商事执法、司法经验亦相当丰富，但是商法立法的"体系化"和"科学化"进程却相当迟缓。其主要受多重因素制约：①抑商的文化基因。中国传统文化"深层结构"具有静态的"目的"意向性，意在"镇止民心，使之少知寡欲而不乱"。[1]公元前一千多年左右商人在西欧出现时，常常带着货物徒步或骑马四处奔波，风尘仆仆，从这个城镇到那个城镇，从这个集市到那个集市，一路售卖货物，被形象地称为 Pies poudreuv（"泥腿子"）。[2]商人这种"好动""冒险"形象和中国传统文化格格不入。②贬商的社会政策。中国封建社会历来推行"重农抑商"政策，在"士农工商"的排位中，商人始终叨陪末座。"君子喻于义、小人喻于利""商人重利轻别离"之说盛行，商人被认为是投机取巧之徒。这些观念根深蒂固，制约了商人地位的提升。③商法规则存在形式理性之欠缺。现行各商事单行法颁布于不同时期，各自均独立存在，结构上都包括总则、分则、法律责任和附则；内容上都包括立法宗旨、调整对象、调整范围条款。商事单行法各自为政，无法形成逻辑一致、圆融自洽的系统。④商法立法起步较晚。新中国成立前三十年我国商法立法基本上处于"停滞"状态。直到1992年党的十四大确立市场经济体制改革目标后才步入快车道，至今亦不过三十多年的时间。中国的商事立法虽然进步很快，但起步较晚亦是制约我国商法立法体系化和科学化进程的客观现实。恰如学者所言，民法和商法是"车之两轮、鸟之两翼"的关系，[3]都是市场经济建设的基本法。如果商事立法不能与民事立法协同推进的话，社会主义市场经济建设的法治保障便会存在"缺陷"和"短板"。《民法典》实施后，我国商法学界有必要学习和借鉴《民法典》

---

〔1〕 参见孙隆基：《中国文化的深层结构》，中信出版社2015年版，第10页。

〔2〕 参见［美］迈克尔·E.泰格，玛德琳·R.利维协助：《法律与资本主义的兴起》，纪琨译，刘锋校，上海辞书出版社2014年版，第4页。

〔3〕 参见《张文显教授在中国法学会商法学研究会2015年年会上的发言》，载 http://www.mzyfz.com/index.php/cms/item-view-id-1151360，2019年11月20日访问。

编纂方法，推进商法立法的"体系化"和"科学化"。

2. 可行性

改革开放四十年来，我国商事立法和民事立法始终相互交织、交互影响、相互吸收、齐头并进、共同发展，二者在立法路径上具有高度的一致性、统一性、协调性。《民法典》编纂所采用"摸着石头过河"方法，又何尝不是我国商事立法的路径和方法！我国于 1979 年颁布《中华人民共和国中外合资经营企业法》，1986 年颁布《中华人民共和国外资企业法》，1988 年颁布《中华人民共和国中外合作经营企业法》《中华人民共和国全民所有制工业企业法》（以下简称《全民所有制工业企业法》），1992 年颁布《海商法》，1993 年颁布《公司法》，1995 年颁布《票据法》《保险法》《中华人民共和国商业银行法》，1997 年颁布《合伙企业法》，1998 年颁布《证券法》，1999 年颁布《个人独资企业法》和《合同法》（《合同法》虽然一般被归于民事单行法的范畴，但是《合同法》规定的 15 种有名合同大多是商事合同或者兼具民事和商事合同性质），2001 年颁布《中华人民共和国信托法》，2003 年颁布《中华人民共和国证券投资基金法》，2006 年颁布《破产法》。这些主要的商事单行法亦是伴随中国特色社会主义市场经济建设发展的现实需要采用"摸着石头过河"的方法"成熟一个、制定一个"逐步完成的。我国商事立法和民事立法在立法路径和方法上呈现高度的一致性、统一性、协调性，为商事立法的"体系化"和"科学化"奠定了可行性基础。

（二）商事立法借鉴民法典编纂方法之展开

既然改革开放以来民事立法和商事立法在路径和方法上具有高度的一致性、统一性、协调性，那是否意味着《民法典》颁布后有必要另立一部《商法典》呢？商事立法对《民法典》编纂方法的借鉴应当有所取舍，不宜盲目照搬。目前应坚持两点论：①无需制定独立的《商法典》。在《民法典》编纂多次重申我国民事立法遵循"民商合一"立法体例之前提下，[1]再制定一部独立的商法典无疑显得不合时宜。我国商事立法应当在《民法典》确立的统一私法框架下推进。②商法立法的"体系化"和"科学化"仍有必要。改革开放以来，我国商事立法采用"摸着石头过河"的方法"成熟一个、制定一个"，

---

〔1〕 参见全国人大常委会副委员长王晨 2020 年 5 月 22 日在第十三届全国人民代表大会第三次会议上所作的《关于〈中华人民共和国民法典〉（草案）的说明》。

导致各商事单行法之间各自为政，影响了立法的和谐统一，目前亟须通过体系化努力，消除和弥合各单行法之间的龃龉和矛盾、填补商事一般规范的空白。

其实，早在《民法总则》立法过程中，商法立法应当何去何从便一直是缠绕在民商学界的"悬疑"问题。最高立法机关为此组织过多次研讨会、论证会、听证会和实地调研，最终形成了在《民法典》之内"独立成编""独立成章""独立成条""分解融合"四种模式（这四种备选模式调整商事关系之强度依次递减，见表1-1）。〔1〕《民法总则》最终选择了"分解融合"模式，即将商法规则分散融合、逐一规定在《民法总则》相应的章、节、条、款、项之中，后来的《民法典》"物权编""合同编""侵权责任编"各分编亦沿袭了这一做法。但是，实证显示，这一处置模式难谓成功。《民法总则》实施后，学术界对民商关系处置模式之评判褒贬不一。支持者认为，《民法总则》创新地规定了"民商合一"的基本原则、商主体的类型和标准、商事权利体系、商行为类型以及商事责任类型，彰显了中国特色。〔2〕批评者则认为，《民法总则》对商事权利、商行为、商事责任等重要制度的规定基本处于敷衍状态，对诸如代理商、经纪商这样的商事代理直接忽视，〔3〕尤其是《民法总则》"法人章"采用大规模援引《公司法》规定的做法，造成上位法和下位法的冲突。〔4〕《民法总则》虽然实行"民商合一"，实际上仅具"圈地"意义，并未认真对待商事关系。

表1-1　《民法总则》调整商事关系的模式

《民法总则》调整商事关系的模式	设置要求	调整之强度
独立成编	《民法典》内制定商事（法）通则	最强
独立成章	《民法总则》内独立设章，与民事主体、民事权利、民事法律行为、代理、民事责任各章并列	次强—强1

---

〔1〕　参见雷兴虎、薛波：《〈民法总则〉包容商事关系模式研究》，载《甘肃政法学院学报》2017年第1期。

〔2〕　参见许中缘：《我国〈民法总则〉对民商合一体例的立法创新》，载《法学》2017年第7期。

〔3〕　参见施天涛：《商事关系的重新发现与当今商法的使命》，载《清华法学》2017年第6期。

〔4〕　参见薛波：《公司法人格否认制度"入典"的正当性质疑——兼评〈民法总则〉"法人章"的立法技术》，载《法律科学（西北政法大学学报）》2018年第4期。

独立成条	《民法总则》各章节内单独设置调整商事关系条款。	次强—强2
分解融合	《民法总则》不单独设置调整商事关系的编、章、条，根据各编内容和法律关系特点设置相应的商法规则。	最弱

无论如何评判《民法总则》对民商关系处置模式之成败得失，亦无论实行"民商合一"抑或"民商分立"，其实不过是一个立法选择和外部形式问题，纯粹属于理论之争和地盘之辨，商法的独立地位和独特商法思维不会因为《民法典》立法的完成而终结和消弭。法学作为一门充满实践理性的学科，其魅力主要不在于坐而论道、构建价值，其核心要解决的是法适用命题。[1]德国、法国"民商分立"和意大利"民商合一"形成史已经表明，"民商合一"或者"民商分立"纯粹属于历史的产物而非理性选择的结果。《法国民法典》对商法的疏漏是因为法国大革命对商业阶层的敌视，以至于《法国民法典》在制定时根本没把"商法"当成"民法"来看待。在《民法典》制定时，商法已经形成了自己独特的传统，它没有明显的罗马法上的关联祖先。优士丁尼的《法学阶梯》里没有它，法国法理论里也没有它。这一原因同样可以解释《德国民法典》和《奥地利民法典》为什么疏漏了商法。[2]在我国《民法典》立法秉持"民商合一"体例的前提下，学术界应当抛弃"民商合一"和"民商分立"的无谓争论，立足于我国商事立法实践，推动商法立法的"体系化"和"科学化"。

那么，何谓商事立法"体系化"和"科学化"路径的最佳选择呢？经过商法学界二十多年的深入研究，目前已经形成了相当一致的看法，即中国商事立法应当尊重中国自己的商事立法、司法、执法实践和商务创新，我们没有必要采用大而全的单一商法典或民法典/民商法典模式，而是应当采用

---

〔1〕 参见 [德] 卡尔·恩吉施：《法律思维导论》，郑永流译，法律出版社2013年版，译后小记部分。

〔2〕 参见 [美] 艾伦·沃森：《民法法系的演变及形成》，李静冰、姚新华译，中国法制出版社2005年版，第160~161页。

"《民法典》+商事（法）通则+商事单行法"的立法模式。[1]这种由"《民法典》+商事单行法"[2]构成的"统分结合、有分有合"的立法模式，是扎根于中国土壤形成的商事立法模式，属于真正本土化的中国创新。它符合渐进经济体制改革中的商事立法、执法和司法实践，亦是我国理论和实务界长期探索和理性思考的结晶，值得我们倍加珍惜。

为加快推进商法通则立法工作，有必要做好以下三方面的工作：

（1）夯实商法通则的立法基础。对商法通则立法的可行性、必要性的论证已经相当坚实、充分，需要进一步补强的是商法通则的实质内容。除了可以从现存的各商事单行法中撷取应当规定在商法通则的部分内容之外，尤为重要的是应当注意对商业习惯/惯例的提取和吸收。因为没有任何领域比商法更能清楚地观察到经济事实是如何转化成法律关系的。只要不与强行法相悖，商人往往可以根据自己的力量，按照自己的需要，以合意的交易条件和方式设定法律关系。[3]商事习惯对于商事交易和商业行为的解释具有支柱性意义。我国学术界和实务界对此的重视程度还远远不够。鉴于商事习惯/惯例之于商事立法的重要性及其特殊价值，笔者认为，有必要成立专门负责商事习惯/惯例调查工作的委员会/调查小组，在全国范围内开展大规模的商事习惯调查、搜集、整理和汇编工作。关于委员会/调查小组人员的构成，建议由全国人民代表大会常务委员会法制工作委员会牵头，会同最高人民法院和中国法学会商法学研究会的骨干力量，在全国各级人民法院/仲裁机构/律师事务所/商业行会/商务企业开展大规模的商事习惯/惯例调查工作。在反复筛选、甄别、过滤、萃取的基础上，对我国商事实践中已经发展成熟但还未上升至成文法

---

[1] 该模式最早由江平教授提出，前中国法学会商法学研究会会长王保树教授、现任赵旭东教授均对此进行过充分论证。2015 年 9 月在河南召开的中国法学会商法学研究会年会上，中国法学会副会长张文显教授明确表示支持，并勉励商法学界要有意识地推进商法通则工作。之后，他又进一步强调社会主义市场经济法律体系更多地要通过商法来体现，商法学研究会应当早日向立法机关提交商法通则建议稿，推动商法通则立法。参见《鲍绍坤、张文显副会长听取中国法学会商法学研究会工作汇报》，载 https://www.chinalaw.org.cn/portal/article/index/id/17602/cid/54.html，2019 年 6 月 21 日访问。

[2] 有观点认为，商法通则是类似于"总则"或者"总纲"性质的法律文件，终极目标仍然是制定商法典。实际上，商法通则不能等同于商法"总则"或"总纲"，还发挥着对商事单行法缺漏的"补充"和"兜底"作用，仍属于"单行法"范畴。参见王保树：《商事通则：超越民商合一与民商分立》，载《法学研究》2005 年第 1 期。

[3] 参见 [德] 拉德布鲁赫：《法学导论》，米健译，商务印书馆 2013 年版，第 111～112 页。

或者司法解释规定的，由委员会/调查小组出具代表独立意见的专家意见书。专家意见书应当详细载明待纳入商事习惯的类型、适用范围和纳入理由，为商法通则立法做好充分的理论准备和资料参照。

（2）整合商事单行法及司法解释。我国民商立法历来存在"无法不解释"的现象，商事司法解释对商事审判的影响甚至要高于商事立法。据统计，1979 年至 2011 年间我国共颁布了 469 部民商事司法解释。2014 年后几乎每出台一部重要的商事单行法，一年之内就会颁布与之相配套的司法解释。例如，2005 年 10 月 27 日《公司法》修订颁布，2006 年 5 月 9 日《最高人民法院关于适用〈中华人民共和国公司法〉若干问题的规定（一）》正式实施，间隔仅 6 个月；2009 年 2 月 28 日《保险法》修订，同年 10 月 1 日《最高人民法院关于适用〈中华人民共和国保险法〉若干问题的解释（一）》实施，间隔也是 6 个月；2006 年 8 月 27 日《破产法》通过，2007 年 4 月 12 日公布《最高人民法院关于审理企业破产案件指定管理人的规定》，间隔 8 个月。虽然说商事司法解释对于细化法律、保证法律适用以及发展和完善法律发挥着十分重要的作用，但是这种大规模颁布抽象性司法解释的模式毕竟不是立法，因此饱受诟病。在《民法典》编纂过程中，立法者已经充分注意到了对司法解释的统合吸收问题。商法立法亦有必要借鉴《民法典》编纂的方法，强化立法对司法解释的吸收，借此以廓清立法权和司法权之边界，维护立法权之权威。

（3）推进商法通则进入立法规划。在做好前两方面工作的同时，当前更为紧迫的任务是要推动商法通则早日列入全国人民代表大会常务委员会的立法规划。虽然商法学界就商法通则立法已经召开了多次学术研讨会/论证会，并且出台了数份高质量的商法通则立法学者建议稿，有多位全国人大代表和全国政协委员提交了关于商法通则立法的议案。但是，截至目前，商法通则立法依然止步于理论准备和社会呼吁阶段，在全国人民代表大会常务委员会的年度立法规划里，迟迟未出现过商法通则的立法计划。正如学者所言："民法典的竣工之时，就是我国商事立法启航之日。"[1]《民法典》的颁布为我国商法通则立法提供了良好的机遇和契机。当前，趁着《民法典》编纂的余热，

---

〔1〕 赵旭东：《民法典的编纂与商事立法》，载《中国法学》2016 年第 4 期。

有必要发动政治界、学术界、实务界、商务界等一切可能的力量，通过立法论证会、听证会、研讨会、代表议案等多种方式和途径，督促立法机关尽早将商法通则列入立法规划。

四、中国特色民法典编纂方法的宣传和推介

"摸着石头过河"的《民法典》编纂方法是改革开放以来一代又一代的民法学家、立法专家、实务专家专注于《民法典》研究、投身于《民法典》建设结出的硕果，亦是我国改革开放不断探索、不断前进并且取得伟大成就的缩影。因此，宣传和推介《民法典》编纂方法也十分有必要。《民法典》编纂方法的宣传和推介包括两个层面。

（一）国内

第一，在民众中宣传《民法典》编纂方法。要让民众知晓"摸着石头过河"这种编纂方法的意涵、形成和功效，通过宣传《民法典》的编纂方法，让民众深刻体悟和领会到《民法典》的来之不易及其重要性。这对于当代中国私法文明和法治现代化建设均具有十分重要的意义。新中国成立后很长一段时间内，我国实行高度集权的计划经济体制，公权力极度发达，私权的生存空间受到挤压，《民法典》的颁布为私权启蒙和私权成长提供了坚实的基础和广阔空间。2020 年 5 月 29 日，习近平总书记在中共中央政治局第二十次集体学习时强调，要以《民法典》颁布为契机，广泛开展《民法典》的普法宣传工作，将之作为"十四五"的重点工作来抓；把《民法典》纳入国民教育体系，加强对青少年的《民法典》教育。[1]当前，以"学好民法典、用好民法典"等为主题的活动在全国各地正如火如荼展开，为厚植市民社会根基、培育私法文化和私法信仰形成了良好的引导作用。

第二，在司法系统推介《民法典》编纂方法。在司法系统尤其是全国各级人民法院推介"摸着石头过河"的编纂方法，深化司法系统对《民法典》历史背景和形成过程的了解，助益于法官对《民法典》规范的适用。众所周知，《民法典》作为行为规范和裁判规范的统一体，唯有在司法场域才能发挥其最大功效。当前，有必要及时开展以下工作：①全面清理、整顿民事司法

---

[1] 参见《习近平总书记在中共中央政治局第二十次集体学习时的讲话》，载 http://news.cctv.com/2020/05/30/ARTIqhe9lLZO1TdLIbFBjxQZ200530.shtml，2020 年 5 月 30 日访问。

解释。《民法典》编纂虽然已经注意到了对司法解释的吸收问题，但是《民法典》编纂基于逻辑严密、价值自洽及受立法机关法律制定偏好的影响，能够"入典"的司法解释规则是相当有限的，绝大部分司法解释均未能进入《民法典》的视野，《民法典》颁布后司法解释该何去何从是关系到《民法典》权威之维护以及司法裁判走向的重大难题。目前，立法机关对此未给予明确意见，学界亦关注者寥寥。最高人民法院有必要尽快出台相关声明，明确哪些司法解释已经被吸收"入典"，哪些司法解释未被吸收"入典"。对未被吸收"入典"的司法解释，进一步筛选哪些可以予以保留，哪些应当废止。对于已经被《民法典》吸收和应当废止的司法解释，及时出台相关声明予以废止，借此彻底理顺《民法典》和司法解释的适用关系。②出台《民法典》施行法及配套措施。为保证《民法典》实施同时颁布相关配套措施乃是域外各国的惯常做法。例如，《德国民法典》颁布之后就相继公布了《德国民法典施行法》和必要的附属法律。为保证物权登记制度的实施，德国于1897年颁布了统一《德国不动产登记法》《德国关于强制拍卖与强制管理的法律》，1898年颁布了《德国非讼程序事件法》并且修改了和民法典密切关联的《德国法院组织法》《德国民事诉讼法》《德国破产法》，重新制定了《德国商法典》。日本于1986年在公布新民法的亲属编和继承编的同时还公布了《民法施行法》和《法例》。《民法典》作为私法一般法势必会给其他各部门法带来巨大的冲击和影响，因此有必要对受《民法典》影响较大的《中华人民共和国民事诉讼法》《公司法》《破产法》《保险法》启动修改程序。

第三，在港澳地区推介《民法典》编纂方法。2019年2月18日中共中央、国务院印发了《粤港澳大湾区发展规划纲要》，提出要全面、准确贯彻"一国两制"方针，充分发挥粤港澳的综合优势，深化内地与港澳地区的合作，支持香港特别行政区和澳门特别行政区融入国家发展的大局。港澳地区的法制传统和大陆迥然不同，我国《民法典》编纂已经注意到了"一国两制"的区别。如何将《民法典》实施和港澳地区的法制传统及区情相融合，保证《民法典》和港澳地区民商法律制度适用的无缝对接，宣传和推介《民法典》编纂方法十分有必要。

（二）国际

目前，国家正在全力推进"一带一路"建设，2019年中国与"一带一路"共建国家的货物贸易超过 1.3 万亿美元，增长达到 6%，占对外贸易总额的 29.4%；"一带一路"早已突破了传统意义上以欧陆大陆为主的沿线国家，延伸到了非洲、大洋洲和拉美地区，中国与全球 168 个国家和国际组织签署了 200 份共建"一带一路"合作文件，与 8 个国家建立了贸易畅通工作组，与 40 个国家建立了投资合作工作组，与 22 个国家建立了电子商务合作机制，与 14 个国家建立了服务贸易合作机制，与 14 个国家签署了第三方市场的合作文件。[1]"摸着石头过河"的《民法典》编纂方法扎根于中国土壤和中国社会，凝结着中国特色社会主义市场经济建设的基本经验和共识，彰显着独具中国特色、中国智慧、中国气派的私法发展新路径和新范式。如何使"一带一路"共建各国及时知道中国《民法典》编纂的方法，对增进"一带一路"共建国家之间的互信往来和经贸合作、推进中国的政治文明建设均具有十分重大的战略意义。习近平总书记一再强调，要"讲好中国故事，传播中国好声音"。"讲好中国故事"就是要阐释好"中国特色"。我们宣传和推介"摸着石头过河"的《民法典》编纂方法实际上也是向"一带一路"共建国家展示改革开放的中国成就和中国方案，这种输出既是一种制度输出，亦是提升国家软实力和影响力的文化输出。我国民法学界、实务界、政务界、商务界都肩负有宣传和推介"中国特色"《民法典》编纂方法的义务和责任，扩大《民法典》的影响力和辐射力，增强中国民法在国际上的话语权，努力让中国《民法典》成为 21 世纪民法典的标杆和典范的理想从"纸面"走向"现实"。

---

[1] 参见《我国与 86 个国家和国际组织签署百份"一带一路"合作文件》，载 http://www.gov.cn/xinwen/2017-12/23/content_5249682.htm，2018 年 2 月 27 日访问。

第二章

中国特色民法典编纂方法的效应评估与消极效应祛除

　　编纂法典是具有重要标志意义的法治建设工程，是一个国家、一个民族走向繁荣强盛的象征和标志。[1]我国《民法典》已经于 2020 年 5 月 28 日第十三届全国人民代表大会第三次会议通过并于 2021 年 1 月 1 日正式实施。自《民法典》编纂工作完成以来，学术界关于行政法典、环境法典、商法典、经济法典编纂的倡议和研讨正在如火如荼地进行。在此背景下，回望《民法典》的形成过程，梳理和总结"中国式"《民法典》编纂的经验方法，探究该方法如何成就《民法典》的编纂，评估该方法对《民法典》的体系和内容产生的积极和消极影响，旨在克服消极效用，确保《民法典》的全面实施，同时亦为其他领域的法典编纂工作提供有益启迪。

一、中国特色民法典编纂方法之意涵阐释

（一）方法与民法典的编纂方法

　　方法由"方"和"法"两部分构成。在相关词典里对"方法"一词存在多元的解释。《汉语大词典》对"方法"的解释为：①测定方形之法；②办法、门径；③方术、法术；④法则。[2]《现代汉语词典》将方法定义为：关于解决思想、说话、行动等问题的门路、程序等。[3]《中文大辞典》将方法解释为：

---

　　〔1〕　王晨：《关于〈中华人民共和国民法典（草案）〉的说明——2020 年 5 月 22 日在第十三届全国人民代表大会第三次会议上》，载 http://www. npc. gov. cn/npc/c30834/202005/50c0b507ad32464aba87c2ea65bea00d. shtml，2020 年 11 月 2 日访问。

　　〔2〕　汉语大词典编辑委员会、汉语大词典编纂处编，罗竹风主编：《汉语大词典》（第 1 卷），汉语大词典出版社 1990 年版，第 1560 页。

　　〔3〕　中国社会科学院语言研究所词典编辑室编：《现代汉语词典》，商务印书馆 1983 年版，第 306 页。

①量度方形的法则；②为达到某种目的而使用的手段、办法；③道术，法术；④用科学和逻辑的程序和技术作为研究的途径。从法学的角度看，不能将方法拆分为"方"和"法"后再合并解释，即测定方形之法。在希腊文中，方法"μέθοδος"一词系由"κατά"（沿）和"Τρόπος"（途）合成，意指"论述（正确）行动的途径"。方法的含义可以引申为：在给定条件下，为达到某种目的（目标）所采取的途径、路径、法子、步骤、手段、措施等。[1] 方法包含两个基本的要素：一是某个有待实现目标的确定；二是实现该目标选择的推进办法和推进途径。关于方法的重要性，毛泽东主席曾有过精辟、形象的论述。他指出："我们不但要提出任务，而且要解决完成任务的方法问题。我们的任务是过河，但是没有桥或没有船就不能过。不解决桥或船的问题，过河就是一句空话。不解决方法问题，任务也只是瞎说一顿。"[2] 任何目标设定都必须依赖一定的方法，方法受到广泛的青睐和重视是现代社会科学的特征之一。所谓《民法典》的编纂方法，即为实现《民法典》编纂目的（目标）所采用的途径、路径、步骤、方式、方案、手段、措施等。和编纂方法相邻近的概念为编纂技术，我国学术界通常对二者不加区分。实际上，编纂技术和编纂方法迥异有别，前者是从"静态/内部"视角即《民法典》的编制体例和内容构造入手观察的；后者更多从"动态/外部"视角即《民法典》形成过程来看待的。编纂方法既和《民法典》立法技术无涉，亦不关乎其内容。犹如建造一幢房屋，编纂技术特指房屋的框架结构和材料选用问题，框架结构是选用已经设计好的样本图纸还是自行临摹，建房材料是采用砖石结构还是以土木为主；编纂方法则是指从形成过程观察房子是以何种方式搭建起来的，如是以专业工程队短期内一次性施工完成，还是采用临时工形式渐进成型。

（二）民法典编纂方法的域外法考察

从世界范围来看，《法国民法典》作为近代资本主义国家的第一部民法典，亦是 19 世纪法国大革命精神的产物。在制定《民法典》之前，法国是一个单一国家，虽然全国各地施行的法律不尽相同，但是不存在地区性法典。

---

[1] 葛洪义：《法律方法讲义》，中国人民大学出版社 2009 年版，第 4 页。
[2] 《毛泽东选集》（第 2 卷），人民出版社 2003 年版，第 345 页。

因此，制定《法国民法典》可谓白手起家。[1] 它采取了一次性的编纂方式。《德国民法典》在编纂之初虽然已经有《巴伐利亚马可西里米安民法典》（1876年）、《普鲁士国家的普通邦法》（1794年）、《奥地利普通民法典》（1881年）、《撒克逊王国民法典》（1863年）、1848年制定的《德国普通票据法》和1861年完成的《德国普通商法典》等邦（王国、公国等）法以及在莱茵河左岸地区和在巴登邦适用的《法国民法典》存在，[2] 但也是一次性编纂完成的；《瑞士民法典》属于法学家欧根·胡贝尔一个人的天才杰作。1893年，欧根·胡贝尔受瑞士联邦委员会鲁赫奥耐特（Ruchonnet）的委托，负责起草民法典草案。从民法典草案提呈到最后完成，他参与了全部的立法程序，不仅起草了民法典草案，后来还作为国民会的成员通过议会亲自把控着法典的命运。在通过授课资格后的一段时间内，他还作为一个新闻从业者担任过《新苏黎世报》的主编，以撰写论文和做报告在舆论上宣传民法典。[3]《瑞士民法典》采用的也是一次性的编纂方法。

（三）中国民法典编纂方法的特殊性

与法国、德国、瑞士等大陆法系国家"范式民法典"的编纂方法迥异，我国《民法典》采取的是"摸着石头过河"而非"一次性成就"的编纂方法，[4] 走的是一条"渐进式""合围式"的道路。具体而言，自1978年改革开放以来，中国的民商事立法就长期奉行"成熟一个、制定一个"和"宜粗不宜细"的指导思想和立法方针，立法机关根据不同时期社会经济的发展状况和审判实践之需要，陆续颁布了众多民商事单行法。同时，为保障这些民商事单行法的实施，最高人民法院还颁布了大量与之相配套的民商事司法解释和司法解释性质的文件群体。民商事单行法和司法解释齐头并进的"双轨"发展态势构成了我国民商立法的基本格局。这些民商事单行法和司法解释为编纂《民法典》积累了宝贵经验，亦成了我国此次《民法典》编纂的主要来源和基本素

---

〔1〕 谢怀栻：《外国民商法精要》（第3版），程啸增订，法律出版社2014年版，第66页。

〔2〕 ［德］卡尔·拉伦茨：《德国民法通论》（上册），王晓晔等译，法律出版社2017年版，第12、21页。

〔3〕 ［德］茨威格特、克茨：《比较法总论》（上），潘汉典等译，中国法制出版社2003年版，第187页。

〔4〕 "摸着石头过河"原属我党工作的方法论，关于这一方法的内涵、由来和成因，笔者此前已撰文探讨。参见薛波、雷兴虎：《"中国特色"民法典编纂方法及其对商事立法的镜鉴》，载《学术界》2020年第10期。

材，可以被看作是《民法典》编纂的前期准备工作。具体说来，《民法典》除"人格权编"之外，其余6编均以一个或者几个既有的民事单行法为基础和依托。如《民法典》"总则编"以《民法通则》为基础；"物权编"以《物权法》《担保法》为基础；"合同编"以《合同法》为基础；"婚姻家庭编"以《婚姻法》《继承法》《收养法》为基础；"侵权责任编"以《侵权责任法》为基础。通过这样逐一对照和拆解，可以明显地看出，我国《民法典》编纂是成熟第一编、制定第一编，成熟第二编、制定第二编，成熟第三编、制定第三编，通过不断的"积沙成塔"最后"汇流成河"，积累聚拢为统一《民法典》。

关于这一方法，我国立法机关亦有清晰认识。全国人民代表大会常务委员会副委员长李建国于2017年3月8日在第十二届全国人民代表大会第五次会议上做了关于《民法总则（草案）》的说明："1979年以来我国民事立法是富有成效的，逐步形成了比较完整的民事法律规范体系，为民法典编纂奠定了较好的法律基础和实践基础。"[1]"编纂民法典不是制定全新的民事法律，而是对现行的民事法律规范进行科学的整理……"[2]全国人民代表大会常务委员会法制工作委员会主任李适时于2016年6月27日在第十二届全国人民代表大会常务委员会第二十一次会议上做关于《民法总则（草案）》的说明时亦明确："民法总则草案以1986年制定的《民法通则》为基础，按照'提取公因式'的方法，将其他民事法律中具有普遍适用性的规定写入草案。"[3]全国人民代表大会常务委员会副委员长王晨于2020年5月22日在第十三届全国人民代表大会第三次会议上重申："编纂民法典，就是通过对我国现行的民事法律制度规范进行系统整合、编订纂修，形成一部适应新时代中国特色社会主义发展要求，符合我国国情和实际，体例科学、结构严谨、规范合理、内容完整并协调一致的法典。"[4]"编纂民法典，就是全面总结我国民事立法和司法

---

〔1〕《民法总则立法背景与观点全集》编写组编：《民法总则立法背景与观点全集》，法律出版社2017年版，第5页。

〔2〕《民法总则立法背景与观点全集》编写组编：《民法总则立法背景与观点全集》，法律出版社2017年版，第3页。

〔3〕《民法总则立法背景与观点全集》编写组编：《民法总则立法背景与观点全集》，法律出版社2017年版，第14页。

〔4〕《民法典立法背景与观点全集》编写组编：《民法典立法背景与观点全集》，法律出版社2020年版，第3页。

的实践经验，对现行民事单行法律进行系统编订纂修，将相关民事法律规范编纂成一部综合性法典，不断健全和完善中国特色社会主义法律体系。"〔1〕这些论述对《民法典》编纂起到了方向和指南的作用，在总则和分则的编纂之中亦得到了全面贯彻。

"摸着石头过河"的《民法典》编纂方法在世界范围内尚无先例可循。它颇类似于毛泽东提出的"农村包围城市"革命方略，"由点及面"以"星火燎原之势"逐渐实现从"量变"到"质变"。这种方法深嵌在中国特色社会主义市场经济发展实践过程之中，契合了中国经济发展的现实需求，对贯彻和执行党和国家各项方针政策发挥了至关重要的作用，属于中国特色社会主义民商事立法独一无二、独具特色、独树一帜的方法。它彰显着中国人独特的实践哲学观和文化智慧，体现出了鲜明的中国道路、中国自信和中国气派。这种方法亦非法学家理性建构和逻辑推演的产物，而是新中国成立以来尤其是改革开放四十年来中国特色社会主义市场经济实践这种"自生自发秩序"〔2〕自然演化和生发的结果，是经济基础在上层建筑层面的投射和反映。

二、中国特色民法典编纂方法积极效应评估

在《民法典》编纂工程已宣告完成的背景下，省察和总结我国《民法典》的形成历程，"摸着石头过河"的编纂方法无疑厥功至伟，对《民法典》的立法进程、内容、体系形成及社会适应性发挥了十分积极的效用。

（一）缩减民法典编纂的时间成本

《民法典》编纂作为一项规模浩大的政治活动和政治工程，需要投入的人力、物力、财力、时间、信息搜集等成本巨大。《德国民法典》的制定争论持续了近半个多世纪。1814年，海德堡大学教授蒂堡（Thibaut）刊文《论德国制定一部普通民法的必要性》，呼吁德国政府对民法进行全面、迅速的修订，应当凝聚一切力量努力创制一部法典，以繁荣法律和工商业。〔3〕萨维尼

---

〔1〕《民法典立法背景与观点全集》编写组编：《民法典立法背景与观点全集》，法律出版社2020年版，第4页。

〔2〕［英］弗里德利希·冯·哈耶克：《法律、立法与自由》（第1卷），邓正来等译，中国大百科全书出版社2000年版，第55页。

〔3〕［德］A. F. J. 蒂堡：《论制定一部德意志统一民法典之必要性》，傅广宇译，载《比较法研究》2008年第3期。

（Savigny）应声而起，与之隔空对战，于同年写就《论当代立法和法理学的使命》一文，旗帜鲜明地反对法典编纂。他认为，法律是不断变化的社会生活的产物，不应当以法典形式僵化地固定下来，最好让习惯法和法学理论得到自由发展。相反，编纂法典"乃文化衰退之表现"。〔1〕蒂堡和萨维尼之间的学术论战直接催生了日后对德国民法学影响深远的历史法学派，使《德国民法典》诞生推迟了近一个世纪。《德国民法典》自 1974 年 2 月 28 日成立立法筹备委员会到 1896 年 8 月 24 日颁布，仅制定工作就耗费了近 23 年。奥地利很早就开始了民法典编纂筹备工作。特蕾西亚女皇于 1753 年任命法律委员会负责筹备民法典。1776 年该法律委员会将 8 卷本的《特蕾西亚法典》草案提交奥地利国务会议审议，但是该草案被批评"流于空泛，像一部教科书"，〔2〕并且"过于依赖罗马法，以至于如果无罗马法知识就无法理解其内容"。〔3〕于是德国于 1772 年决定修改草案，直至 1811 年 6 月 1 日才问世，前后历时 58 年。瑞士于 1885 年开始起草《民法典》，1900 年草案付诸公开讨论并由专家委员会咨询论证，1907 年 12 月 10 日瑞士联邦会议审议通过《民法典》，但是该法典一直到 1912 年才生效实施，历时 26 年。

我国《民法典》自 2014 年 10 月 23 日正式启动立法程序，原计划于 2020 年 3 月中旬通过，受 COVID-19 疫情影响推迟了 2 个月，前后亦不过 5 年多时间。能在如此短的时间内完成《民法典》编纂，除得益于政治力量的强力引导和学术界、实务界、商务界等社会各界人士的协力推进等因素影响外，"摸着石头过河"的编纂方法亦发挥了巨大的积极效用。恰如立法者所言："编纂民法典不是制定全新的法律，亦不是简单的法律汇编，而是在全面总结我国民事立法和司法经验基础上，对现行民事单行法律进行编订纂修，将相关民事法律规范编纂成一部综合性法典。"〔4〕正是改革开放四十年来采用"摸着石头过河"单行立法的实践，通过不断试错、积累、总结和创新逐步形成了

---

〔1〕 ［日］大木雅夫：《比较法》（修订译本），范愉译，法律出版社 2006 年版，第 190 页。

〔2〕 ［德］茨威格特、克茨：《比较法总论》（上），潘汉典等译，中国法制出版社 2003 年版，第 187 页。

〔3〕 ［德］茨威格特、克茨：《比较法总论》（上），潘汉典等译，中国法制出版社 2003 年版，第 187 页。

〔4〕 《民法典立法背景与观点全集》编写组：《民法典立法背景与观点全集》，法律出版社 2020 年版，第 4 页。

比较完整的民事法律规范体系，为《民法典》编纂积累了丰富的法律基础和实践基础，[1]才使得编纂工作高效推进并如期完成。该方法极大地缩减了《民法典》编纂的时间成本。

（二）为民法典编纂积累丰富素材

我国的民商事立法伴随着市场经济体制改革的实践同步推进，通过"摸着石头过河"这种"渐进式"的立法方法为《民法典》编纂积累了丰富的素材和基础原料：一方面，立法机关颁布了规模庞大的单行法群体，我国此次《民法典》编纂即立基于民商事单行法。《婚姻法》《民法通则》《合同法》《物权法》《担保法》《农村土地承包法》《收养法》《继承法》《侵权责任法》构成了《民法典》的基本骨架和主要素材。另一方面，每颁布一部民商事单行法最高立法机关均会随之颁布与之相配套的司法解释或司法解释性质的文件。司法解释和司法解释性质的文件作为一段时间内对审判经验的提炼和总结，被各级人民法院作为裁判依据广泛使用，早已成为正式的法源类型，对民商司法实践的影响一点儿不亚于甚至要高于立法。在《民法典》编纂过程中，司法解释"入典"问题亦得到了学界和立法机关的高度重视。《民法典》各编（尤其是"合同编"和"侵权责任编"）即吸收了大量的司法解释规则。此外，由于我国《民法典》编纂秉持"民商合一"的立法体例，还需要从各商事单行法当中抽离出部分共性规范纳入《民法典》。《民法典》"总则编""法人章"之规定主要源于对《公司法》核心规则之提取。据笔者统计："法人章"第一节"一般规定"共计 10 个条款源于《公司法》的 11 个条款，第二节"营利法人"共计 11 个条款源于《公司法》的 10 个条款。典型如，《民法典》第 78 条关于营利法人成立日期的规定来源于《公司法》第 7 条第 1 款；第 79 条关于营利法人章程的规定来源于《公司法》第 11 条；第 83 条第 2 款关于营利法人格否认的规定来源于《公司法》第 20 条第 3 款；第 84 条关于营利法的规定来源于《公司法》第 21 条；第 85 条关于营利法人决议撤销的规定来源于《公司法》第 22 条，第 86 条关于营利法人社会责任的规定来源于《公司法》第 5 条；等等（见表 2-1）。《公司法》"总则章"22 个条文中有 14 个条款被抽离进入《民法典》，仅剩 8 个条款未被提取。《公

---

[1] 《民法总则立法背景与观点全集》编写组编：《民法总则立法背景与观点全集》，法律出版社2017年版，第5页。

法》为《民法典》提供了较多的制度供给。

表 2-1　《民法典》"总则编""法人章""复制"《公司法》条文

		规范内容	条文序号	
			《民法典》	《公司法》
一般规定	1	法人成立条件	第 58 条	第 8 条
	2	法人责任承担	第 60 条	第 3 条第 1 款
	3	法人住所	第 63 条	第 10 条
	4	法人合并分立	第 67 条	第 174 条、第 176 条
	5	法人解散情形	第 69 条	第 180 条
	6	法人清算义务人责任	第 70 条	第 183 条
	7	法人清算程序、职权和终止程序	第 71 条、第 72 条	第 186 条、第 188 条
	8	法人分支机构的设立及责任	第 74 条	第 14 条
	9	设立人民事责任	第 75 条	第 94 条
营利法人	1	营利法人类型	第 76 条	第 2 条
	2	营利活动要求	第 86 条	第 5 条
	3	营利法人成立方式	第 77 条	第 6 条
	4	营利法人成立日期	第 78 条	第 7 条第 1 款
	5	营利法人章程	第 79 条	第 11 条
	6	营利法人法定代表人	第 81 条	第 13 条
	7	法人分支机构及责任承担	第 74 条	第 14 条
	8	法人格否认	第 83 条第 2 款	第 20 条第 3 款
	9	关联交易	第 84 条	第 21 条
	10	决议效力	第 85 条、第 94 条	第 22 条

资料来源：根据我国《民法典》与《公司法》对照整理。

（三）降低民法典编纂的技术难度

世界范围内包括"法学阶梯"和"学说汇纂"两种经典的民法典编纂技术。《奥地利民法典》编纂曾为选择以罗马法为立法基础还是以理性法为立法基础而犹豫徘徊。[1] 最显著例证是《日本民法典》编纂，日本一开始学习法国法。明治二十三年（1890 年），日本旧民法以《法国民法典》为蓝本，但甫一颁布，即招致了"延期派"[2] 的激烈批评，尤其是"人事编"被认为无视日本"固有的淳风美俗"，破坏了既有的家族制度。1891 年穗积八束在《法学新报》（当时日本反对派的机关党报）发表了名为《民法出而忠孝亡》的雄文，争论达到白热化。法典之争由学术之争演变为政治斗争，最终导致旧民法的施行被延后，重新起草新民法。1898 年施行的"新民法"（又称民治民法）以《德国民法典》第一草案为学习对象，分为总则编、物权编、债权编、亲属编、继承编。

自清末维新变法以降，中国民法典编纂即继受了德国潘德克顿的"总-分"结构，我国民商事单行法亦多采"总-分"结构。虽然新中国成立后1954 年和 1962 年的《民法典》编纂体例曾尝试效法《苏俄民法典》，但是改革开放后，民商事单行立法"总-分"结构得到了较好的贯彻。各民商事单行法尤其是《民法通则》《合同法》《物权法》《侵权责任法》《婚姻法》《继承法》《公司法》均采用"总-分"结构。《民法典》亦萧规曹随，"总则编"之后是分则各编，分则各编下又采取"总-分"结构。例如，"物权编"不仅有"通则"分编之设置，而且各分编第一章均为"一般规定"条款，以统摄其下各章；"合同编"先规定通则，通则之下也是"一般规定"，各分编再规定各类典型合同和准合同；"人格权编""婚姻家庭编"和"侵权责任编"虽无通则之规定，但各编篇首均专章设置"一般规定"条款，整体上形成了"金字塔"式"总-分"叠加结构。这种"总-分"结构的运用得益于"摸着

---

〔1〕 ［德］茨威格特、克茨：《比较法总论》（上），潘汉典等译，中国法制出版社 2017 年版，第 187 页。

〔2〕 日本 1889 年在旧法公布之前就出现了反对意见。1890 年旧民法颁布后反对和拥护意见对峙，形成了以法国法学派为中心的"断行派"和以英国历史法学派为中心的"延期派"，前者主张立即施行旧民法，后者主张延期施行，然后进行改废，此即日本法制史上著名的"法典争论"。法典争论先由学术之争后扩展至政治斗争。参见谢怀栻：《外国民商法精要》（第 3 版），程啸增订，法律出版社 2014 年版，第 125 页。

石头过河"单行立法的经验积累，从而降低了《民法典》编纂的技术难度。

（四）及时呈现司法实务的最新发展

前已述及，为和民商事单行立法同步，最高立法机关还颁布了规模庞大的司法解释群体。据统计，自《合同法》颁布以来最高人民法院发布的关于合同问题的司法解释多达16部，条文数量达408条（《合同法》总计428条），如果包括其他司法解释中的实质合同规范，《合同法》司法解释的条文数量将远超《合同法》的条文数量，《民法典》"合同编"吸收了大量司法解释规则。如《民法典》第499条即吸收了《最高人民法院关于适用〈中华人民共和国合同法〉若干问题的规定（二）》（以下简称《合同法司法解释（二）》）第3条悬赏广告之规定；围绕是否保留《合同法》第51条无权处分条款在《民法典》立法过程中曾展开过激烈争辩，最终《民法典》删除了该条。《民法典》第597条第1款吸收了《合同法司法解释（二）》第15条和《最高人民法院关于审理买卖合同纠纷案件适用法律问题的解释》第3条之规定，明确了无权处分不影响买卖合同效力；《民法典》第533条吸收了《合同法司法解释（二）》第26条情势变更之规定；《民法典》第538条吸收了《合同法司法解释（二）》第18条、第19条债权人撤销权之规定，增加可适用债权人撤销权之情形：放弃债权担保、恶意延长到期债权、明显不合理高价受让他人财产或为他人提供担保。《民法典》各分编对司法解释规则的吸收可谓俯拾皆是、不胜枚举。另外，为保障民商事单行法适用于我国的案例指导制度实践，指导案例29号所确立的对企业简称的保护规则即被《民法典》第1017条吸收；指导案例1号的裁判要点之一禁止跳单的约定合法有效为《民法典》第965条吸收；裁判要点之二何时不构成"跳单"违约，亦成了第965条反面解释的结论。[1]民商司法解释和指导性案例系对民商事审判实践的阶段化总结，立法机关将这些司法裁判规则系统地提取和吸收，各级人民法院积累的司法裁判规则和经验对提升民法典质量做出了重要贡献。

（五）契合转型中国经济发展之需要

"市场"和"法治"是一体两面的关系，市场经济的本质就是法治经济。[2]中国特色社会主义市场经济的推进和发展，客观上需要完备和高质量

---

[1] 王雷：《民法典适用衔接问题研究动态法源观的提出》，载《中外法学》2021年第1期。

[2] 吴敬琏：《呼唤法治的市场经济》，生活·读书·新知三联书店2007年版，第5页。

的法律体系为其保驾护航。在所有部门法之中，民商法对市场经济的反应最为灵敏和迅速，与市场经济的关联最为密切。"摸着石头过河"编纂方法本质上就是社会主义市场经济改革和发展方法论在私法领域的投射和具体运用，[1]我国市场经济经历了"以计划经济为主、以市场经济为辅—公有制基础上的有计划商品经济—社会主义市场经济体制"三个发展阶段。伴随着市场经济建设的不断推进和发展，最高立法机关通过"成熟一个、制定一个"这种"渐进式""零散式"的立法方式，将党和国家不同时期的社会经济政策及时通过法律形式确认和固化下来。"摸着石头过河"这种编纂方法契合了党和国家不同时期社会经济政策贯彻和执行之要求，为市场经济体制改革发展提供了重要的法治保障。

三、中国特色民法典编纂方法消极效应评估

"摸着石头过河"在给《民法典》编纂带来诸多动能和优势的同时，亦裹挟和藏匿着一些缺陷和不足。由于《民法典》实施不久，对其实施效果之评估尚待历史和实践的双重检验，该问题尚未引起学术界足够的重视。"摸着石头过河"的《民法典》编纂方法可能会引发如下难题。

（一）难脱部门民法的痕迹

虽然此次《民法典》编纂有政治力量的强力引导，有法学家"集学人智慧，成伟大法典"[2]的雄心和呼吁，但是由于受"摸着石头过河"方法的影响，此次《民法典》编纂不过是执行先前"逐一制定民事单行法律，待条件成熟时再编纂《民法典》"立法策略的必然结果，[3]《民法典》难脱"部门民法"之痕迹。最直观的体现便是《民法典》的体例安排。尽管有观点认为，我国《民法典》在《德国民法典》潘德克顿五编制体例基础上增设"侵权责任编"和"人格权编"，开创了独具一格、颇具中国特色的"七编制"体例。[4]但正如前述，《民法典》实际上均以一部或多部民事单行法为依托，

---

〔1〕 薛波、雷兴虎：《"中国特色"民法典编纂方法及其对商事立法的镜鉴》，载《学术界》2020年第10期。

〔2〕 梁慧星：《〈集学人智慧，成伟大法典〉梁慧星教授在"民法分则立法研讨会上的发言"》，载 http://www.iolaw.org.cn/showArticle.aspx? id=4844，2020年10月15日访问。

〔3〕 朱广新：《民法法典化的历程与特色》，载《中国法律评论》2020年第3期。

〔4〕 王利明：《体系创新：中国民法典的特色与贡献》，载《比较法研究》2020年第4期。

如果不深入了解各编内容，给人的直观感觉就是民事单行法的"拼盘"和"大杂烩"，而非前后融贯一致、逻辑严密的有机整体。例如，不设"债法总则"而改设"合同通则"的做法便是"部门民法"思维诱致之例证。无论是在法学研究、司法实务当中还是在法学教育当中，债的类型包括合同之债、侵权之债、无因管理之债、不当得利之债四种类型已经形成了基本共识，但是《民法典》不设"债法通则"而是以"合同通则"代之，将无因管理和不当得利作为"准合同"附于合同编第二分编"典型合同"之后，显得不伦不类。再如，《民法典》编纂之初立法机关虽然旗帜鲜明地宣称采用"提取公因式"的立法技术，总则对分则和商事单行法起统率和引领作用。但为践行"民商合一"体例，《民法典》"总则编""法人章"无节制地滥用"复制"《公司法》规定的立法技术，造成《公司法》总则的"碎片化"和"空洞化"，给《公司法》修改带来了巨大难题，[1]亦扰乱了特别法和一般法的适用关系。将《公司法》规则上升为《民法总则》一般规定是特别制度的一般化（Generalization）。但从另一个侧面观察，亦可以认为是《民法典》这一基本法的"特别化"（Specialization），说明《民法典》作为基本法的"射程"在缩小，适用范围在变窄。[2]对此，苏永钦教授的批评无疑是犀利和深刻的，"部门民法"立法方式最终呈现的只是个别规则创新而非体系创新。各编在技术衔接和政策接轨上难免会遭遇层出不穷的问题，其结果可能导致《民法典》不断被修正，使外部调适成本随着市场复杂性的不断升高而变得难以承受。

（二）欠缺理性建构色彩

弗里德曼曾言："法典背后有强大的思想运动。"[3]法典最终呈现的应当是法的外在体系和内在体系的和谐统一。[4]内在体系是指贯穿于法典各项制度的价值、理念和精神；外在体系是指篇章节、基本原则和制度的设置等。

---

〔1〕 2020 年厦门召开的中国商法学年会专设单元讨论民法典编纂对公司法修订之影响，与会学者就此展开了激烈争辩。参见 http://www. commerciallaw. com. cn/index. php/home/salon/info/id/71. html，2020 年 11 月 2 日访问。

〔2〕 石佳友：《民法典的立法技术：关于〈民法总则〉的批判性解读》，载《比较法研究》2017年第 4 期。

〔3〕 ［美］劳伦斯·M. 弗里德曼：《法律制度——从社会科学角度观察》，李琼英、林欣译，中国政法大学出版社 2004 年版，第 241 页。

〔4〕 ［德］卡尔·拉伦茨：《法学方法论》，陈爱娥译，商务印书馆 2003 年版，第 133 页。

"有理念而无技术固然会带来混乱，有技术而无理念更会造成灾难"，[1]"摸着石头过河"这种《民法典》编纂方法不是法学家理性构建和逻辑推演的产物，系经验主义哲学观的生动运用。在该方法的指导下，中国的民事立法不是根据一个理性民法体系和理想类型予以决定的，而是必须根据中国改革开放的发展状况、现实需求来定夺。将党和国家政策文件亟须解决的现实问题、司法审判中的热点和难点问题以及社会生活普遍关注的热点问题作为立法的重心和重点。至于这些问题和既有立法理念、精神是否相吻合，能否融贯到既有的规范体系之中，常常不加深思。[2]按照马克思"经济基础决定上层建筑理论"，法律作为上层建筑，应当全面反映经济基础的要求。因此，"经验主义"的立法方略有其现实性和合理性。但也正是这种经验主义立法方法的全面铺陈和运用使得中国的民商事立法过于追求对实践和审判热点问题的回应和满足，忽视了法理学/法哲学知识的累积和沉淀。按照理想的运作模式，"摸着石头过河"方法的推进需要与之相适应的民法法理学/法哲学和教义学的成熟和配套跟进，需要形构自己的"民法法理学"和"民法法哲学"，甚至需要法经济学、法社会学、法伦理学、法修辞学等临近学科知识的滋补和涵养。遗憾的是，中国民商法学界似乎还未（亦无意）做足充分的酝酿和准备。法理学/法哲学发展和部门法学长期存在"两张皮"的问题，亦遑论形成自己的民法学派/学术流派，[3]学术论争亦充斥着意气之争而非理据之辨，类似于《德国民法典》历经了以萨维尼为代表的历史法学派的百年学术酝酿和淬炼，[4]更近乎是一个"美妙的奢望"。由于学科交流深度和互融力度的欠缺和不足，法哲学/法理学理论对《民法典》立法智识的供给十分有限。

（三）政策性立法思维的侵入

在"摸着石头过河"编纂方法的指导下，中国民商事单行法和司法解释体现出了明显的政策立法痕迹。例如，1986年颁布的《民法通则》第6条规

---

〔1〕 王文宇：《公司法论》，中国政法大学出版社2004年版，第2页。

〔2〕 朱广新：《民法法典化的历程与特色》，载《中国法律评论》2020年第3期。

〔3〕 谢晖：《创建我国的法学流派初论》，载《法商研究》1995年第6期。

〔4〕 关于历史法学派对《德国民法典》制定的影响，参见［德］霍尔斯特·海因里希·雅科布斯：《十九世纪德国民法科学与立法》，王娜译，法律出版社2003年版，第18~40页。

定："民事活动必须遵守法律，法律没有规定的，应当遵守国家政策。"为政策介入民事司法提供了依据。但是，由于政策的范围及其与法律的区别界定不明，实践中法官在运用政策裁判时经常出现缺少配套规定、依据混乱、说理困难等难题。[1]为此，《民法典》第10条删除了政策作为民法法源之规定，确立了"法律-习惯"二位阶法源体系。在《物权法》的立法过程中，对是否承认私人财产和公共财产的"一体承认、平等保护"原则，学术争论引发了政治力量的介入，最终导致《物权法》的通过延期。[2]再如，1993年《公司法》制定就承载着国企改制的重任。最显著的例子便是公司法人财产权性质、股权和法人财产权关系的争论。为保持国家对国有资产的控制、防止国有资产流失，理论界设计了形形色色的股权-公司法人财产权关系理论，[3]直到《民法典》编纂过程中还有学者呼吁明确营利法人的所有权。[4]我们在股权-法人财产权关系问题上的纠结和反复，更多是基于政策层面的考虑，这一问题也鲜明地反映出了法学和政策之间的联动和互渗关系。那些坚持国家出资到企业后的出资财产国家仍然享有所有权的观点，不符合所有权-控制权"两权分离"的现代公司治理逻辑，难以自圆其说。如果这些例证均比较微观，宏观层面就是司法解释及司法解释性质的文件，司法解释虽名为解释，实际上大部分均系脱离实证法的"抽象性"解释，承担着将党和国家政策司法化之功能，最高人民法院颁布的规定、意见、纪要、指导意见等司法解释或者司法性质文件，更是成了满足一时政治需要和传导社会经济政策之工具。笔者

---

〔1〕 张红：《论国家政策作为民法法源》，载《中国社会科学》2015年第12期。

〔2〕 2005年8月12日北京大学法理学巩献田教授在互联网上发表了致时任委员长吴邦国的公开信《一部违背宪法和背离社会主义基本原则的〈物权法〉（草案）》，认为《物权法（草案）》违宪。在公开信发表一个月以后，全国人民代表大会常务委员会法制工作委员会时任主任胡康生、副主任王胜明等人在人民大会堂约见了巩献田教授，双方的谈话持续了80分钟。同年，9月26日吴邦国委员长在《物权法（草案）》修改意见座谈会上提出要进一步修改《物权法（草案）》。参见柳经纬主编：《共和国六十年法学论争实录：民商法卷》，厦门大学出版社2009年版，第118~119页。

〔3〕 包括"双重所有权说"，即股东对公司财产享有所有权（终极所有权），公司对公司财产享有法人所有权（相对所有权）；"所有权-经营权（他物权）说"，即股东对公司财产享有所有权，公司享有经营权，性质为他物权。"债权-法人所有权说"，即公司系股东对公司享有的以请求利益分配为目的的债权或附条件债权，公司享有对公司财产的法人所有权；"股权-法人所有权说"，即公司享有对公司财产的法人所有权，股东享有股权，但股权只是"公司法人所有权整体的一个有机组成部分"。相关梳理见雷兴虎：《公司与非公司企业法基本问题研究》，湖北人民出版社2020年版，第176~181页。

〔4〕《民法典立法背景与观点全集》编写组：《民法典立法背景与观点全集》，法律出版社2020年版，第4页。

不反对政策入法，但是政策入法需经严格的控制和过滤程序，党和国家政策必须先转换为立法政策，再将立法政策凝固在立法目的和制度规定中，以此推进立法，不宜直接介入法体系和法规范，否则会严重侵蚀立法的科学性。

（四）体系解释和适用难题

"摸着石头过河"编纂方法诱致的最大难题就是体系解释和适用难题。由于各民事单行法颁布于不同时期，往往"只考虑自圆其说的小体系，不顾及立法动议和其他已经制定的法律的衔接，更不考虑中国民法典制定的体系化整合的基本逻辑要求"。[1]在结构设计上一般均有总则、分则、附则，在内容上都有调整对象、调整范围、基本原则、法律责任条款。如何将这些规模庞大的规范群体统合在一部法典之内，无疑是一项极具挑战性的课题。虽然早在《民法典》编纂之初，立法机关便明示要编纂一部"结构合理、体例科学、内容协调一致"的《民法典》，《民法总则》立法采用"提取公因式"的立法技术，为各分编立法提供立法遵循。但一方面由于时间紧迫，另一方面由于立法技术欠缺，依然留下了不小的体系解释和适用难题，典型例证即决议行为。《民法典》第134条第2款规定"法人、非法人组织依照法律或者章程规定的议事方式和表决程序作出决议的，该决议行为成立"，将决议行为"入典"并明确其属于法律行为。但是，决议行为的撤销和无效可否适用法律行为效力瑕疵规则？对此，立法未置可否。《公司法》第22条规定的决议可撤销和决议无效之诉如何与《民法典》"总则编"第85条、第143条、第146条、第147条、第148条、第149条、第150条、第151条等法律行为效力条款衔接适用？这给后续的体系解释和适用带来了巨大难题。[2]目前，该问题仍处于争议之中。再如，关于公司清算义务人的范围《公司法》未作规定，《公司法司法解释（二）》第18条将有限公司清算义务人界定为全体股东。《民法典》第70条第2款规定："法人的董事、理事等执行机构或者决策机构的成员为清算义务人。……"有限公司清算义务人究系股东还是董事？二者规定不一，最高人民法院为此还出台了指导案例9号以试图指导司法裁判。但《民法典》颁布之后，最高人民法院明确指出指导案例9号不再适用。如何解释《民法典》第70条第2款和《公司法司法解释（二）》第18条有限

---

〔1〕 孙宪忠：《防止立法碎片化、尽快出台民法典》，载《中国政法大学学报》2013年第1期。

〔2〕 陈彦晶：《重大误解规则商事适用的限制》，载《华东政法大学学报》2019年第1期。

公司清算义务人范围之规定已然成了理论界和实务界的焦点议题。

（五）滞碍民法教义学发展

一部体系协调、规则简明的《民法典》可以促进民法教义学/解释学的发展。但是，"摸着石头过河"这种先单行立法再合拢为统一法典的编纂方法，导致各编的编排存在较为明显的割裂。《民法典》第 2 条规定："民法调整平等主体的自然人、法人和非法人组织之间的人身关系和财产关系。"该条在原《民法通则》第 2 条的基础上微调，将人身关系置于财产关系之前，旨在克服潘德克顿体系"重物轻人"的体系缺陷。[1]但是，最具创新性的"人格权编"不是紧随"总则编"之后、"物权编"之前，而是被置于"合同编"之后、"婚姻家庭编"之前，颇让人费解。有观点认为，如此安排概因《民法典》系调整市场经济关系的基本法，对于市场经济而言，物权和合同最为重要，各编安排是依据重要性排序的。[2]这样的解释虽然有一定道理，但似乎略显牵强。有学者乐观地认为，《民法典》颁布之后中国的民法学研究将迈入解释论时代。但是，民法解释/教义学的发展是以民法学学理发达、立法资料整齐完备以及理论和实务的良好互动和充分交流为前提的，更重要的是《民法典》文本质量的精良。在大陆法系成文法传统下，《民法典》的体系构造和法条的表达更是决定了法解释论走向。[3]如果《民法典》体系还存在某种程度的矛盾和混乱，便不能为民法教义学/解释学提供一个权威依据，民法解释学/教义学可能会成为无根之木和无源之水，民法解释学/教义学的发展也可能不会被引向一个良性的方向。

（六）私法法源整合功能不彰

编纂《民法典》的核心目标是实现民商立法的"体系化"和"科学化"并构建统一、权威的法源体系。按照理想的操作模式，《民法典》颁布后所有的民商事单行法及司法解释和司法解释性质文件将"万流归宗"，被一次性清理后择优纳入《民法典》，剩余的司法解释及司法解释文件也理应在《民法

---

〔1〕 王利明：《民法典编纂与中国民法学体系的发展》，载《法学家》2019 年第 3 期。

〔2〕《孙宪忠接受法治深壹度的视频采访：〈民法典：开启中国法治新时代（二）有恒产者有恒心〉》，载 http://tv.cctv.com/2020/05/24/VIDE0fhioOQcDawVAot6mOMO200524.shtml0，2020 年 5 月 24 日访问。

〔3〕 黄文煌：《民法典编纂中的法条表达技术——对〈中华人民共和国民法典（草案）〉条文的梳理》，载《暨南学报（哲学社会科学版）》2020 年第 1 期。

典》实施后一概宣布废止，《民法典》正式荣登历史舞台并成为中国民商事立法、司法、执法、法学研究共同维护的权威平台。但是，由于受"摸着石头过河"编纂方法之影响，我国《民法典》也只是主要统合了我国《民法通则》《民法总则》《物权法》《担保法》《合同法》《侵权责任法》《婚姻法》《继承法》《收养法》等9部民事单行法，公之于世的《民法典》仍然是一部"提纲挈领式"而非"规则相对细密、着眼于可适用性"[1]的《民法典》。在《民法典》之外还存在大量商事单行法、司法解释、司法解释性质文件及指导案例等法源群体。可以预见，未来民商事实践仍然需要司法解释和指导性案例予以配合和细化，这在某种程度上会消解法典的权威性。

四、中国特色民法典编纂方法消极效应之纾解

《民法典》作为私法基本法对于推进私法立法"体系化"和"科学化"及构建统一私法法源体系的重要性无需赘言。为保障《民法典》功效之发挥，有必要择取妥适的措施以纾解上述消极效用。具体包括三个层次：

（一）近期

《民法典》颁布之后最迫切的工作有三项，这三项工作直接关系到对《民法典》的解释和适用、民法解释学/教义学发展以及《民法典》体系性和权威性之维护。其中有部分工作尚未启动，部分工作正在推进之中。

1. 整理民法典的立法资料

立法资料作为发现立法者立法意图的"工具"和"解释来源"，整齐完备的立法资料对于解释《民法典》制度之意旨、案件裁判理由的论证和说理、推进民法教义学/解释学之发展具有十分重要的意义。例如，《德国民法典》立法者就为后世留下了一整套系统、完备的立法资料，包括第一委员会的《立法理由书》、第二委员会的《立法录》、帝国司法局局长呈交会议的《意见书》以及帝国会议专门委员会的《辩论记录》（Protokolle）。[2]这些立法资料后由霍尔斯特（Horst Heinrich Jakobs）教授和维尔纳（Werner Schubert）教授于20世纪80年代整理出版。我国《民法典》编纂过程中，立法者曾赴上

---

〔1〕 薛军：《中国民法典编纂：观念、愿景与思路》，载《中国法学》2015年第4期。
〔2〕 ［德］卡尔·拉伦茨：《德国民法通论》（上册），王晓晔等译，法律出版社2013年版，第12、21页。

海、江苏、浙江、广东、陕西、山西、山东、四川、重庆、河南、河北、福建、广西、内蒙古、黑龙江、吉林、海南等省、自治区、直辖市开展立法调研、座谈会和研讨会。[1]在北京召开几十次座谈会听取国家有关部门、专家意见。[2]全国人民代表大会常务委员会法制工作委员会总计10次公布各分编和民法典草案，累计收到42.5万人提出的102万条意见。[3]仅2019年就吸收了32件全国人大代表提出的民法典编纂议案。围绕《民法典》的体例和内容设计、民商立法模式选择、人格权是否独立成编、债法总则存废、知识产权入典、高空抛物的侵权责任承担等问题学术界展开过激辩和热烈讨论，这些立法资料弥足珍贵，具有十分重要的史料价值，有必要将这些史实妥善保存，以保证《民法典》编纂工作完整性并为后续的《民法典》解释与适用提供有益参考。

2. 清理/整顿民商事司法解释

《民法典》虽然吸收了部分司法解释规则但绝大部分民商事司法解释仍然游离在《民法典》之外，司法解释的清理/整顿是一项十分重要和紧迫的工作。该问题已经引起了学界和立法机关的高度重视。最高人民法院于2020年12月组织召开相关工作会议审议新中国成立以来现行有效的591部司法解释和相关规范性文件及139部指导性案例的全面清理工作。清理结果包括三类：①和《民法典》规定一致的共计364部未作修改，继续适用。其中，直接废止89部，废旧立新27部，24部废止的同时制定了相应的司法解释，另有3件废止后将根据实践需要制定相应的司法解释；②对名称和部分条款进行修改的有111件，经修改后已经正式实施，包括民事类27部、商事类29部、知识产权类18部、诉讼类19部、执行类18部；③决定废止的司法解释及相关规范性文件116部已全部失效；另外对2011年以来的139个指导性案例做了全面清理，2个案例不再参照适用。与司法解释的清理工作相同步，新司法解释的颁布亦将协同推进。最高人民法院按照"统一规划；分批制定；急用先出；重点推进；先易后难；确保质量"的原则已经完成了司法解释清理报告，

〔1〕《民法典立法背景与观点全集》编写组编：《民法典立法背景与观点全集》，法律出版社2020年版，第3~5页。

〔2〕刘俊臣：《一部充满时代气息的中国特色社会主义民法典——学习习近平总书记重要讲话的几点体会》，载《中国人大》2020年第13期。

〔3〕黄薇：《民法典，护航美好生活》，载《人民日报》2020年5月14日。

正在起草民刑交叉司法解释。[1]最高人民法院已经颁布了 7 部新的司法解释。这些司法解释的清理和出台表明了司法机关保障《民法典》实施的决心和努力。但颇值斟酌的是，这 7 部司法解释是在《民法典》未颁布时实施的，有学者质疑法律尚未实施何来解释？一次性大规模推出多部《民法典》司法解释的做法是否符合司法实践和司法规律，司法解释质量能否得到保证均值得检验。[2]

3. 完善民法典施行规则

德国于《德国民法典》颁布后相继公布了《德国民法典施行法》和必要的附属法律。为保证民法典物权登记制度的推行于 1897 年颁布了统一的《德国不动产登记法》《德国关于强制拍卖与强制管理的法律》，1898 年颁布了《德国非讼程序事件法》，并且还修改了和民法典密切关联的《德国法院组织法》《德国民事诉讼法》《德国破产法》，重新制定了《德国商法典》[3]；《瑞士民法典》在末章规定"适用于施行"，其中多数条文均涉及"新旧法"的关系处理及"过渡适用"之规定[4]；日本于 1986 年公布新民法亲属编和继承编的同时还公布了《民法施行法》和《法例》。[5]我国没有颁布民法典施行法的历史传统，一般通过颁布配套的司法解释以解决新旧法律适用问题，2020 年 12 月 30 日最高人民法院发布的《关于适用〈中华人民共和国民法典〉时间效力的若干规定》（法释〔2020〕15 号）就《民法典》同原《合同法》《物权法》《侵权责任法》《继承法》等单行法的衔接适用问题做了比较细致的规定，旨在解决《民法典》适用首先遇到的最为迫切的难题。但是，《民法典》和旧法及司法解释之适用绝非一部司法解释就能够全盘解决，该问题仍需进一步研究。

（二）中期

中期包括保障商事单行法和《民法典》适用之衔接，协调司法解释与案

---

〔1〕 参见《最高人民法院副院长贺荣在最高人民法院贯彻实施民法典全面完成司法解释清理和首批司法解释新闻发布会的发言》，载 http://www.xinhuanet.com/2020 - 12/31/c_ 1126929424. htm，2021 年 1 月 10 日访问。

〔2〕 此观点系笔者从浙江大学法学院张谷教授的微信朋友圈获知。

〔3〕 谢怀栻：《外国民商法精要》（第 3 版），程啸增订，法律出版社 2014 年版，第 157 页。

〔4〕 邹海林：《建议制定民法总则的法律施行法》，载《民主与法制》2017 年第 21 期。

〔5〕 谢怀栻：《外国民商法精要》（第 3 版），程啸增订，法律出版社 2014 年版，第 157 页。

例指导制度之关系，建立《民法典》定期修订更新机制，这三项工作亦和《民法典》解释适用、民法教义学发展及体系性之维护密切关联。

1. 保障商事单行法和民法典适用之衔接

《民法典》实施后既有商事单行法仍然游离在《民法典》之外继续存在，如何妥善协调商事单行法和《民法典》的适用关系成了当前迫切需要研究的议题。在所有商事单行法之中，《公司法》和《民法典》的关联最为密切、受《民法典》影响最大。据笔者总结，二者的适用关系包括五种类型：①优先适用。《公司法》和《民法典》系"特别法"和"一般法"的关系，二者规定相冲突时，原则上适用《公司法》之规定。②选择适用。前已述及，《民法典》"总则编""法人章""一般规定"和"营利法人"一节基本是对《公司法》"总则章"相关规定的"复制/复印"，因此会造成规范适用之重叠。在二者规定一致时，可以选择适用。如《公司法》第 20 条第 3 款和《民法典》第 83 条第 2 款均规定了法人格否认制度，既可以适用《公司法》，亦可以适用《民法典》之规定。③补充适用。这种情况属于《公司法》本来未规定，后由《民法典》填补了《公司法》漏洞。例如，关于董事、法定代表人等及其行为法律后果、董事执行职务造成他人损害的民事责任，2018 年《公司法》第 21 条仅规定董事不得利用关联关系损害公司利益的消极义务，第 147 条和第 148 条规定了董事对公司的"忠实"和"勤勉"义务，对于董事执行职务时能否对外代表公司以及公司章程对董事权限的限制能否对抗善意第三人，《公司法》未作规定。《民法典》第 61 条、第 62 条、第 170 条填补了这一法律漏洞。[1]此时就应当适用《民法典》之规定。再如，2018 年《公司法》第 22 条规定了公司决议的撤销事由和可撤销之诉，对决议撤销的法律后果未具明文，《民法典》第 85 条规定营利法人的出资人请求人民法院撤销决议，但是营利法人依据该决议与善意相对人形成的民事法律关系不受影响，此时亦

---

[1] 《民法典》第 61 条规定："依照法律或者法人章程的规定，代表法人从事民事活动的负责人，为法人的法定代表人。法定代表人以法人名义从事的民事活动，其法律后果由法人承受。法人章程或者法人权力机构对法定代表人代表权的限制，不得对抗善意相对人。"第 62 条规定："法定代表人因执行职务造成他人损害的，由法人承担民事责任。法人承担民事责任后，依照法律或者法人章程的规定，可以向有过错的法定代表人追偿。"第 170 条规定："执行法人或者非法人组织工作任务的人员，就其职权范围内的事项，以法人或者非法人组织的名义实施民事法律行为，对法人或者非法人组织发生效力。法人或者非法人组织对执行其工作任务的人员职权范围的限制，不得对抗善意相对人。"

应适用《民法典》之规定。④限制适用。指《公司法》虽然有规定，但是《民法典》又作了特别规定，限缩了《公司法》的适用范围。如2018年《公司法》第32条第3款规定，公司股东的姓名或者名称及其出资额发生变更登记的，不得对抗第三人，《民法典》第65条将此处的"第三人"限缩为"善意第三人"，此时就应当适用《民法典》第65条之规定。⑤参照适用。这种情况指当无商事特别法或者商事习惯法，补充适用民法的一般规范又有悖于商事交易本质时，宜结合商事交易的特殊性对民法一般规定做"参照"而非"补充"适用。如此，既能起到"兜底"效果，亦能具体问题具体分析，兼顾商事关系特色。例如，指导案例67号有限责任公司股权转让分期付款的转让款中受让方发生拒付或者迟延付款情形，股权转让人要求解除股权转让合同的，不应当直接适用《合同法》第167条关于分期付款买卖中出卖人合同解除权之规定。此外，和《民法典》密切关联的《破产法》《证券法》《合伙企业法》等商事单行法修订如何保持和《民法典》的衔接，亦是《民法典》实施后需重点考虑的问题。[1]

2. 协调司法解释和案例指导制度之关系

《民法典》实施后，司法解释和案例指导制度之功能协调是关系到民商法走向的重大议题。[2]鉴于司法解释存在的僭越"立法权"现象，[3]为突出《民法典》构建统一私法法源体系上之整合功能，防止出现司法解释"掏空"《民法典》现象，有必要对司法解释功能和机制进行优化：①明确司法解释的功能定位。最高人民法院应当摒弃过去颁布大规模"综合类""系统类"司法解释的做法，将司法解释定位为保障《民法典》实施的"辅助"和"配套"措施。②廓清司法解释对象。伴随着司法解释功能的转向，司法解释的对象亦应当转变为致力于以解释、阐明、细化《民法典》某一规范/规范群为核心，仅针对《民法典》具体的条、款、项展开，不宜创设大量脱离《民法典》文本的司法解释规则，更不能颁布大规模"综合类""系统性"司法解

〔1〕 参见王欣新：《〈民法典〉与破产法的衔接与协调》，载《山西大学学报（哲学社会科学版）》2021第1期；蒋大兴等：《〈民法总则〉（草案）中的证券法空间——关于法人类型、法律行为/代理及期限制度的检讨》，载《财经法学》2017年第2期。

〔2〕 薛波：《后民法典时代司法解释与案例指导制度功能调适论》，载《河北法学》2021年第2期。

〔3〕 袁明圣：《司法解释"立法化"现象探微》，载《法商研究》2003年第2期。

释。③强化司法解释的问题意识。《民法典》时代的司法解释应着力解决法律条文在审判实践中如何适用的问题，无需像立法那样追求体例完整、内容全面。④提升司法解释的质量。⑤加强对司法解释制定、修改、实施工作的监督。⑥完善司法解释效果评估和常态化清理机制。[1]与此同时还有必要"拓宽"案例指导制度的功能，将创制和发展法律的重任部分移交由案例指导制度完成，形构具有中国特色的司法判例制度，[2]借此保障《民法典》施行无碍。

3. 建立民法典定期修订更新机制

《德国民法典》因其形式理性特征能够跨越东西、穿越时空，在世界范围内产生了广泛影响。现代社会经济生活日新月异，以大数据、人工智能、云计算、区块链等为代表的新科技技术正在重塑市场经济的运行方式和运行逻辑，《民法典》如何对待智能机器人的民事主体地位、智能汽车侵权的责任承担和损害赔偿、大数据时代隐私权的保护范围和边界、数据财产对传统物权客体概念的突破、区块链技术去中心化等一系列新问题，给传统民商事关系的法律调整带来了巨大挑战。《民法典》要克服"摸着石头过河"编纂方法所诱致的体系性缺陷，保持对社会变迁的适应能力，就应当建立常态化的修订更新机制，适时将这些新型的民商法律关系纳入《民法典》的调整范围。

（三）远期

远期工作有两项：一是推进部门法理学研究，强化其理性构建色彩，谨防政策性立法思维的侵入；二是在《民法典》确立的框架内推进民法教义学/解释学研究，清除"部门民法"之缺陷，形塑和完善《民法典》。

1. 部门法理学研究之推进

没有部门法学的法理学是空洞的，没有法理学的部门法学是盲目的，部门法学和法理学二者本为相互依存、互为借鉴的关系。遗憾的是，在长期的政策性立法思维和实践主义法学尘嚣至上的舆论氛围下，作为法理学研究中心的"法理"并没有在部门法学中引起足够的重视。[3]法理学和部门法学存

---

〔1〕 郭锋：《〈民法典〉实施与司法解释清理制定》，载《上海政法学院学报（法治论丛）》2021年第1期。

〔2〕 张骐：《论中国案例指导制度向司法判例制度转型的必要性与正当性》，载《比较法研究》2017年第5期。

〔3〕 张文显：《法理：法理学的中心主题和法学的共同关注》，载《清华法学》2017年第4期。

在着严重脱节现象，面临着"无用论"或者"多余论"的怀疑。法理学在民商立法和法学研究中是"缺席"的。经验主义哲学主导的我国《民法典》客观上需要形构中国的民法法理学/民法法哲学，借以强化对民商法的理论支撑和供给。民商法亦应当成为部门法理凝练和提纯的"重要场域"和"源头活水"；法理学应当为民商法发展提供"元理论"和"一般价值"，促使民商法学由简单的法条解释和案例研究向体系性理论构建转变，以提升民商法学的理论层次，[1]最终成为《民法典》体系据此做出改进的动力源泉。[2]这就要求民法学界秉持精益求精、细致严谨的工匠精神，积极与法理学展开沟通对话，不能"老死不相往来"，冷眼旁观甚至相互挤对，以形成"上下互动、双向交流"的民法学研究新格局。

2. 民法教义学/解释学之发达

有学者指出，《民法典》实施后中国民法教义学/解释学面临的现状是"螺蛳壳里做道场"[3]，即要在《民法典》确立的文本框架内推进民法解释论研究，这种评价可谓形象准确，但还不够全面。《民法典》实施之后中国的民法教义学/解释学研究要秉持"钻进去"和"跳出来"的双重思维：一方面，民法解释学/教义学应当以《民法典》文本为核心和依托，《民法典》应当成为研究者、法官、检察官、仲裁员等法律适用者的"红宝书"，这是《民法典》作为私法基本法和权威法源依据之要求；另一方面，由于"摸着石头过河"编纂方法所引致的体系性缺陷和难题，《民法典》本身存在较大的修补和改进空间，后续需要通过解释适用来形塑和完善《民法典》，需要通过民法教义学来弥合"部门民法"之缺陷。就此而言，《民法典》实施给民法教义学发展提出了挑战，亦对学者能力提出了更高要求。

综上所述，尽管完成上述工作（尤其是远期）会存在相当大的难度并且要付出大量的时间、人力、物力和信息搜寻成本，但这不应当成为我们的托词和理由。在《民法典》实施这一中国私法发展"百年未有之大变局"面

---

[1] 陈兴良：《部门法理学之提倡》，载《法律科学》2003年第5期。

[2] 陈景辉：《部门法学的教义化及其限度——法理学在何种意义上有助于部门法学》，载《中国法律评论》2018年第3期。

[3] 张谷教授将此形象地称为"螺蛳壳里做道场"。参见《张谷教授在第二届〈商法通则〉立法研究学术研讨会上的发言》，载 http://www.commerciallaw.com.cn/index.php/home/news/info/id/434.html，2019年2月24日访问。

前，唯有通过近期、中期、远期八个方面的任务设计，持续发力，久久为功，方才有可能纾解和缓释"摸着石头过河"编纂方法带来的消极效用，亦才能保障《民法典》的顺利实施，更大限度地发挥其在推进中国私法立法"体系化""科学化"和构建统一的私法法源体系方面的效用。我国《民法典》也才有可能以其精湛技术和独特品质立足于世界民法之林，为世界民法发展贡献中国智慧、中国元素和中国方案。

结　语

最后回归本书基点，本书虽然从民法典编纂方法这一宏观视角切入，对我国《民法典》的体系和内容提出了诸多批评。但这种出发点是"呵护"和"关爱"，我们批评的目的是希冀它的体系更为周延，逻辑更为严密、内容更为完备。就此而言，本书对《民法典》积极效应和消极效应之评估也不过是"换个频道"观察我国《民法典》。尽管我国《民法典》还存在一些瑕疵和不足，但正如每个人心中都有"一百个哈姆雷特"，都有自己理想的"范式民法典"。在"百年一遇的法典化时刻"，对于我国《民法典》，我们更应当报以"宽容式/同情式"的理解，不能过于吹毛求疵或责备求全。揆诸历史，自清末维新变法以降，西学东渐，一百多年间，中国为追求一部自己的《民法典》，无数的有志之士投身其中，其间历经的坎坷艰辛，实在难以尽言。实际上，我国《民法典》始终承载着两重功能：一为私权启蒙和权利教化；二为裁判规范或行为规范，这亦是和部分"范式民法典"的不同或者特殊之处。部分留学欧陆的学者往往过于强调《民法典》或行为规范或裁判规范之功能，对于前者，却采取有意的忽视或者漠视态度。实际上，处于社会大变局和转型期的中国，《民法典》所肩负的私权启蒙和权利教化的"播种机""加速器"之功能，较之于前者，实不遑多让。如果从这一视角切入，其实很多问题都能够找到妥适的答案。比如，为什么《民法典》"总则编"延续《民法通则》旧制将"民事权利"独立成章，民事权利亦成了《民法典》分编体系构建和制度设计的线索和指南；为什么《民法典》要宣示人格权的重要性并且史无前例地将其独立成编；为什么在《民法典》之外还存在大量商事单行法、司法解释及司法解释性质文件群体，由"摸着石头过河"编纂方法诱致的体系性缺陷一定会随着民商法理论、立法和司法实务的扬弃、发展逐步消弭并臻于融洽无间。我们在宣扬我国《民法典》编纂方法积极效用的同时，更应当勇敢、坦率地直面其消极效用。这种消极效用可能一时构成《民法典》的"瑕疵"或"疏漏"。但是随着《民法典》实施民法解释学/教义学时代的到来，我们坚信，中国的民法学人和法律职业共同体有智慧、有决心，也有能力妥善处理好这些难题。

第三章

后民法典时代民商法法源结构的
中国特色及其效用评估

2020年5月29日下午习近平总书记在十九届中央政治局第二十次集体学习讲话时强调，《民法典》系统整合了新中国成立七十多年来长期实践形成的民事法律规范，汲取了中华民族五千多年优秀法律文化，借鉴了人类法治文明建设有益成果，是一部体现我国社会主义性质、符合人民利益和愿望、顺应时代发展要求的民法典，是一部体现对生命健康、财产安全、交易便利、生活幸福、人格尊严等各方面权利平等保护的民法典，是一部具有鲜明"中国特色、实践特色、时代特色"的民法典。[1]对《民法典》的"中国特色"做了高度浓缩和精准概括。所谓《民法典》的"中国特色"，即要立足于中国实际，回答中国之问。[2]《民法典》在立法体例、结构设计、编纂方法、内容安排、规范配置、立法语言等方面体现出了鲜明的"中国特色"。对此，我国学术界已经有充分讨论。[3]此外，《民法典》确立的民商法法源结构亦体现出了鲜明的"中国特色"，该问题尚无人问津。比较法上，法源问题是"横亘"在一国法学研究中的重大理论和实践问题。编纂《民法典》之本质，乃是要通过"体系化"和"科学化"的制度设计，勾勒和再造一个由新规则或者革新过的规则组成的完整体系，从而为民商事司法裁判活动提供统一、权威的文本依据。[4]后《民法典》时代民商法法源结构呈现怎样的"中国特

---

〔1〕 参见习近平：《充分认识颁布实施民法典重大意义 依法更好保障人民合法权益》，载《求是》2020年第7期。

〔2〕 参见王利明：《民法典的中国特色 "实践特色" 时代特色》，载《光明日报》2020年8月21日。

〔3〕 代表性文献如王利明：《体系创新：中国民法典的特色与贡献》，载《比较法研究》2020年第4期。

〔4〕 参见［法］让·路易·伯格：《法典编纂的主要方法和特征》，郭琛译，载《清华法学》2006年第2期。

色"？"中国特色"民商法法源结构会给理论、立法、司法实践带来哪些积极和消极效用？如何克服其消极效用？本书拟对这些问题——求索和解答，以期能够卓有成效地推动《民法典》的实施。

一、后民法典时代民商法法源的基本结构

法源，亦谓"法的渊源"或者"法律的渊源"。无论是在域内还是在域外，法的渊源都是一个十分常见却又被运用得极其混乱的术语，[1]以至于学者从不同维度谈论法的渊源，如理论渊源、历史渊源、文献渊源、效力渊源、形式渊源、实质渊源等。[2]在作为部门法的民法领域，对法源内涵的理解较为统一，大体将法源解释为法的表现形式和存在形式，[3]争议主要集中在其外延。[4]在本书语境下，所谓民商法法源，即具有法律效力、法的权威性或者具有法律意义并且能够作为法官审理民商事案件依据的规范或者准则来源。法源系多元规范之集合体和统一体，是司法裁判寻找待决案件所需要的裁判规范或准则之依据。[5]鉴于民商法规范兼具行为规范和裁判规范双重属性，[6]此概念旨在突出民商法法源的司法面向：①具有法律效力、法的权威性，即具有法的一般拘束力；②能够作为司法裁判依据的规范或准则之来源，即对法官具有拘束力。

一般认为，我国《民法典》第10条确立了"法律–习惯"二位阶法源体系。[7]此处的"法律"应作广义理解。[8]我国现行民商法法源主要包括：

〔1〕　Roscoe Pound, *Jurisprudence* (*Volume111*), West Publishing Co., 1959, p.380.

〔2〕　参见舒国滢主编：《法理学导论》（第2版），北京大学出版社2012年版，第66页。

〔3〕　参见施启扬：《民法总则》，中国法制出版社2010年版，第51页。

〔4〕　如梁慧星教授认为，民法法源包括法律、行政法规、习惯、司法解释、指导性案例和法理；王利明教授还将宪法、地方性法规或者自治条例和单行条例、国际条约和国际惯例也列为民法法源，但是将指导性案例和法理排除在外。关于法源外延争议的梳理参见李敏：《民法法源论》，法律出版社2020年版，第12页。

〔5〕　参见彭中礼：《法律渊源词义考》，载《法学研究》2012年第6期。

〔6〕　参见郑玉波：《民法总则》，中国政法大学出版社2003年版，第15页。

〔7〕　参见梁慧星：《民法总则讲义》（修订版），法律出版社2021年版，第20页。

〔8〕　参见李适时主编：《中华人民共和国民法总则释义》，法律出版社2017年版，第34页；石宏主编：《中华人民共和国民法总则——条文说明、立法理由及相关规定》，北京大学出版社2017年版，第23页；王利明主编：《中华人民共和国民法总则详解》（上册），中国法制出版社2017年版，第51、52页；张新宝：《〈中华人民共和国民法总则〉释义》，中国人民大学出版社2017年版，第18页；陈甦主

①宪法；②民法典；③商事单行法；④行政法规；⑤地方性规范或者自治条例和单行条例；⑥民商事司法解释和司法解释性质文件；⑦指导性案例；⑧民商事习惯。在这些法源类型当中，就民商司法裁判运用的广泛性和密集程度而言，宪法能否作为民商法法源尚存争议，[1]行政法规介入私法涉及公法管制问题，地方性法规、自治条例和单行条例的空间效力特定、辐射范围有限，习惯作为法源需在个案中经法官充分说理后方可适用。《民法典》、商事单行法、民商司法解释和司法解释性质文件、指导性案例[2]无疑是后《民法典》时代最常见亦是最为倚重的四类法源。[3]

首先，《民法典》乃民商法法源规范的系统者和集大成者，亦是民商司法裁判最权威、最基本的文本和依据。

其次，我国《民法典》编纂伊始，最高立法机关虽然宣称秉持"民商合一"立法体例，但是这种"民商合一"并非将所有民法规范和商法规范"熔铸一炉"共置于一部法典之内、形式上完全的"民商合一"，而是民商规范"有分有合，统分结合"，民法法典化和商事单行法并存的私法体例。[4]基于商事关系的特殊性和独立性，《民法典》仅将若干具有"一般性、共通性、普适性"特点的商法规范纳入，对商事关系的调整更多地交由商事单行法和商事司法解释协力完成。《民法典》实施后，《公司法》《合伙企业法》《个人独

（接上页）编：《民法总则评注》（上册），法律出版社 2017 年版，第 72 页。

　　〔1〕　包括肯定说和否定说两种观点。前者认为，宪法具有最高效力，是民法制定的依据，宪法中的相关规定是调整民事关系的重要法律规范。[参见魏振瀛主编：《民法》（第 4 版），北京大学出版社、高等教育出版社 2010 年版，第 14 页]；后者认为，宪法不属于民商法法源。宪法尤其基本权利条款乃规制国家和公民之关系，为国家设置义务，非调整私人之关系，不能直接成为民事案件的裁判依据，应排除在民法法源之外。[参见陈甦主编：《民法总则评注》（上册），法律出版社 2017 年版，第 73 页，该部分由于飞教授执笔]，本书赞同否定说。

　　〔2〕　指导性案例的法源地位在学界尚存争议，以陈兴良为代表的学者认为指导性案例具有法源地位，以刘作翔、张骐为代表的学者认为指导性案例不具有法源地位。雷磊教授提出了一条颇为新颖的思路。他将法律渊源类型化为效力渊源和认知渊源。前者乃作为裁判依据的规范命题，是整个裁判活动具有法律效力的必备要件；后者是裁判依据本身的内容来源，必须获得制度性权威（前者）的认可并且和制度性权威结合才能在司法裁判中扮演权威理由角色。据此，他将指导性案例划入认知渊源范畴。（参见雷磊：《重构"法的渊源"范畴》，载《中国社会科学》2021 年第 6 期。）笔者倾向于对民商法法源做较宽泛理解，指导性案例亦涵盖其中。

　　〔3〕　这一观点在笔者之前研究成果基础上做了修正补充。参见薛波：《后民法典时代司法解释与案例指导制度功能调适论》，载《河北法学》2021 年第 2 期。

　　〔4〕　参见赵旭东：《民法典的编纂与商事立法》，载《中国法学》2016 年第 4 期。

资企业法》《证券法》《破产法》《保险法》《票据法》等商法单行法继续"游离"于《民法典》之外。

再次，虽然此次《民法典》编纂对司法解释和司法解释文件吸收问题做了充分探讨。[1]立法者对其给予相当高的重视并召开了多次研讨会。最终《民法典》文本亦吸收了大量司法解释和司法解释性质文件规则。但是，囿于长期形成的"司法权僭越立法权"和"司法解释膨胀"现象以及受《民法典》功能定位和体系容量等因素影响，《民法典》亦只是吸收了部分司法解释和司法解释性质文件规则，尚有大量未被吸收纳入。《民法典》颁布后，最高人民法院旋即展开司法解释清理工作并颁布了一批新司法解释和司法解释性质文件。如《最高人民法院关于适用〈中华人民共和国民法典〉总则编若干问题的解释》（法释〔2022〕6号）、《最高人民法院关于适用〈中华人民共和国民法典〉有关担保制度的解释》（法释〔2020〕28号）、《最高人民法院关于适用〈中华人民共和国民法典〉物权编的解释（一）》（法释〔2020〕24号）、《最高人民法院关于适用〈中华人民共和国民法典〉婚姻家庭编的解释（一）》（法释〔2020〕22号）、《全国法院贯彻实施民法典工作会议纪要》（法〔2021〕94号）。从地方各级法院审判实践形成的"路径依赖"来看，我国还会颁布大量司法解释和司法解释性质文件。在民商法源体系中，司法解释和司法解释性质文件是仅次于《民法典》和商事单行法的法源类型。

最后，还有一类颇为特殊的法源类型，即指导性案例。虽然学界对指导性案例的法源地位、功能尚存争议，但是自2010年最高人民法院建立案例指导制度以来，积极作用不言而喻。指导性案例在解决同案不同判、统一司法裁判尺度、增强裁判说理和论证、强化司法管理和监督、维护司法公正和效率、增强司法认同、树立法律权威等方面发挥了巨大效用。[2]就对司法裁判的重要性而言，案例指导制度无疑是民商法法源的一种重要类型。

于是乎，除宪法、地方性法规、自治条例和单行条例、民商事习惯等较为特殊或具有争议的法源类型外，后《民法典》时代，我国民商法法源将呈现"民法典—商事单行法—民商司法解释及司法解释性质文件—案例指导制

---

[1] 参见薛军：《民法典编纂如何对待司法解释》，载《中国法律评论》2015年第4期。

[2] 参见胡云腾、于同志：《案例指导制度若干重大疑难争议问题研究》，载《法学研究》2008年第6期。

度"这样一种"四位一体"的"金字塔式"结构。在这四者之中，《民法典》居于金字塔最顶端，商事单行法、司法解释和司法解释性质文件、案例指导制度依据各自的法律位阶和效力高低顺次而置（见图3-1）。

图3-1　民商法法源结构图

二、后民法典时代民商法法源结构的中国特色

仔细观察和分析上述这种"金字塔式"的民商法法源结构，其既不同于以"成文法"为支柱的大陆法法源结构，亦与以"判例法"为核心的英美法法源结构判然有别，呈现出鲜明的"中国特色"。这种特色可以用"中心 VS 支点""大块头 VS 小快灵""立法 VS 司法""刚 VS 柔""封闭 VS 开放"五对关键词概括。

（一）中心 VS 支点

从纵向整体架构观察，"一中心"无疑指《民法典》。作为新中国成立以来的第一部法典，《民法典》的出台历经坎坷劫波。新中国成立后曾分别于1954年、1962年、1979年、2001年、2014年五次启动民法典编纂工作，但前四次均折戟沉沙。2014年第五次启动之后，立法机关先后共计27次赴地方开展立法调研，在北京召开几十次座谈会听取国家有关部门、专家意见。[1]全国人民代表大会常务委员会总计10次公布各分编和民法典草案，累计收到42.5万人提出的102万条意见。仅2019年就吸收了32件全国人大代表提出

---

〔1〕　参见刘俊臣：《一部充满时代气息的中国特色社会主义民法典——学习习近平总书记重要讲话的几点体会》，载《中国人大》2020年第13期。

的民法典编纂议案。[1]此次《民法典》编纂可谓"集国人智慧"系统总结和吸收了新中国成立七十多年的民商法理论、立法和司法裁判经验，总计 7 编 84 章 1260 条 10 余万字，相较于其他零散的民商单行法、行政法规、地方性规范或自治条例、单行条例等法源，无疑属皇皇巨著。在所有民商法法源类型中居于"领袖"和"轴心"地位。"多支点"包括商事单行法、民商事司法解释和司法解释性质文件、案例指导制度等法源类型。在这样一种由《民法典》"统揽"的"树状"法源结构中，必须对《民法典》的中心地位有充分的认识。商事单行法、民商事司法解释和司法解释性质文件、案例指导制度等"下位"法源都必须紧密围绕在《民法典》周边，仅对其起到"辅助"和"配合"作用。这种以《民法典》为"主轴"的法源结构与《民法典》作为国家治理基本法的功能定位相吻合，亦与我国宪法体制的要求及"成文法"的历史传统相契合。

（二）大块头 VS 小快灵

习近平总书记指出，要丰富立法形式，既要搞一些"大块头"，也要搞一些"小快灵"，以增强立法的针对性、适用性和可操作性。[2]从横向表现形式分析，这种法源结构呈现出两者相结合的特色。根据形成和出台程序的严格程度不同，《民法典》的灵活性最弱。《民法典》经第十三届全国人民代表大会三次会议审议表决后通过；商事单行法的修改需经全国人民代表大会常务委员会审议后通过；民商事司法解释和司法解释性质文件、案例指导制度的灵活性较强。民商事司法解释和司法解释性质文件一般由最高人民法院根据与之关联的单行法解释适用的需要或者根据社会情势发展变化的需要制定。尤其是案例指导制度，往往针对审判实践中的热点和难点问题，每季度由最高人民法院发布。指导性案例的生成机制较为严格，先由地方各级人民法院层层报送，经过最高人民法院案例指导办公室专家遴选后报请主管院长或副院长提交，最后经最高人民法院审判委员会讨论后确定是否通过。虽然最高人民法院会对指导性案例进行部分的修改、裁剪、编辑、润饰和加工，但是指导性案例本身来源于活生生的一线司法实践，具有鲜明的"判例法"色彩。

---

〔1〕 参见黄薇：《民法典，护航美好生活》，载《人民日报》2020 年 5 月 19 日。

〔2〕 参见习近平：《坚定不移走中国特色社会主义法治道路 为全面建设社会主义现代化国家提供有力法治保障》，载《求是》2021 年第 5 期。

民商事司法解释和司法解释性质文件、案例指导制度的存在保障了立法不脱离实践。

（三）立法 VS 司法

虽然《中华人民共和国立法法》明确了立法机关的主导权，但是"中国特色"民商法法源结构却呈现出了明显的"立法"与"司法"共存的特征。司法权和立法权相互倚重，互为掎角之势。改革开放以来，我国民商立法长期采取"宜粗不宜细"和"成熟一个、制定一个"的方针和策略，立法的粗疏和简陋为司法解释发展留下了巨大空间，导致司法权频频"僭越"立法权，最终形成了"无法不解释"的景观。据学者统计：1979 年至 2011 年间我国共颁布了 469 件民商事司法解释，2004 年后每出台一部重要商事单行法，几乎在一年内就会颁布与之配套的司法解释。此次《民法典》编纂立法机关十分注重对司法经验的总结、提炼、萃取和吸收。《民法典》"总则编""物权编""合同编""人格权编""婚姻家庭编""继承编""侵权责任编" 7 编总计吸收了约 150 条司法解释规则和部分指导性案例观点。[1]例如，《民法典》第 499 条吸收了《合同法司法解释（二）》第 3 条关于悬赏广告之规定；围绕《合同法》第 51 条无权处分条款之存废问题，在《民法典》立法过程中曾经展开过激辩，最终删除了该条。《民法典》第 597 条第 1 款吸收了《合同法司法解释（二）》第 15 条和《最高人民法院〈关于审理买卖合同纠纷案件适用法律问题的解释〉》第 3 条，明确了无权处分不影响买卖合同效力。关于债权人撤销权，《民法典》第 538 条、第 539 条吸收了《合同法司法解释（二）》第 18 条、第 19 条之规定，增加了可以适用债权人撤销权的情形：债务人以放弃其债权、放弃债权担保、无偿转让财产等方式处分财产权益、恶意延长其到期债权的履行期限、明显不合理的低价转让财产、明显不合理高价受让他人财产或为他人提供担保。《民法典》各编对司法解释规则的吸收可谓俯拾皆是、不胜枚举。同时，《民法典》亦创造性地吸收了部分指导性案例规则。例如，指导案例 29 号确立的对企业简称保护规则被《民法典》第 1017 条吸收；指导案例 1 号的裁判要点之一禁止跳单的约定合法有效为《民法典》第 965 条吸收；裁判要点之二何时不构成"跳单"违约亦成了第 965 条的反

---

[1] 参见贺荣：《司法实践中深刻认识和把握民法典的中国特色实践特色时代特色》，载《人民司法》2020 年第 22 期。

面解释结论。总之，立法和司法解释一直处于齐头并进、互联互通的状态，我们走的是"立法"和"司法"并重的道路。

（四）刚 VS 柔

在大陆法系国家，立法和司法分工泾渭分明，法学家设计出"系统、清晰、逻辑严密"的法典，法官仅仅是适用法律的"自动售货机"，[1]他们必须谨慎地活动于立法者所设定的框架内，不能越雷池一步，[2]这在《德国民法典》中表现尤甚。《德国民法典》被认为"绝非语言艺术作品"而是"优良的法律计算机"和"不寻常的精巧的金缕玉衣"。[3]

司法解释和司法解释性质文件、案例指导制度具有较强"柔"的色彩，尤其是指导性案例，其是针对民商事审判实践问题作出的针对性规定，极富情境性。虽然学界对指导案例约束力的争论不一，但无论是制度规定中的"应当参照"还是理论中的"强制拘束力""柔性拘束力""事实拘束力""规范拘束力""具有一定制度支撑的说服力"等表述，[4]指导性案例对司法审判的影响均显而易见。正所谓"船小好掉头"，指导性案例"柔化"了过于"刚性"的以法典为中心的思路，使这种法源结构刚中有柔、柔中有刚、刚柔并济。

（五）封闭 VS 开放

法典具有与生俱来的僵化、封闭性和保守性。[5]如《德国民法典》在编纂之初丝毫未察觉到社会主义的气息。[6]"新法典就像浇铸不均的钟一样，无法鸣响宣告新世纪的来临。"[7]以至于拉德布鲁赫（Radbruch）这样评价《德国民法典》："与其说是 20 世纪的序曲，毋宁说是 19 世纪的尾声"；齐特

---

〔1〕 参见［德］马克斯·韦伯：《支配社会学》，康乐、简惠美译，广西师范大学出版社 2010 年版，第 52 页。

〔2〕 参见［美］约翰·亨利·梅里曼：《大陆法系》（第 2 版），顾培东、禄正平译，李浩校，法律出版社 2007 年版，第 5 页。

〔3〕 参见［德］茨威格特、克茨：《比较法总论》（上），潘汉典等译，中国法制出版社 2003 年版，第 220 页。

〔4〕 参见顾培东：《我国成文法体制下不同属性判例的功能定位》，载《中国法学》2021 年第 4 期。

〔5〕 See Csaba Varga, *Codification as a Socio-historical Phenomenon*, Akadémiai Kiadó, Budapest 1991, p. 108.

〔6〕 参见［日］大木雅夫：《比较法》（修订译本），范愉译，法律出版社 2006 年版，第 204 页。

〔7〕 ［德］弗朗茨·维亚克尔：《近代私法史》（下·以德意志的发展为观察重点），陈爱娥、黄建辉译，上海三联书店 2006 年版，第 463 页。

尔曼（Zitelmann）亦断言"是一个历史现实的审慎终结，而非一个新的未来的果敢开端"。[1]随着现代信息技术的迅猛发展及 5G 时代的来临，大数据、云计算、人工智能、区块链、元宇宙等新手段和新技术不断迭代和创新，催生了诸多新型民商事法律问题。典型如智能机器人的民事主体资格和地位、无人驾驶汽车侵权的责任承担、数据财产的属性及其保护边界、大数据时代个人隐私权的保护及其边界、算法自动化决策与私权保护二者之间的冲突和协调等，这些亟须立法作出回应。商事单行法、司法解释和司法解释性质文件、案例指导制度在《民法典》"体外"广泛存在，使得这种"中国特色"民商法法源结构呈现出了开放和包容兼备的特色，为当前数字社会变革和信息技术革命给民商法带来的可能挑战预留了充分的回应余地。

三、中国特色民商法法源结构积极效用评估

该如何评估和看待上述这种颇具"中国特色"的民商法法源结构呢？由于《民法典》实施才一年多，对《民法典》的成败得失以及实施效果评估尚待历史和实践的双重检验。这种"中国特色"民商法法源结构在确立《民法典》的权威地位、实现《民法典》的包容性目标、回应实践关切和司法需求、理顺《民法典》和其他法源之关系、为商事关系发展预留空间、促进转型中国经济发展之需要等方面发挥了十分积极的效用。

（一）形式上突出《民法典》的"至上"地位

这种法源结构最直观的特点在于能够突出《民法典》的"独尊"和"至上"地位，这从"金字塔式"的位列中即可直观地看出。《民法典》居于四类法源"最顶端"，其他法源均必须在其确立的框架范围和条件内行动，原则上不得背离和违反：第一，《民法典》作为私法基本法和"总纲性"法律文件，与商事单行法系一般法和特别法、上位法和下位法的关系。《民法典》"总则编"为商事特别法的适用和修改提供了方向和指引，商事单行法的修改不得与总则编所确立的理念、精神和基本原则相违背和抵触。第二，民商事司法解释和司法解释性质文件"解释"的对象亦只能是《民法典》的具体规则，应当以细化、明确、完善《民法典》规则为其中心。第三，案例指导制

---

〔1〕〔德〕茨威格特、克茨：《比较法总论》（上），潘汉典等译，中国法制出版社 2003 年版，第 218 页。

度肩负着统一法律适用标准、强化裁判说理论证、增强司法认同、维护司法公正和效率以及树立法律权威等多重功能。后《民法典》时代，最高人民法院指导性案例颁布更应当将"活化"《民法典》和提升其实施效能作为其核心任务。总之，尊重《民法典》规定就是对"形式法治观"〔1〕的维护和信守。在我国"形式法治观"尚待强化的背景下，法治建设的首要目标就是树立成文法的核心价值，确立好形式法治观所强调的形式性和程序性要求，为将各种社会问题纳入法治轨道处理和思考创造制度条件。〔2〕也只有充分认可《民法典》的"核心"地位，才能对民商关系及《商法通则》立法定位有正确认知。既往研究习惯性地将《商法通则》理解为"商法总则"或者"商法典总则"，实际上《商法通则》仍属单行法范畴，〔3〕是对《民法典》的有益"补充"和"完善"，它不能取代《民法典》私法一般法的地位。

（二）能够较好地保持法典的包容性

早在 2003 年江平教授就高屋建瓴地指出，我国应当制定一部"开放型"而不是"封闭型"民法典。〔4〕《民法典》较好地实现了这一期待和目标，通过运用多项立法技术保持《民法典》的包容性，实现和其他法源的有效衔接：第一，一般条款。一般条款，即在成文法中居于重要地位的，能够概括法律关系共通属性的，具有普遍指导意义的条款。〔5〕基于成文法与生俱来的模糊性、多义性、滞后性，为保持《民法典》对社会变迁的适用能力，法国、德国等成文法系国家于法典内安置了大量极具统率性、概括性、抽象性、开放性特征的一般条款。如《德国民法典》第 138 条关于诚实信用原则的规定、第 823 条第 1 款关于侵权行为保护对象规定的"其他权利"，立法借助于这些

---

〔1〕 "形式法治观"系第二次世界大战以来国际法学界最具对抗性的法治理论，代表人物包括富勒、拉兹、罗尔斯、菲尼斯、萨默斯等。形式法治观强调法律权威，政府行为受法律控制，还要求一系列使人们服从规则指引得以可能的形式性要素以及与之相关的程序和制度设计。其中，富勒提出的形式性要素具有典型意义。按照其观点，这些要素包括：一般性、清晰性、公开性、稳定性、不溯及既往、无矛盾性、法律不要求做不可能之事、官方行动与公布规则的一致性。Wolfgang Friedmann, *Law and Social Change in Contemporary Britain*, Stevens and Sons Limited, 1951, p. 281，转引自［美］朗·富勒：《法律的道德性》，郑戈译，商务印书馆 2005 年版，第 126 页。

〔2〕 参见黄文艺：《为形式法治理论辩护——兼评〈法治：理念与制度〉》，载《政法论坛》2008 年第 1 期。

〔3〕 参见王保树：《商事通则：超越民商合一与民商分立》，载《法学研究》2005 年第 1 期。

〔4〕 参见江平：《制订一部开放型的民法典》，载《政法论坛》2003 年第 1 期。

〔5〕 参见张新宝：《侵权行为法的一般条款》，载《法学研究》2001 年第 4 期。

"弹性化"条款发挥"安全阀"作用，从而防止《德国民法典》那种僵硬但却精确的文体能够不被社会变革的压力所冲垮。[1]我国《民法典》第109条、第110条的一般人格权，第125条的民事主体享有股权和其他投资性权利，第126条的民事主体享有法律规定的其他民事权利和利益，第1165条第1款的行为人因过错侵害他人民事权益造成损害的，应当承担侵权责任等规定，均属之。第二，转介条款。转介，亦称引致，指自身本无独立规范内涵，甚至不具解释规则之意义，单纯引致到某一规范，裁判时需要基于引致规范的目的确定其效果的法律条款。[2]如《民法典》第153条第1款违反法律、行政法规的强制性规定的法律行为无效之规定，即属之。该款历经了最后审议的"死里逃生"，[3]其规范法律行为的转介条款功能得到了理论和司法界的高度认可。再如《民法典》第127条规定法律对数据、网络虚拟财产的保护有规定依照其规定。该条仅确认了民法对数据和网络虚拟财产的保护原则，至于具体的保护规则则留待未来立法和司法实践进一步探索。[4]第三，参照条款。参照，亦谓准用，指法律明确规定特定法律规范可以参照适用于本不属于该条规范调整范围的其他情形。[5]参照规范具有使法律条文节约、避免立法重复的功能。据统计，《民法典》共28处使用了"参照适用"的表述。根据指涉对象和范围不同，这些条款可被分为两类：①典内参照。如《民法典》第108条非法人组织除适用本章规定外，参照适用本编第三章第一节的有关规定；第467条本法或者其他法律没有明文规定的合同，适用本编通则的规定；第468条非因合同产生的债权债务关系，适用有关该债权债务关系的法律规定，没有规定的，适用本编通则的规定。②典外参照。如《民法典》第71条规定法人的清算程序和清算组的组成，依照有关法律的规定，没有规定的，参照适用公司法律的有关规定。第四，但书条款。但书，乃转折之文句。系在法条作出一般规定后，加上一个排斥该一般规定适用的特别规定，用以规

<hr>

〔1〕 ［美］格伦顿、戈登、奥萨魁：《比较法律传统》，米健、贺卫方、高鸿钧译，中国政法大学出版社1993年版，第157页。

〔2〕 参见苏永钦：《走入新世纪的私法自治》，中国政法大学出版社2002年版，第331页。

〔3〕 参见茅少伟：《民法典的规则供给与规范配置——基于〈民法总则〉的观察与批评》，载《中外法学》2018年第1期。

〔4〕 参见张新宝：《〈中华人民共和国民法总则〉释义》，中国人民大学出版社2017年版，第250页。

〔5〕 参见王利明：《民法典中参照适用条款的适用》，载《政法论坛》2022年第1期。

定例外、限制、附加内容，与主文相辅相成，以"但"或者"但是"引导的一种特殊规范。[1]但书条款具有强烈的法律适用含义，在《民法典》中运用得十分广泛且被全部规定在裁判规范中。[2]如《民法典》第85条规定决议存在瑕疵时营利法人出资人可以请求撤销该决议，但是依据该决议与善意相对人形成的民事法律关系不受影响；第136条规定民事法律行为自成立时生效，但是法律另有规定或者当事人另有约定的除外；第168条第2款规定代理人不得以被代理人的名义与自己同时代理的其他人实施民事法律行为，但是被代理的双方同意或者追认的除外；第224条规定动产物权的设立和转让，自交付时发生效力，但是法律另有规定的除外。总之，通过立法技术的综合运用，从而为《民法典》和商事单行法等其他法源衔接预留了充分的"制度接口"，亦为管制性公法规范介入私法提供了空间，形成了强大的规范存储功能。[3]当然，强调《民法典》的包容性不是推崇民法"帝国主义"或者"万能主义"，《民法典》实施后应当充分认识到《民法典》的功能和限度。对此，已有刑法学者提出"民刑共治"治理模式并对民法和刑法各自在国家治理现代化中的地位和角色做了警示性研究，[4]值得镜鉴。

（三）能及时回应实践关切和司法需求

这主要体现在两方面：第一，作为该法源结构之核心的《民法典》在编纂方法上采用实用主义哲学进路，采用"摸着石头过河"的渐进型编纂方法而非"一次性成就"的经验主义编纂方法，《民法典》除"人格权编"外，其余6编均以一个或者几个既有的民事单行法为基础和依托。如"总则编"以《民法通则》为基础；"物权编"以《物权法》和《担保法》为基础；"合同编"以《合同法》为基础；"婚姻家庭编"以《婚姻法》《继承法》《收养法》为基础；"侵权责任编"以《侵权责任法》为基础。如果这样逐一地对照和拆解，中国《民法典》实际是成熟第一编、制定第一编，成熟第二编、制定第二编，成熟第三编、制定第三编，通过实践不断地摸索、总结、

---

[1] 参见周旺生：《立法学教程》，北京大学出版社2006年版，第417页。

[2] 参见孙宪忠：《民法体系化科学思维的问题研究》，载《法律科学（西北政法大学学报）》2022年第1期。

[3] 参见王利明：《论〈民法典〉实施中的思维转化——从单行法思维到法典化思维》，载《中国社会科学》2022年第3期。

[4] 参见刘艳红：《人性民法与物性刑法的融合发展》，载《中国社会科学》2020年第4期。

提炼、萃取，最后"积沙成塔""汇流成河"积累聚拢为统一《民法典》。[1]《民法典》7编1260个条文主要是对改革开放以来我国民事立法经验的继受和发展。据统计，其中有80%条文均源于既有民商事单行法和司法解释及司法解释性质文件的规定。[2]这种编纂方法在确保民事法律制度稳定性和连续性的同时，亦提升了规范适应性。第二，前已述及，《民法典》的"体外"还存在大量其他民商法法源类型。商事单行法各自为政，司法解释和司法解释性质文件、案例指导制度的存在能够及时、准确地回应实践关切和司法需求。

（四）形成了特色鲜明的过滤机制

在以"民法典"为中心的法源结构之中，司法解释和司法解释性质文件、案例指导制度对《民法典》规则更新和质量保证发挥着"过滤"和"桥梁"作用。民商实践中成熟的规则可以先被放置在司法解释、司法解释性质文件或者案例指导制度中，待条件成熟后再纳入《民法典》，这样民商司法解释和案例指导制度便能起到"屏障"和"过滤"作用。对于司法解释和案例指导制度的作用宜区分对待。近年来，案例指导制度虽然取得了巨大进展，但是推行时日尚短，其实施成效还尚待检验和评估。司法解释则不同，最高人民法院对司法解释的制作、发布、修改、引用、清理、废止业已形成了一套完备体制，[3]地方各级法院对司法解释亦具有较高的依赖度和认可度，对于司法裁判而言，法律和司法解释的效力几无二致。《民法典》实施后可以考虑将司法解释作为其修订更新的主要素材和来源。至于案例指导制度则需酌情而定，如果认为指导性案例规则的实施效果还有待观察，则不宜直接"入典"，可以考虑将其暂时收纳在司法解释中，以观其后效（见图3-2）。这样，司法解释就成了沟通《民法典》和案例指导制度的"中间"和"过滤"机制。这一方案既可以延续和倚重我国一直以来成文法的历史传统，亦能保持《民法典》的权威性和稳定性，同时还可兼具案例指导制度的灵活性。[4]

---

〔1〕 参见江平：《中国民法典的三个创新》，载《政法论坛》2022年第1期。

〔2〕 参见西北政法大学民商法学院张翔教授在厚达司法考试的解读视频。参见张翔：《怎样看待民法典和司法解释的关系？》，载 https://haokan.baidu.com/v? pd = wisenatural&vid = 6091077115282487100，2020年1月10日访问。

〔3〕 参见马莉莉：《民事司法解释研究》，人民法院出版社2012年版，第15页。

〔4〕 囿于本书篇幅，对这一机制更详细的分析参见薛波：《后民法典时代司法解释与案例指导制度功能调适论》，载《河北法学》2021年第2期。

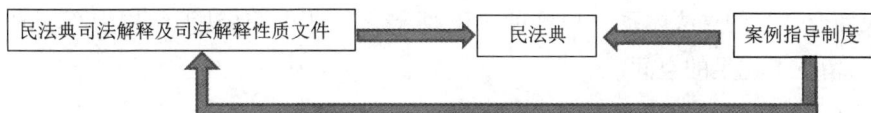

图 3-2 过滤机制图

（五）为商法发展预留了充足空间

《民法典》编纂虽然宣称坚持"民商合一"的立法体例，但是其对商事关系也仅作了"一般性"和"宣示性"规定：第一，在体系安排上，《民法典》编纂无意（亦不能）将所有有效商事单行法规范"照单全收"，《公司法》等大量商事单行法仍然独立存在。第二，在内容设置上，《民法典》只是"象征性"地提取了数量有限的商法一般规范，如《民法典》第134条第2款决议行为成立之规定，第125条股权等投资性权利之规定，第170条商事代理之规定。虽然有学者批评这些规定作为"民商合一"之例证仅具"圈地"意义。[1]但正是这些"一般性""宣示性"规定的存在既关照到了"民商合一"目标的落实和实现，亦为商法发展预留了大量制度接口。如决议行为作为民商法的"交错"和"衔接"地带，将其纳入民事法律行为体系被认为是"民商合一"的例证。决议作为团体组织最重要的表意机制，虽然在民商法中均存在，但在商法中运用得更为广泛，尤以《公司法》规定的最为系统和完备。我国《民法典》第134条第2款只是规定了决议行为的成立规则，《公司法》第22条规定了决议无效和决议撤销之诉，《最高人民法院〈关于适用中华人民共和国公司法〉若干问题的规定（四）》(以下简称《公司法司法解释（四）》) 第1~6条进一步规定了决议效力瑕疵、诉讼当事人、决议不成立之诉适用情形等，这些条款可谓是第134条第2款的特别条款。《民法典》规定诸如决议行为成立等"宣示性""一般性"条款，既尊重了商事关系的独立性和特殊性，亦适应了商法创新需要和变动性较强的特点。《民法典》实施后有学者指出，将来要不要制定商事基本法或者一般规则，要视经济发展和学术研究情况而定。[2]亦有学者认为，民法和商法应当在"各美其美、美人之美、美美与共"的前提下构建民商关系，在深刻认识民商差异的基础上谈论

---

〔1〕 参见李建伟：《〈民法总则〉民商合一中国模式之检讨》，载《中国法学》2019年第3期。

〔2〕 参见孙宪忠：《民法典怎样看?》，中国社会科学出版社2021年版，第95页。

"民商合一"的立法体系。〔1〕这种"民商合一"的民商法法源结构为商法的发展预留下了充足的空间。

（六）契合转型中国经济发展之需要

"市场"和"法治"是一体两面的关系，市场经济本质上就是法治经济。〔2〕当今世界正经历百年未有之大变局，俄乌冲突持续，经济全球化和一体化进程受阻，复苏尚待时日。与之相对，中国的市场经济发展已经迈入了"深水区"。中国的商业实践和商业创新日新月异，新型商事关系层出不穷，金融衍生品的结构日趋复杂。这种法源结构能够适应剧烈变动中的社会经济关系发展之需要。加之，中国地域辽阔，各地区的发展极不平衡，经济发展水平和司法发展差异化现象较为突出，司法具有明显的"地方性""区域性"特征。〔3〕这种以《民法典》为核心，商事单行法、司法解释和司法解释性质文件、案例指导制度"多元并存、主次突出、层次鲜明"的法源结构契合转型中国经济和社会发展的现实需要，能够为中国特色社会主义市场经济从"高速度"向"高质量"发展提供充分的法治保障。

四、中国特色民商法法源结构消极效用评估

这种滥觞、成长并且成熟于中国特色社会主义经济发展和实践过程中并且充溢着浓郁本土特色和创新的民商法法源结构，在存在诸多积极效用的同时亦裹挟和藏匿着一些消极效用。

（一）统一法典下商法特色彰显是难题

在《民法典》"一支独大"的法源结构下，如何处理民商关系是后《民法典》时代值得慎思之疑题。《民法典》所确立的"民商合一"体例虽然善意地解决民商关系问题并通过一系列立法技术实现了对商事关系的统筹协调，为其预留了充分的制度接口。但事实上，将民商规范熔铸一炉统合于一部法典之内的尝试违背了民商关系处理的基本规律，忽视了商法的独立

---

〔1〕 参见《王轶教授 2019 年 4 月 27 日在中国社会科学院法学研究所第七届"商法界论坛——民法典背景下的公司法改革"学术研讨会上的发言》，载 iolaw. cssn. cn/xshy/201905/t20190515_4896012. shtml，2021 年 2 月 17 日访问。

〔2〕 参见吴敬琏：《呼唤法治的市场经济》，生活·读书·新知三联书店 2007 年版，第 5 页。

〔3〕 参见苏力：《制度是如何形成的》，北京大学出版社 2007 年版，第 119 页。

性和特殊性，于民事立法也几乎是不可能完成的任务。有观点认为，我国《民法典》实行的是完全的"民商合一"，亦有说是有限度的"民商合一"，还有认为既不是"民商合一"亦非"民商分立"，而是民商"形式合一，实质分立"的私法体例。基于此该如何看待民商两法关系和商法的独立性问题？要不要于《民法典》之外制定《商法典》或者《商法通则》？《民法典》实施之后，民商法学界又争鸣四起，大有愈演愈烈之势。如有商法学者认为，《民法典》未能对商法逻辑、商法思维、商法方法予以充分的体现或者未体现，与其"民商合一"的巨大热情相比，明显表现出了叶公好龙的意味，处于"敷衍"状态。[1]商法不是"寄居蟹"，亦非民法"可有可无的注脚"。[2]《民法典》虽然宣称坚持"民商合一"，实则并未认真对待商事关系，其对商事关系的调整仅具"圈地"意义。[3]有学者更是直截了当地指出，"民商合一"这个判断本身就是以承认民法和商法之差异为前提和基础的。我国后《民法典》时代的"民商合一"不是以抹杀民商区别为标志的"绝对"民商合一或者"民商混同"，恰恰是以承认商法独立性为基础的"相对"和"有限"合一。[4]总之，《民法典》实施后，对民商关系的讨论并未随着立法而消弭，反而变得更加扑朔迷离。后《民法典》时代商法向何处去的问题诱发了学界的深切忧思。

（二）增加了《民法典》和商事单行法的适用难度

"中国特色"民商法法源结构诱发的最突出难题之一就是扰乱了《民法典》和商事单行法（尤其是《公司法》）的适用关系。囿于民法典编纂的时间成本和技术因素，《民法典》"总则编"采用大规模"复制"下位法（主要是《公司法》）规定的做法。据统计，《民法典》"总则编""法人章"之"一般规定"和"营利法人"部分总计16处复制了2018年《公司法》"总则章"13个条款，只剩下第1条、第8条、第9条、第12条、第15条、第16

---

〔1〕 参见施天涛：《商事关系的重新发现与当今商法的使命》，载《清华法学》2017年第6期。

〔2〕 参见张谷：《商法，这只寄居蟹——兼论商法的独立性及其特点》，载高鸿钧主编：《清华法治论衡》（第6辑），清华大学出版社2005年版。

〔3〕 参见李建伟：《〈民法总则〉民商合一中国模式之检讨》，载《中国法学》2019年第3期。

〔4〕 参见赵万一：《民商合一体制下商法独立的可能性及其实现路径》，载《法学杂志》2021年第7期。

条、第 17 条、第 18 条、第 19 条总计 9 个条款，其中有 3 个还是残缺条款。[1] 2018 年《公司法》"总则章"的 22 个条文约有 2/3 已经被整体抽离或者部分挖割。这种大规模"复制"下位法规定的做法造成了《公司法》"总则章"的"空洞化"和"碎片化"，同时亦诱发了《民法典》和《公司法》的适用难题。典型例证即为《民法典》第 83 条第 2 款的营利法人人格否认制度。该款将原本在《公司法》中即属特殊规定的第 20 条第 3 款公司法人格否认制度进一步提升至《民法典》的一般规定，一体适用于国有企业、集体企业、公司等所有营利法人类型。众所周知，在改革开放过程中，为了明晰产权，国有企业和集体企业绝大部分已经改制为公司，对于已经改制的国有企业可以适用营利法人格否认制度；对于未改制为公司的国有企业和集体企业恐因出资人不明，难以适用。传统集体企业出资人不明，同样存在无法适用营利法人人格否认制度之难题。《民法典》第 83 条第 2 款对规制对象未作区分、一体适用，存在规制过度之嫌。

为缓和《民法典》和《公司法》的上述类似规范适用问题，最高人民法院于 2019 年 11 月 8 日专门出台了《全国法院民商事审判工作会议纪要》（法[2019]254 号）（以下简称《九民纪要》）以处理二者关系。根据《九民纪要》之规定，《民法典》和《公司法》规定不一致的，按照《民法典》第 11 条"其他法律对民事关系有特别规定的，依照其规定"的规定，原则上适用《公司法》的规定。但如果《民法典》有意修改《公司法》的条款，则应当适用《民法典》的规定。如《民法典》第 65 条将 2018 年《公司法》第 32 条第 3 款中的"第三人"修改为"善意相对人"属于有意限缩了《公司法》规定的主体范围。再如，2018 年《公司法》第 22 条第 2 款规定了公司决议撤销事由和可撤销之诉，对决议撤销的法律后果未具明文规定。《民法典》第 85 条规定，营利法人的出资人请求人民法院撤销决议，但是营利法人依据该决议与善意相对人形成的民事法律关系不受影响。此规定是在《公司法》的基础上增加了新内容。但是，何谓"有意限缩"和"增加的新内容"呢？此涉及裁判者对立法原意的判断和探寻。我国属于典型的成文法国家，立法和解释旨在给具体裁判提供明晰的指引和标准，以保证司法裁判的可预测性，

---

[1] 参见薛波：《公司法人格否认制度"入典"的正当性质疑——兼评〈民法总则〉"法人章"的立法技术》，载《法律科学（西北政法大学学报）》2018 年第 4 期。

控制法官的自由裁量权。[1]但是，这种"有意修改"的"事后立法"却扰乱了一般法和特殊法、下位法和上位法之适用关系，提升了规范搜寻和判断成本。

（三）为政策介入《民法典》提供可能

政策往往是法律的先导和指引，法律是政策的实现和发展保障。长期以来，我国的政策和法律之间的互动较为频繁。《民法典》作为政治法典，需要反映国家、社会的政治属性和政治本质，显然无法杜绝政治政策的渗入和影响。我国《民法典》第 10 条废除了原《民法通则》第 6 条政策作为民法法源的规定，确立了"法律-习惯"的"二位阶"法源体系，无疑属于重大历史进步。2007 年《物权法》对所有权的类型划分依据政治属性不同给予不同主体不同地位和保护措施的"三分法"虽饱受争议，但《民法典》"物权编"第五章所有权的类型划分依然保留了原"国家所有权""集体所有权""私人所有权"的"三分法"体例；《民法典》第 269 条第 1 款虽然确立了营利法人对其动产和不动产享有占有、使用、收益和处分的权利，但是未直接规定营利法人对其全部财产（资产）的"所有权"或者"财产所有权"。尤为重要的是，由于民商司法解释和司法解释性质文件大多是脱离具体案件的"抽象性""系统性""整体性"解释，一般由最高人民法院或高级人民法院制定，[2]地方各级人民法院在裁判时一般会一体遵循，往往具有较强的政策性、引导性和约束性。这种"中国特色"民商法源结构为政策介入《民法典》提供了空间和可能。后《民法典》时代如何妥善协调立法科学性和政策性之关系，如何在保证《民法典》社会主义政治本质的前提下保持法典的科学性，实值审思。

（四）存在"掏空"《民法典》之危险

这种《民法典》和商事单行法、司法解释及司法解释性质文件"多元并存"的法源结构虽然具有紧密贴合实践、能形成过滤机制、能保持法典包容性等优点，但如果任由立法和司法"双峰对峙"的格局蔓延和发展将可能出现司法解释"掏空"《民法典》的现象。对此，西方历史值得镜鉴。第二次世界大战以来，法国、德国等国已经出现了"解法典化"和"反法典化"思潮，单

---

〔1〕　参见季卫东：《法治秩序的构建》（增补版），商务印书馆 2014 年版，第 87~88 页。

〔2〕　参见吴英姿：《谨防案例指导制度可能的"瓶颈"》，载《法学》2011 年第 9 期。

行法纷纷"逃逸"出民法典，致使民法典被肢解，沦为"剩余法典"。[1]例如，《法国民法典》总计2281个条文中被全部或部分修改的达855条，占比37.5%；被全部或部分废止的达184条，占比8.06%；新增456条，占比20%。即使是保持不变的条文，其实质价值和适用范围亦大多数被单行法或司法判例所修改。[2]1981年德国对其民法典债编进行修正，在调查过程中联邦司法部发现约2700个条款散见于250部单行法之中。[3]这些冰冷的数字表明："曾经被奉为圭臬和神祇的至上民法典在历经世事沧桑冲击后变得支离破碎甚乎到了差不多崩溃边缘"，[4]未来将可能走向一个"向民法典告别的时代"。[5]从我国《民法典》体系和容量观之，其仍然是一部"提纲挈领式"的《民法典》，只提取了部分商事一般性规范，更多地还留待商事单行法和司法解释细化和完善。倘若任由司法解释"解构"法典之态势"恣意"蔓延，经若干年不断侵蚀后将可能出现司法解释和司法解释性质文件"掏空"《民法典》之局面。正所谓"风物长宜放眼量"，后《民法典》时代如何协调好《民法典》和司法解释关系是"中国特色"民商法法源结构不得不面对的重大难题，这一难题直接关涉中国司法体制改革的走向。

（五）司法解释和案例指导制度功能面临重勘

随着《民法典》对既往司法解释的吸收和《民法典》作为权威法源地位之确立，后法典时代是否还需要继续颁布大规模的民商司法解释，已经引发了学界的广泛关注。[6]基于对形式法治理念的信守和为保持《民法典》权威性，后法典化时代不可能再大规模地颁布"整体性""抽象性""系统性"司法解释。那么，司法解释该何去何从呢？该如何重新定位司法解释在法源体系中的功能和角色？基于维护《民法典》权威性将其一概废止？抑或对其功能进行适当限缩？另外，后《民法典》时代案例指导制度和司法解释之功能

---

〔1〕 参见魏磊杰：《民法典法典化、法典解构化及法典重构化——二百年法典发展历程述评》，易继明主编：《私法》（第5辑第2卷），北京出版社2005年版，第59页。

〔2〕 参见王云霞：《〈法国民法典〉的时代精神探析》，载《法学家》2004年第2期。

〔3〕 参见苏永钦：《民事立法与公私法的接轨》，北京大学出版社2005年版，第54页。

〔4〕 See Vernon V. Palmer, "The Death of a Code: The Birth of a Digest", *Tulane Law Review*, 1988, 63（223~224）.

〔5〕 ［德］那塔利诺·伊尔蒂：《解法典的时代》，薛军译，载徐国栋主编：《罗马法与现代民法》（第4卷），中国人民大学出版社2004年版，第98页。

〔6〕 参见黄忠：《论民法典后司法解释之命运》，载《中国法学》2020年第6期。

如何界分和协调？案例指导制度能否担负起司法解释"溢出"的部分功能，或者更进一步，是否要"拓宽"案例指导制度之功能，不再将其局限为一种"法律适用技术"[1]将发展和完善法律的任务交由案例指导制度完成，形塑具有中国特色的司法判例制度，甚至最终过渡到类似英美的"判例法"？在这种"一体多元"的法源结构中，司法解释和案例指导制度功能协调是关系到中国民商司法裁判走向的重大议题，需审慎忖度。

（六）可能会消解法典的权威性

第一，大量商事单行法在《民法典》"体外"存在，这些商事单行法自成体系，结构上都有总则、分则和附则，也形成了各自的立法风格和价值逻辑，属于彼此独立的"微系统"。之前《民法通则》已发生过类似现象。据统计，《民法通则》总计156个条文在《民法典》编纂时能适用的不过区区10多个条文，[2]其他条文均被单行法所替代或掏空。这为《民法典》的实施和适用提供了前车之鉴。第二，前已述及，现代商事创新层出不穷，金融衍生品结构日趋隐蔽复杂，算法和大数据等新技术手段正在重塑商业形态、商业逻辑和商事关系。针对金融衍生品的繁杂结构，学术界已经在研究"穿透式监管"问题，[3]《民法典》能否适应金融商事法律关系的变革需要不无疑问。第三，政策目标和政策性文件的不断渗入。如果处理不当《民法典》可能会被政策性文件所干扰。[4]

五、中国特色民商法法源结构消极效用克服

面对"中国特色"民商法法源结构潜存的上述六重消极效用，理论和实务界该何去何从？在《民法典》实施背景下务必要理性、客观、辩证地看待"中国特色"民商法法源结构的消极效用，在充分认识到其消极效用的同时亟须找到妥善的破解之策。倘若不然，民商法法源体系所预设的裁判功效将难

---

〔1〕 四川省高级人民法院等：《中国特色案例指导制度的完善与发展》，载《中国法学》2013年第3期。

〔2〕 参见孙宪忠：《中国民法典总则与分则之间的统辖遵从关系》，载《法学研究》2020年第3期。

〔3〕 参见张凌寒：《平台"穿透式监管"的理据及限度》，载《法律科学（西北政法大学学报）》2022年第1期。

〔4〕 参见邓正来：《中国法学向何处去——建构"中国法律理想图景"时代的论纲》，商务印书馆2006年版，第61页。

以得到有效发挥，《民法典》在推进经济高质量发展和国家治理体系和治理能力现代化方面之作用亦必将大打折扣。笔者认为，针对"中国特色"民商法法源结构存在的六重消极效用，可以考虑从以下六个方面作出回应和完善。

（一）推进商事立法法典化和体系化建设

针对统一法典化下的商法特色彰显难题，《民法典》的出台并未否定商法立法的"体系化"和"科学化"，相反却提供了契机。《民法典》宣称的"民商合一"更多是一种理念宣示，并未成为立法实践。[1]在中国特色社会主义市场经济推进到"深水区"的今天，当下正处于迈向"法典化"的关键历史隘口。2020年11月，在中央全面依法治国工作会议上，习近平总书记明确提出要总结编纂民法典的经验适时推动具备成熟条件的立法领域的法典编纂工作。当前，其他领域的法典编纂工作已全面启动。教育法典、环境法典、行政基本法典的编纂已经被列入2021年度立法工作计划，[2]刑法典[3]和劳动法典[4]的编纂亦在研究当中，这为进一步反思和推进《商法通则》/《商法典》立法提供了契机。实事求是地说，虽然目前关于《商法通则》的立法仍然处于理论探讨层面，即便在商法学界内部，亦远未形成共识，以至于有学者悲观地断言，制定《商法通则》还是"八字都还没有一撇"的事。[5]但是《商法通则》对于市场经济建设和发展及私权理念培育而言意义重大，应当作为"一项长期的、也是艰巨的任务和工程"。[6]为此，我国商法学界应当凝神聚气做好以下工作：第一，夯实商法通则的立法基础。目前，商法学界对《商法通则》立法的必要性和可行性，《商法通则》的立法定位、体系内容已经做了大量细致、扎实的研究，尚需进一步补强的是对商事习惯/惯例的调查、搜集、甄别、提炼和总结。因为没有任何领域比商法更清楚经济事实是如何转化为

---

〔1〕 参见王利明：《论〈民法典〉实施中的思维转化——从单行法思维到法典化思维》，载《中国社会科学》2022年第3期。

〔2〕 参见《法工委发言人：今年将启动行政立法领域法典编纂》，载 www.npc.gov.cn/npc/c30834/202104/3661fb499e614744963722701ff8d49a.shtml，2022年4月8日访问。

〔3〕 参见周光权：《法典化时代的刑法典修订》，载《中国法学》2021年第5期。

〔4〕 参见钱叶芳：《劳动法典的制定与劳动权利的实现》，载《东方法学》2021年第6期。

〔5〕 参见蒋大兴：《〈商法通则〉/〈商法典〉总则的可能体系——为什么我们认为"七编制"是合适的》，载《学术论坛》2019年第1期。

〔6〕 来自笔者对2018年北京大学法学院主办的北大商法圆桌论坛"制定商法典——营业行为的商法构造"上中国法学会商法学研究会会长赵旭东教授演讲录音的整理。

法律关系的。只要不与强行法（Zwingendes Rceht）相悖，商人往往可以根据自己的力量，按照自己的需要以合意的交易条件方式设定其法律关系。如果如此这般的、约定的交易条件变成了一般交易习惯，即使在个别法律交易中因缺乏对该条款明示的合意而产生疑问，仍视其已得到默认。[1]商事习惯/惯例（Usancen）对商事行为的解释具有决定性意义。[2]第二，整合商事单行法及司法解释。《民法典》编纂充分注意到了对司法解释及司法解释性质文件规则的吸收问题，商法立法亦有必要借鉴《民法典》的编纂经验，开展对商事单行法、司法解释和司法解释性质文件的清理工作。尤其是对司法解释和法律规定不一致或者相冲突的条款，有必要认真甄别并探明其因由，强化立法对司法解释规则的吸收质量，为商法立法的"体系化""科学化"及《商法通则》立法做好前期准备工作。第三，推动商法通则进入立法规划。在做好前两项工作的基础上应当趁当前法典化兴起的良机，动员政治界、学术界、实务界、商务界等一切可以利用的力量，通过立法论证会、听证会、研讨会、人大代表议案建议等多元方式，督促立法机关早日将《商法通则》列入年度立法规划。

（二）将《公司法》"总则"修改为"形式续编"形式

针对《民法典》和商事单行法尤其是《公司法》的适用难题。在以《民法典》为"中心"的法源结构中，《公司法》作为"下位法"，其修订应当遵循《民法典》确立的基本精神、理念和原则，只能在"私法一元体制"框架下作出细化或完善。这是《民法典》和《公司法》关系协调的法理基础和要求。鉴于《民法典》总则"法人章"已经抽离了《公司法》"总则章"的绝大部分内容，剩余9个条文除第15条、第16条外其余皆属定义性、说明性、宣示性条文，《公司法》总则完全"空洞化"和"碎片化"，笔者建议及时修改《公司法》"总则章"以保持《民法典》和《公司法》的立法协调。目前存在四条可能的进路：①删除总则；②保留总则；③改总则为续编；④整合企业形态制定统一企业法典。在这四者之中，删除总则和保留总则均难言妥帖，一旦更改，将会扰乱公司立法的体系和逻辑，并且可能会诱致更大的修法成本，争议最大亦最具有可行性的是后两种方案。有学者在对《日本商法

[1] 参见［德］拉德布鲁赫：《法学导论》，米健译，商务印书馆2013年版，第111~112页。
[2] 参见［德］拉德布鲁赫：《法学导论》，米健译，商务印书馆2013年版，第112页。

典》进行详细考察后提出，在《民法典》"法人章"掏空《公司法》"总则章"的现实下，可以考虑借鉴《日本公司法典》的体例和做法，整合公司、合伙企业、个人独资企业等现存企业形态，制定一部统一的《企业法典》。[1]这属于一种完美主义进路，但是却面临如下障碍：①立法技术障碍。《合伙企业法》和《个人独资企业法》已经实施多年且独立运行良好，贸然整合会扰乱目前商事主体的立法格局。②和历史不符。我国历史上并无编纂《企业法典》的动议，对于制定《企业法典》，立法界、理论界和实务界之前亦均无充分酝酿和准备。③难为现实所接受。在《民法典》实施不久的现实之下，再提议制定《企业法典》能否为立法、理论和实务界所接受存疑。[2]

从立法成本和可行性角度分析，将"总则"改为"形式续编"可能是一条符合现实且能为各方接受的方案。

续编，系在法典正文前单独形成之部分，包括形式续编和实质续编。形式续编，指在法典首编（首章或者第一章）前单独设编（章），[3]在进行权利义务分配之前确立法典使用所必需的一些通用技术性规则。在各国立法表述中惯常以"引言""序题""一般规定""基本原则"等不同称谓冠名。[4]在比较法上，虽然"总则"技术更为我国学者所熟知，但事实上，形式续编才是一种"主流"的立法技术。法国、瑞士、意大利、西班牙、智利、阿根廷、菲律宾等国民法典均采用"形式续编"形式，只有德国、日本、俄罗斯等少数国家采用"总则"形式。如《法国民法典》历来被尊为"形式续编"之典范，其续编形式十分简洁，不区分章节，仅用6个条文规定了法律效力、裁判规则、基本原则三方面问题；[5]《瑞士民法典》的导言为续编，以10个

---

〔1〕 参见钱玉林：《公司法总则的再生》，载《环球法律评论》2019年第4期。

〔2〕 参见蒋大兴：《需要重建公司王国吗？——不宜用公司法统领全部企业类型》，载《环球法律评论》2019年第6期。

〔3〕 此乃和实质续编之不同处。实质续编在法典开头不单独设编，直接在第一编（章）的起始部分规定若干技术性规则。形式续编和实质续编只存在表现形式和立法技术选择之差别，实际内容并无二致。考虑到《公司法》"总则章"剩余条文均系有限责任公司和股份公司共用规范，第二章有限责任公司的设立和组织机构系特殊规定。若采实质续编将剩余条文归并到第二章开头，将会造成"通用"和"特殊"规则之混淆，显非妥适。

〔4〕 参见陈小君：《我国民法典：序编还是总则》，载《法学研究》2004年第6期。

〔5〕 参见《法国民法典》，罗结珍译，北京大学出版社2010年版，第1页。

条文规定了法律适用、法律关系的内容、与各州的法律关系等内容；[1]《荷兰民法典》在九编制的篇首设置了形式续编，将一般性条款和技术性条款用续编加以统筹。[2]虽然这些形式续编主要被运用在《民法典》之中，但是其镜鉴意义不容忽视。尤其值得提及的是，《英国2006年公司法》虽然未明文采用"形式续编"形式，但是其第一部分"一般导言"用6个条款规定了公司定义及公司类型方面的内容，实际上相当于形式续编。[3]与总则采取"提取公因式"技术"极尽抽象之能事"的风格不同，"形式续编"的结构较为松散随意。在《民法典》"法人章"已经实质承担起"公司法总则"功能之前提下，采用"形式续编"除符合《公司法》总则剩余条文的实际外，还具有如下优势：①和《民法典》的"民商合一"体例相统一；②能够充分尊重《民法典》"总则编"对民商关系的"统摄"，维护《民法典》作为私法一般法地位；③能够保持目前《公司法》的体例结构。除将第一章改为形式续编之外，《公司法》第二章至第十三章均可以沿袭目前的安排，保持"总-分-总"的体例结构；④能够理顺和《民法典》之适用关系；⑤修法成本比较低；⑥能够为后续《商法通则》/《商法典》立法做好前提和铺垫。[4]有鉴于此，正在修改中的《公司法》可以考虑在整合既存9个条款的基础上，参酌域外"形式续编"的立法例，另外再增加民法和商法适用关系、法律适用、法律解释、公司基本原则等规定，[5]最终形成一个三层次公司法一般规则：①《民法典》总则编法人之一般规定；②《民法典》营利法人的"次级"一般规范，涵盖公司、国有企业、集体企业等营利法人形态；③《公司法》形式续编的内容，将此部分作为单行《公司法》的一般规定。借此彻底解决《公司法》总则的"空洞化"和"碎片化"问题并理顺《公司法》和《民法典》的适用关系。

---

[1] 参见《瑞士民法典》，于海涌、赵希璇译，[瑞士]唐伟玲校，法律出版社2016年版，第1~3页。

[2] 参见《荷兰民法典》（第3、5、6编），王卫国主译，中国政法大学出版社2006年版，第1页。

[3] 参见《英国2006年公司法》（第3版），葛伟军译注，法律出版社2017年版，第2页。

[4] 更详细的分析参见薛波：《民法典时代民商关系论》，上海人民出版社2021年版，第134~145页。

[5] 参见王毓莹：《公司法规范变革的六大重要视角》，载《中国法律评论》2020年第3期。

（三）完善政策"入法"过滤机制

针对政策可能介入《民法典》的问题，在废除原《民法通则》第 6 条政策作为民法法源的规定后，政策"入法"已经少了立法接口。但是，这并不意味着政策对立法和司法的影响会被削弱或者涤除。在我国，政策和法律之间始终存在相连相契、互融互渗的紧密关系。合理的政策被以立法形式固化后能够提升法律的社会适应性，增益人民的福祉。但是，法律作为体系化和科学化的产物，任何法律规范都不是孤立存在的，任何具体规范都是"整个法律秩序"（Cesamtrechtsordnung）之一部分。[1]整个法秩序（或其大部分）都受特定指导性法律思想、原则或者一般价值标准支配。诸多规范的各种价值得借此法律思想得以正当化、一体化并因此避免彼此间的矛盾。[2]换言之，法律是融贯价值理性和技术理性的统一体。因此，政策入法应当遵循严格的过滤和转换机制。关于政策，有必要先区分执政党政策和国家政策，[3]党的政策先转化为国家政策，国家政策再转换为立法政策，立法政策的适合与否有必要在充分征求政治界/学术界/实务界/商务界等社会各界人士的不同意见和建议之后，再将立法政策提纯、凝练在立法目的和制度设计之中。也即，政策"入法"应当严格遵循党的政策→国家政策→立法政策→公开征求意见→立法固化这样一个"过滤"和"转换"过程，借此保障立法的体系性、科学性与社会效果三者的有机统一。

（四）限缩司法解释的适用空间

针对司法解释"掏空"《民法典》以及司法解释大量存在可能会消解《民法典》权威性的问题，为保障《民法典》在民商法法源体系中的"权威"地位，有必要适当限缩司法解释的适用空间。为此，建议最高人民法院保留"细化类"司法解释权，全面废止继续颁布"综合类/系统类"和"创设类"司法解释的做法：第一，综合类司法解释已无存在之必要。"综合类/系统类"司法解释一般是在社会转型或者经济形势发生变化时为贯彻特定的社会经济政策而需要颁布的。它具有涵盖面广、内容宽泛的特点。我国在不同时期颁布的综合类司法解释较多。例如，最高人民法院于 1993 年颁布的《全国经济

---

〔1〕 参见［德］伯恩·魏德士：《法理学》，丁晓春、吴越译，法律出版社 2013 年版，第 65 页。

〔2〕 参见［德］卡尔·拉伦茨：《法学方法论》，陈爱娥译，商务印书馆 2003 年版，第 316 页。

〔3〕 参见严存生主编：《法理学》，中国政法大学出版社 2009 年版，第 133 页。

审判工作座谈会纪要》涵盖法人制度执行、企业性质认定、技术合同纠纷、票据纠纷、破产纠纷、企业承包债务纠纷 6 个方面；2000 年的《关于充分发挥审判职能作用为经济发展提供司法保障和法律服务的意见》涉及国企改革、企业改组、税收、农村承包合同效力、金融犯罪、非法集资、知识产权、国际贸易规则 7 个方面。2007 年的《最高人民法院关于为构建社会主义和谐社会提供司法保障的若干意见》涵盖婚姻家庭、社区邻里纠纷、涉农案件、劳动争议、行政赔偿和国家赔偿、环境侵权、企业改革、商事纠纷、金融纠纷、知识产权、海事海商、涉外涉港澳台案件等 12 个方面。2010 年的《关于为加快经济发展方式转变提供司法保障和服务的若干意见》18 条中的 11 条涵盖了投资、土地征收和房屋拆迁、消费者权益、金融、企业破产、担保、农业、服务、知识产权 9 个方面。类似这些司法解释一般不针对具体的法律条文，某些甚至是完全脱离上位法规定的"自创系统"和"司法造法"，具有较明显的政策引导功能，属于学者所言的"权力输出型"而非"权威生成型"。[1]随着《民法典》作为权威法源地位之确立，已实无存在之必要。第二，创设类司法解释亦应当废止。根据立法先后关系，这类司法解释可以被分为三类：①先于立法后为立法所吸收。如 2007 年《物权法》第 239 条关于留置权和抵押权的实现顺序即吸收了 2000 年《最高人民法院〈关于适用中华人民共和国担保法〉若干问题的解释》（以下简称《民法典担保制度解释》）第 79 条之规定。②立法未规定后由司法解释创设新规则。例如，1999 年《合同法》未规定情势变更原则，直到 2009 年颁布的《合同法司法解释（二）》第 26 条才明文规定情势变更原则。③立法有规定但是后颁布的司法解释改变了立法规定。例如，2003 年颁布的《最高人民法院〈关于适用中华人民共和国婚姻法〉若干问题的解释（二）》第 24 条关于婚姻存续期间的债务清偿之规定即改变了原《婚姻法》第 41 条之规定。"创设类"司法解释虽然具有填补法律漏洞、孕育法律和发展法律的优点，事实上能起到"准立法"的作用，但是因其长期"僭越"立法权影响立法权威而饱受学者质疑和诟病。基于维护《民法典》权威法源地位之考虑。最高人民法院的创设类司法解释权亦不宜继续保留，不得通过颁布"创设类"司法解释随意"变更"或者"架空"《民

---

〔1〕 参见刘树德：《最高人民法院司法规则的供给模式——兼论案例指导制度的完善》，载《清华法学》2015 年第 4 期。

法典》之规定。第三，细化类司法解释有必要予以保留。细化类司法解释大多源于一线民商事审判实践，是对具体法律条款的解释或进一步细化，具有较高的实用价值和裁判价值。基于我国《民法典》内容的原则性以及保障实施之需要，有必要予以保留。在废除前两类司法解释并保留细化类司法解释后，后《民法典》时代司法解释的制定应当从"问题驱动型"转向"规范驱动型"，以致力于阐明、解释、细化、完善《民法典》的某一规范/规范群为其核心任务。最高人民法院在颁布司法解释时，最好先指明待解释的规范指涉，即针对的是《民法典》哪一条、哪一款、哪一项甚至某个字、词、标点含义展开解释（如《民法典》第××条第××款第××项），不宜再类似过去笼统地针对"某一类案件、某一类问题"或者"根据立法精神"制定"抽象性""系统性""整体性"的解释。通过这种改造，使司法解释转变成为保障《民法典》落地实施的"附属"和"配套"设施，使司法解释在中国民商法法源体系中找到妥当的定位并彻底理顺立法和司法解释关系。

（五）拓宽案例指导制度之功能

在"限缩"司法解释的功能后，还应当将司法解释"溢出"的部分功能"移交"给案例指导制度。拓宽案例指导制度的适用空间，将发展法律和完善法律的重任交由案例指导制度完成。虽然案例指导制度目前还存在供给量偏少、生成机制行政化、表现形式条文化、基本定位模糊化、实践作用非显著化等问题，[1]但是以案例指导制度来发展和完善法律在我国已经具备充分的历史、理论和现实基础。不过，要实现案例指导制度功能的"扩充"和"转型"以适应后《民法典》时代在法源体系中的角色定位和功能需要，尚需从以下方面着力改进：第一，赋予案例指导制度法律拘束力。案例指导制度不应当局限于"事实拘束力"或"柔性拘束力"，不应当止步于学者批评的仅是"司法解释的一种变形"[2]，而是有必要赋予其"法律拘束力"，即案例指导制度确立的规则对类案裁判具有"法律拘束力"。[3]如果这一转变顺畅，无疑将会极大地提升案例指导制度在我国民商法源体系中的地位，并有望形

---

[1] 参见薛波：《后民法典时代司法解释与案例指导制度功能调适论》，载《河北法学》2021 年第 2 期。

[2] 董皞主编：《中国判例解释构建之路》，中国政法大学出版社 2009 年版，第 34 页。

[3] 参见张骐：《论中国案例指导制度向司法判例制度转型的必要性与正当性》，载《比较法研究》2017 年第 5 期。

成一个"富有活力的判例生态系统"〔1〕。长此以往，甚至会给我国民商审判和法学研究带来革命性变革。为适应这种变革需要，当前有必要进一步完善类案的归类和检索工作，充分利用人工智能、大数据、云计算、区块链等技术手段完善数字时代的法律数据库智能系统建设，以给指导性案例的来源、遴选、分类、规整、确定提供充足的材料支撑和知识储备。第二，强化法官业务能力建设促使其角色转型。在赋予指导性案例"法律拘束力"之后，类案裁判突出的是法官对案例解析技术的运用而不是坐等"条文式""抽象性"司法解释的释明。相应地，法官角色亦应当从"被动"找法向"主动"释法转变。在司法裁判活动中，一旦法官决定参照适用指导性案例，则必须要将参照内容在裁判文书中以法律论证和推理方式展现出来，〔2〕这对于成文法下已经习惯"演绎式"法律思维的我国法官而言无疑是一项全新挑战，对其业务能力和职业素养提出了较高要求。为此，趁当前《民法典》宣介和实施活动全面铺开之良机，笔者建议在全国法院系统开展以强化法官案例解析技术为内容的业务能力培训。第三，提升个案研究"精细化"水平。随着《民法典》时代解释/教义学时代的来临，民商法研究应当针对以指导案例为代表的个案展开精细化解释论研究。个案研究应当砥砺法理，重视学理阐释，注重对历史学/社会学/经济学/伦理学/修辞学等临近学科知识的吸纳，发挥其涵养功能。借此沟通理论和实务，为案例指导制度功能"转型"和"加附"提供坚实的学理支撑，使之最终能够肩负起发展和完善法律之重任。

（六）建立《民法典》定期修订更新机制

虽然《民法典》已经规定了大量一般条款、转介条款、参照条款、但书条款，能够较好地实现法典的包容性目标。但是，相对于民商事实践发展和创新速度而言，通过一般条款等立法技术亦无法完全实现对新型民商事法律关系的涵盖和容纳。为应对民商事实践发展的需要以及未来可能出现的其他法源"掏空"《民法典》最终消解法典权威性的问题，建议建立《民法典》的定期修订更新机制：第一，应当注意适时将民商事司法解释和案例指导制度中运作成熟的规则及时纳入《民法典》，持续保持立法对司法规则的吸收统

---

〔1〕 王涌：《指导性案例发展的判例制解释路径》，载陈洁主编：《商事指导性案例的司法适用》，社会科学文献出版社 2017 年版，第 54 页。

〔2〕 参见孙海波：《指导性案例的参照难点及克服》，载《国家检察官学院学报》2022 年第 3 期。

合；第二，对于新型民商事法律关系，如果既有《民法典》规则不能作出妥当调整，亦应当及时更新和吸收。

总之，上述六大对策和方案可能存在不完备和不周延之处，并且是一个"系统性"工程，要完成还存在不小难度，但是这不应成为我们的托词和避退的理由。在《民法典》实施这一中国私法发展"百年未有之大变局"面前，上述改造和更新却符合"重建"以《民法典》为"中心"的私法法源秩序要求。尽管本书提出的对"中国特色"民商法法源结构诱致消极效应之祛除方案，部分还只是初步的、"粗线条"和"框架性"的，更多细节亦有待推敲和深入，有待学界同仁共襄协力、一道推进。但是，它代表了一种探索问题的可能进路。随着《民法典》实施的不断深入，如果贯彻运用得当，通过上述多元的方式组合亦能够较好地协调各类法源之关系，妥善克服"中国特色"民商法法源体系的消极效用，保证各类法源在民商法源体系中定位准确和功能最大化发挥，从而服务和满足于中国特色社会主义市场经济建设高质量发展的现实需要。

结语：突出民商法法源结构中国特色不是否定世界通例

最后，回归本书主旨，需要强调的是，在《民法典》实施背景下，我们要提炼和总结民商法法源结构的"中国特色"而不是"否定"世界通例。不是说中国《民法典》确立的法源结构就一定"优于"以"成文法"为核心的大陆法或者以"判例法"为中心的英美法。恰如德国历史法学派巨擘萨维尼（Savigny）所言，法律作为历史上形成的文化现象，萌生于特定民族的灵魂深处并在那里经过长期历史进程而孕育成熟。法律同语言、诗歌和宗教一样，不是某个特定立法者的理性塑造了理智，而是由贯穿整个历史的、一种民族精神（Volksgeiste）的、"内在的潜移默化的力量"（inneren stillwirkender Kräfte）使之得到有机培植成长。[1]不同的文化基因、哲学取向、历史传统、政治体制、民众心理、社会认同、地理条件等因素形塑了一国法律系统。[2]"中国特色"民商法法源结构的形成和生长具有自己独特的历史土壤和现实条件，这

---

〔1〕 参见［德］茨威格特、克茨：《比较法总论》（上），潘汉典等译，中国法制出版社2003年版，第212页。

〔2〕 参见［法］孟德斯鸠：《论法的精神》（上），许明龙译，商务印书馆2012年版，第174页。

种土壤和条件主要来源于两个方面：一是中国人特有的实用主义哲学；二是新中国成立 70 多年来尤其是改革开放 40 年来中国共产党领导的具有中国特色的社会主义市场经济立法和司法实践。可以说，是中国特色社会主义市场经济、司法实践给养以及中国特有的实用主义哲学智慧形塑了民商法法源结构的"中国特色"。

正所谓"文明新旧本相宜，心理东西本自同"。我们挖掘民商法法源结构的"中国特色"亦是为了正视《民法典》的本土价值和创新，宣介《民法典》编纂的成就和经验，以期能够卓有成效地推进《民法典》的实施。就此而论，"中国特色"民商法法源结构无疑属于对世界民商法法源体系的有益"补充"和"完善"，属于一种新法源类型和体系，属于中国民商立法和司法实践对世界民商立法和理论的重大发展和贡献。我们在充分认识到中国民商法法源特色和优势的基础上，亦应当清醒地认识到其消极效用并着力修正之。

无论如何看待这种民商法法源结构"中国特色"的成败得失，恰如本书开篇所示，法源问题的本质是一个司法裁判问题。评判一国民商法法源结构是否合理的标准就在于其能否为民商司法裁判提供充分的制度供给，增强其体系效益，提高找法、储法的便捷性和调整规范的准确性。[1]我们需要有助于民商司法裁判、有助于阐释一国民商法法理、符合中国的国情和实际并且彰显自己本土特色和价值的法源结构和体系，而不是对"世界标配"法源结构的简单"挪移"。法源结构承载和凝结着一国的私法（法律）文化，在党中央一再强调要坚定"文化自信"的现实下，[2]我们坚信，在消弭其消极效用后，这种法源结构能在推动民商事实践发展方面发挥其最大效用，能在中国特色社会主义法治建设进程中发挥其应有的历史功绩和时代贡献。

---

〔1〕 参见苏永钦：《体系为纲，总分相宜——从民法典理论看大陆新制定的〈民法总则〉》，载《中国法律评论》2017 年第 3 期。

〔2〕《在庆祝中国共产党成立九十五周年大会上的讲话》，载 http://www.xinhuanet.com/politics/2016-07/01/c_ 1119150660.htm，2021 年 10 月 22 日访问。

后民法典时代司法解释与案例指导
制度功能调适论

编纂民法典既是一国重大的政治事件和政治活动，亦是一国民商法法源体系整合和重建的过程。我国《民法典》已经颁布并将于 2021 年 1 月 1 日实施。《民法典》实施后，我国民商法法源体系将呈现怎样的新样态和新格局？尤其是民商事司法解释与案例指导制度应当如何重新定位和调适自身的功能？这是民法典时代我国民商法学研究亟须面对的重大议题。

一、民法典实施后我国民商法法源的基本结构

（一）法源之法理释义

法源，又谓"法的渊源"或"法律的渊源"。在汉语中，"渊"意为深潭、深、深远；"源"指流所从出之地。"渊源"本谓水源，亦泛指事物的根源。法之渊源，即"法"这种事物的来源、根据、源头、本源，亦有著述称法之产生的原因、途径或栖身之所。无论何种表述，均无关宏旨。宛若沿奔腾的江河溯源而上终将达到发源地一样，要正确地理解和认识法之内容，弄清构成审判基础的法是什么，就要找到、追踪到法的来源和源头。因此，准确地理解法源具有十分重要的意义。据学者考证，"法的渊源"这一术语源自欧陆，后衍及英美。在罗马法中称"Fontes Juris"，德文为"Rechtsquellen"，在法文中为"Sources du droit"，意大利文为"Fonti del diritto"，英文为"sources of law"。在法理学中，"法的渊源"是一个极其重要却常常被运用得很混乱的术语，它犹如一面"多棱镜"，具有多重意义，包括法的历史渊源、法的理论和思想渊源、法的效力渊源、法的文献渊源、法的学术渊源、法的形式渊源、法的实质渊源等等。在我国的法理学教科书中，法的渊源一般仅指法的各种表现/存在形式，包括直接渊源和间接渊源。直接渊源，亦称正式

渊源或法定渊源，指国家机关制定的各类规范性文件，依其地位和效力不同，分为宪法、法律、各种法规和规章等；间接渊源又称非正式渊源或非法定渊源，指各种习惯、宗教规则、法理学说、道德原则和规范等。法的渊源本质上是多元规范的集合体，是司法裁判从中发现/寻找待决案件所需要的裁判规范或准则之依据。

民商法之法源，即被承认具有法律效力、法的权威性或者具有法律意义并能作为法官审理民商事案件之依据的规范或准则之来源，如制定法（成文法）、判例法、习惯法、法理、学说等等。域外各国民商法法源之立法，均不尽相同，概括起来主要有三种模式：①"三位阶"的法源体系。例如，《瑞士民法典》第1条第1、2款规定民法的法源为法律、习惯法和法院得依其作为立法者所提出的裁判规则；《西班牙民法典》第1条第1款规定的法源顺序为法律、惯例和法的基本原则。②"四位阶"的法源体系。例如，《俄罗斯民法典》第6条规定的法源包括立法及协议、交易习惯、类推产生的规则、民事立法的一般原则和精神及善意、合理、公正的要求；《意大利民法典》"法律之一般规定"第1条、第12条第2款规定，法源之位阶为法律、法规、习惯、类推产生的规则和国家法律制度的基本原则。③"二位阶"的法源体系。中国《民法典》"总则编"第10条规定："处理民事纠纷、应当依照法律；法律没有规定的，可以适用习惯，但是不得违背公序良俗。"我国《民法典》"总则编"确立了"法律–习惯"二位阶的法源体系。二位阶的法源体系系我国首创，比较法上鲜有先例。

（二）民法典编纂与我国民商法源结构之演化

一般认为，我国《民法典》"总则编"第10条所规定的"法律"应作广义理解。我国现行的民商法法源包括：①宪法；②民法典；③商事单行法；④行政法规；⑤地方性规范或者自治条例和单行条例；⑥民商司法解释；⑦指导性案例；⑧民商事习惯。在诸法源之中，《民法典》和司法解释无疑属于现行最重要，亦是常见的法源，尤其是司法解释作为我国法源体系中一种独特的法的形式，其不仅反映了我国司法运行的某些特点，亦反映了立法和司法的互动关系，更反映了我国法治发展的阶段性特点，可谓是法治状况的"晴雨表"。

言及我国的司法解释，就不得不回溯司法解释的历史。改革开放以来，我国民商立法长期奉行"条件成熟论"和"宜粗不宜细"的指导思想和方针，民商立法的粗疏、简陋以及缺乏可操作性和可预见性，为司法解释的发展和蔓延预留下了充足的空间。加之各级地方人民法院法官队伍的来源复杂，大多数法官均来源于社会招干、复转军人转业、机关分流的人员。这些非科班出身的法官未经过专业的学术训练和培养，对司法解释存在较强的依赖性。司法解释尤其是民商事司法解释对社会生活的影响力一点儿不亚于甚至强于立法。

虽然说这种模式之形成受到了特定的历史和现实原因之影响，但是最高人民法院并非主动攫取如此宽泛的规范创制权/立法权。正是由于民商法领域缺乏一个相对完整、细密的基本法典（民法典），长期单行、零散立法的方式导致规范冲突和矛盾之处甚多，民商法领域的司法裁判常常出现"有法难判""有法不好判""有法不知如何判"的问题，最高人民法院才不得已颁布司法解释予以释明。但毋庸讳言，这种"孱弱立法+强大司法解释"的运作模式严重模糊了立法权和司法权之边界，从而使得民商法规范的立法权实质性向以最高人民法院为代表的司法者转移，推高了裁判者滥权的风险和可能。

早在民法典编纂伊始，执政者和立法者便已经清醒认识到了上述问题。习近平总书记 2017 年 10 月 18 日在中国共产党第十九次全国代表大会的报告中强调要"科学立法"；全国人民代表大会常务委员会副委员长李建国 2017 年 3 月 8 日在第十二届全国人民代表大会第五次会议上作关于《中华人民共和国民法总则（草案）》的说明时亦指出："编纂民法典不是制定全新的民事法律，而是对现行的民事法律规范进行科学的整理；也不是简单的法律汇编，而是对已经不适应现实情况的规定进行修改完善……"这明确地揭示了编纂民法典的目的是编纂一部体例科学的民法典。民法典编纂的核心目标就是要对目前规模庞大的民事单行法及民商法司法解释进行系统的清理、整顿、吸收和整合，进而在民商法领域建立起一种健康、合理的法源体系。

如果按照理想的操作模式，民法典编纂完成后，先前所有的民事单行法和司法解释被一次性彻底地清理和整合，民事单行法和司法解释均被"万流归宗"一体纳入民法典。从民法典各编的内容考察，对各民事单行法进行体系整合一体编入民法典这一目标已经完成。《民法典》"总则编""物权编""合同编""人格权编""婚姻家庭编""继承编""侵权责任编" 7 编基本是在《收养法》《民法通则》《物权法》《合同法》《担保法》《侵权责任法》《婚姻法》《继承法》的基础上整合而来，部分民商事司法解释亦被吸收进入民法典。例如，《民法典》"总则编"即在一定程度上吸收了司法解释的相关规则。其第 192 条第 1 款规定，诉讼时效届满的，义务人享有抗辩权即借鉴了《最高人民法院关于审理民事案件适用诉讼时效制度若干问题的规定》第 3 条之规定；第 36 条关于撤销监护人资格的规定是在《最高人民法院、最高人民检察院、公安部、民政部关于依法处理监护人侵害未成年人权益行为若干问题的意见》（法发〔2014〕24 号）第 35 条的基础上演化而来的。民法典各分编亦吸收了大量的司法解释规则。

但是，民法典编纂基于逻辑严密、价值自洽以及受立法机关的法律制定偏好之影响，能够"入典"的民商事司法解释规模是相当有限的，绝大部分司法解释均无法进入民法典的视野。《民法典》实施之后剩余的民商事司法解释是否将一概废止？最高人民法院是否有必要对标民法典的具体条文及时地建立司法解释的清理和退出机制？《民法典》和民商事司法解释之间到底是一种怎样的适用关系？显然，这不是简单地按照"上位法优于下位法"或者"新法优于旧法"的朴素法适用常识就可以妥善解决的。立法者对该问题态度暧昧，没有给予明确的意见，学界对这一重大问题亦关注者寥寥。

从目前的民商事审判实际来看，民法典实施后即刻废止已经颁布的全部司法解释既不现实，亦无可能，司法解释将会继续"游离"于民法典之外。

另外，我国民法典编纂虽然旗帜鲜明地宣称采用"民商合一"的立法体例，但是这种"民商合一"并非完全/彻底的"民商合一"，实质上是一种"民商统分结合、有分有合，民法法典化和商法单行法并存"的私法体例。民法典的完整体系只包括"总则编""物权编""合同编""人格权编""婚姻家庭编""继承编""侵权责任编"七编。除此之外，民法典无意也无法将所有商法单行法及民商司法解释悉数囊括，仅能对调整商事关系的一般性、共通性的规则予以规定。《民法典》实施之后，既有的《公司法》《合伙企业法》《个人独资企业法》《证券法》《破产法》《保险法》《海商法》《票据法》等商法单行法及其司法解释依然独立于民法典之外。

于是乎，加上目前正在实施的案例指导制度，我国的民商法法源呈现"民法典—商事单行法—民商司法解释—案例指导制度"这样一种"四位一

体"颇具"中国特色"的结构模式和规范体系。（按各法源法律位阶和效力高低如图4-1）

```
          民法典
        商事单行法
       民商司法解释
      案例指导制度
```

图 4-1

在上述四者之中，民法典作为私法的一般法/基本法居于金字塔的最顶端，"商事单行法—民商司法解释—案例指导制度"按其位阶和效力高低向下顺次而置。如何妥当协调这四者尤其是司法解释和案例指导制度之间的分工协调问题，不仅关涉各民商法源之间的地位和功能界分，更关涉对民法典权威性的尊重和维护。由于我国民商法学界一直集中讨论民法典各分编编纂以及与《民法总则》的最后合拢问题，对民法典实施后"民法典—民商司法解释—案例指导制度"三者关系处置这一将会对民商实践和司法裁判产生巨大影响之疑题，尚无暇顾及。

二、司法解释与案例指导制度功能定位的理想图景

其实，从理想化的角度而言，随着民法典编纂工作的顺利完成，先前所有的民商司法解释已经被一次性、彻底地清理完毕，现存的司法解释中有价值的条文已经被吸收纳入民法典各编，剩余的司法解释条文，亦理应在民法典实施之后一概地宣布废止。这样，司法解释这种颇具"中国特色"的法律发展模式将随之彻底退出历史舞台，而倾注社会期待和万众瞩目，经由政治界、学术界、实务界、商务界等社会各界人士合力打造的中国民法典将荣登历史舞台，成为中国民商法体系真正的中流砥柱以及立法、司法、执法、学术研究共同的话语平台。统一民法典施行之后，立法者根据社会情势之变化、民法学理之演进和发展，聚焦于法典的修葺和完善工作；法官潜心于民法典规则在个案裁判中的司法运用；法学家则埋首于民法典的学理、评注和解释论研究，借此充分彰显民法典在私法领域的崇高地位以及在统一私法法源上的整合功能，使民法典的文本和内容被法律职业共同体发自内心地认真对待。

当然，强调民法典文本和内容的重要性并非有意人为"拔高"民法典之地位，并非说民法典就是"非颤抖的手不得触摸"的敬畏对象。法典作为以象征性符号语言表达的规范系统，不是"没有缝隙的网"。无论立法者的立法技术多么精妙纯熟，基于成文法与生俱来的不合目的性、不周延性、模糊性和滞后性，立法的疏忽和缺漏总是在所难免的。那么，以何种方式延缓法典的衰老、保持法典的开放性和包容性呢？比较法上，除了细化法律规则和完善法律原则之外，最主要的方法是于法典之中内置一般条款。例如，《德国民法典》第242条规定的诚实信用原则和第138条规定的违背善良风俗的法律行为无效，即属之，立法借助于这些极具弹性化的条款，发挥"安全阀"的作用，以防止《德国民法典》这般僵硬但却精确的文体被社会变革的压力所冲垮。此外，《德国民法典》第823条第1款侵权行为保护对象规定的"其他权利"，亦为法官创制法律预留下了广阔空间。《法国民法典》第1382条亦属之。在具体的司法裁判中，法官借助于该条极富柔韧性和灵活性的"过错""损害"概念确立起了各类侵权纠纷类型的裁判规则。法国法院很早就承认了"精神损害"和"纯粹经济损失"概念，后续还确立了"生态损害"概念。"生态损害"概念最大的特点在于损害的潜在性和集体性，突破了传统损害概念强调的个体的相关性和现实性。于民法典中设置一般条款在我国民法典中亦有所体现。例如，《民法典》"总则编"第109条一般人格利益之保护、《民法典》"侵权责任编"第1165条第1款行为人因过错造成他人民事权益损害的责任承担，即属之。

民法典作为高度体系化和逻辑构建的产物，于民法典之内安置一般条款的数量亦毕竟有限。现代民商事交易关系的复杂性、多变性和创新性，尤其是随着新技术、新科技的广泛运用，民法典对新型法律关系之调整可谓鞭长莫及。进入网络社会后，以大数据、人工智能应用催生的互联网平台监管法律关系、人工智能侵权法律关系、数据财产、虚拟财产法律关系等，传统民法典均鞭长莫及，无法将之悉数囊括，需要在民法典之外寻找民法法源，"先例/判例"这种方式得到了广泛运用，成为法院裁判诉诸的民法典之外重要的法。对此，无论是英美法系国家还是大陆法系国家均早已提供成熟的经验。

例如,《法国民法典》第5条规定法官不得用遵循先例的方式进行裁判,但事实上在实施不到50年的时间内,就要求立法强制下级法院必须遵循法国最高法院的神圣判例。根据《法国民法典》第1384条之规定,法国判例发展了事故法,该法充分考虑了现代高技术社会中的特殊危险,比民法典设定的损害赔偿制度更为可取。《德国民法典》总体结构的维持乃是司法判例之功劳。判例在使民法典适应于现代社会需要和富有社会生命活力方面发挥了重要却又常常被人误解的作用。法院在遵循"长期判例"的时候,它的确构成了事实上适用的法(即在大多数情况下得到遵循)的一个重要部分。以至于最终《德国民法典》和《法国民法典》一样在全部领域均穿上了色彩鲜明的"法官法"外衣。

我国虽属成文法国家,但是已经有实施案例指导制度的多年实践,民法典实施之后,可以顺势改造我国目前的法律发展方式,以案例指导制度全面、彻底地取代司法解释。在司法实践中"完善"和"发展"法律:一方面,最高人民法院应当以民法典实施为契机,彻底摒弃过去颁布大规模"条文式""抽象性""系统性"司法解释的惯常法律发展方式;另一方面,应当遵照司法运作规律和现代国家治理的趋势,对我国的案例指导制度从观念和机制上进行系统性的革新和改造,实现向司法判例制度的转型。通过这两方面的工作彻底捋顺民商司法解释长期"僭越"立法的"乱象"和"顽疾",以使立法权和司法权各归其位、各司其职。

三、司法解释与案例指导制度功能定位的现实选择

如果上述方案缺乏历史基础和现实可能并且过于冒进/激进的话,是否还有其他路径可供选择呢?有,在不完全废弃最高人民法院司法解释权的前提下,对其司法解释权进行"限缩",同时"拓宽"案例指导制度之功能,是一条不但目标相同且能为各方接受的稳妥方案。

(一)"限缩"最高人民法院的司法解释权

1. 司法解释的类型化分析

在1997年之前,我国的司法解释包括"意见""解释""解答""批复""联合批复""答复""通知""联合通知""规定"(包括"若干规定""具体规定")"纪要""复函""涵""指示"等十几种形式,称谓极其混乱;

1997 年的《最高人民法院关于司法解释工作的若干规定》（法发［1997］15号）第 9 条将司法解释统一为"解释""规定""批复"三种形式。其中，"解释"是对审判工作中如何具体应用某一法律或者对某一类案件、某一类问题如何应用法律所作的规定；"规定"是根据立法精神对审判工作制定的规范、意见；"批复"是对高级人民法院、解放军军事法院就审判工作中具体应用法律问题的请示所作的答复。2007 年颁布的《最高人民法院关于司法解释工作的规定》（法发［2007］12 号）第 6 条在前述基础上增加了"决定"形式，用于"修改或者废止司法解释"。在我国的民商事司法实践中，"解释""规定""意见""纪要"这四种形式的民商事司法解释/司法解释性质文件的效用要远远大于"批复类"和"决定类"司法解释，是《民法典》实施后应当关注的重点。

按照一定的标准，对上述（主要是后四类）规范性司法解释进行梳理规整，可以将之分为综合类、创设类和细化类三种类型。一是功能标准。综合类司法解释主要承载着法政策上的引导功能；创设类和细化类司法解释肩负着补充、完善立法之重任。二是内容标准。创设类司法解释创设新规则；细化类则往往是针对立法规定的再解释；综合类司法解释的内容宽泛。三是时间标准。综合类司法解释往往是应对一时的经济社会发展之需颁布的；细化类司法解释则是在立法之后颁布的；创设类可在立法之前，亦可在立法之后。具言之：①综合类。这类司法解释一般不针对特定的法律规则/条文，具有涵盖面广、内容综合的特点。典型如最高人民法院 1993 年颁布的《全国经济审判工作座谈会纪要》涵盖法人制度执行、企业性质认定、技术合同纠纷、票据纠纷、破产纠纷、企业承包债务纠纷等 6 个方面；2000 年颁布的《关于充分发挥审判职能作用为经济发展提供司法保障和法律服务的意见》涉及国企改革、企业改组、税收、农村承包合同效力、金融犯罪、非法集资、知识产权、国际贸易规则等 8 个方面。2007 年颁布的《最高人民法院关于为构建社会主义和谐社会提供司法保障的若干意见》涵盖婚姻家庭、社区邻里纠纷、涉农案件、劳动争议、行政赔偿和国家赔偿、环境侵权、企业改革、商事纠纷、金融纠纷、知识产权、海事海商、涉外涉港澳台案件等 12 方面。2010 年颁布的《最高人民法院关于为加快经济发展方式转变提供司法保障和服务的若干意见》18 条中的 11 条涵盖了投资、土地征收和房屋拆迁、消费者权益、金融、企业破产、担保、农业、服务、知识产权等 9 个方面。②创设类。这类司法解释往往作为填补法律漏洞和发展法律的良好方式和手段，事实上起到了"准立法"作用。依据其创设和立法的先后顺序，创设类司法解释规则可以被分为三类：一是司法解释先于立法后来为立法所吸收。例如，2007 年的《物权法》第 239 条关于留置权和抵押权实现顺序的规定即吸收了 2000 年《最高人民法院〈关于适用中华人民共和国担保法〉若干问题的解释》第 79 条之规定。二是立法未规定，后由司法解释创设新规则。例如，1999 年《合同法》未规定情势变更原则，直到 2009 年颁布的《合同法司法解释（二）》第 26 条才明文规定情势变更原则。三是立法有规定但后颁布的司法解释改变了立法之规定。例如，2003 年颁布的《最高人民法院〈关于适用中华人民共和国婚姻法〉若干问题的解释（二）》第 24 条关于婚姻存续期间的债务清偿之规定即改变了原《婚姻法》第 41 条之规定。③细化类。这类司法解释是在立法有规定且不违背的前提下，针对立法之规定所做的进一步的细化或者补充性规定，它一般不创设新规则。在总的体量上，细化类司法解释规则在我国民商法司法解释中占据主导地位，相关例证不胜枚举。典型如《民法通则》第 78 条第 3 款和《物权法》第 101 条规定了共有人处分共有物时其他共有人在同等条件下享有优先购买权，但是对此处的"同等条件"未做规定，后由《最高人民法院〈关于适用中华人民共和国物权法〉若干问题的解释（一）》第 10 条明确了"同等条件"应根据共有份额的转让价格、价款履行方式及期限等因素进行综合判断。再如，《合同法》第 73 条仅原则性地规定了债权人的代位权，《最高人民法院〈关于适用中华人民共和国合同法〉若干问题的解释（一）》第 11~22 条用总计 12 条共 17 个条款对债权人代位权诉讼的条件、债权的含义、举证责任、诉讼管辖地等做了进一步的补充规定。关于债权人撤销权《合同法》第 73 条也仅仅做了原则性的规定，《最高人民法院〈关于适用中华人民共和国合同法〉若干问题的解释（一）》第 23 条、第 24 条、第 25 条、第 26 条对债权人撤销权之诉的管辖地、诉讼当事人、审理规则、行使撤销权的费用承担等都做了进一步的明确。

2. 最高人民法院司法解释权之"限缩"

上述三类司法解释（尤其是创设类和细化类）的部分规则已经被纳入《民法典》各编之内，剩余的司法解释该何去何从呢？从历史和现实因素考量，《民法典》实施后，最高人民法院的司法解释权仍有必要保留，但是应当因应民法典实施之现实，对其司法解释权予以"限缩"。最高人民法院只能颁布"细化类"司法解释，应摒弃继续颁布"综合类"和"创设类"司法解释的做法。

（1）综合类司法解释已无存在之必要。综合类司法解释大多是在改革开放初期或者社会转型时期所颁布的，目的是应对一时的经济、社会发展变迁的需要和司法审判之实际，具有较强的政策性、引导性和灵活性。表现形式和政策性文件十分类似；内容多属于不针对具体法律规则/条文的指示性、宣示性、定义性规定，往往是"徒具解释之名而无解释之实"。随着社会情势的发展变化，其中的大部分规则已被立法所替代或者不再发挥作用。从维护民法典法源的纯洁性、构建统一私法法源秩序、谨防社会政策肆意侵入民法典等因素综合考虑，最高人民法院理应以民法典实施为契机将其一概地清理和废止，后续不得再颁布该类司法解释。

（2）创设类司法解释亦应当全面废止。创设类司法解释往往是针对立法的粗疏或简陋所进行的具有"司法造法"性质的解释，在某种程度上起到了孕育、发展、完善、创制法律之作用，对当代中国私法建设的历史功绩不容抹杀。但是，创设类司法解释的存在却不符合我国由全国人民代表大会及其常委会行使立法权和法院行使司法权两权分离的政治体制要求，模糊了立法权和司法权的边界，长期以来饱受诟病。基于维护民法典规范的权威性和稳定性以及构建统一的私法法源秩序之考虑，《民法典》实施之后最高人民法院的创设类司法解释权也不宜再继续保留。最高人民法院不能通过"创设类"司法解释随意"篡改"或者"变更"《民法典》之规定。

（3）细化类司法解释则应当予以保留。虽然有学者批评，细化类司法解释亦非是从具体案例中提炼而来的，均系"抽象性"的解释。但是，基于我国《民法典》内容的原则性和保障《民法典》实施之考虑，最高人民法院的细化类司法解释权仍有必要保留。《民法典》实施之后，最高院解释的对象只能限定在民法典各编规范中具体的条、款、项，司法解释的存在方式亦由过去以系统性/整体性的大规模"条文式""抽象性"解释为主，转变为以阐明、解释、细化《民法典》的某一规范/规范群为核心。最高人民法院在颁布民商事司法解释之时，最好在司法解释文本中详细注明解释对象针对的是

《民法典》的哪一编、哪一章、哪一条、哪一款、哪一项甚至哪一个字、词和符号。(示例：针对《民法典》第××编第××章第××节第××条第××款，特做如下解释)，并且不能再通过司法解释变相"创设"或者"废弃"民法典的规则。司法解释只宜被定位为民法典的相关"配套"和"辅助"措施，以完善、补充、细化民法典规则为己任，必须紧密围绕而不得脱离民法典文本展开，借此保证民法典施行的顺畅无碍。

(二)"拓宽"案例指导制度之功能

在"限缩"最高人民法院司法解释权后，司法解释将不再肩负发展法律、创制规范的任务，相应还应当"拓宽"案例指导制度的适用范围，将发展法律、创设新规则的重任逐步交由案例指导制度。以案例指导制度来发展和完善法律在我国已经具备充分的历史、理论基础和现实可能。

1. 历史基础

中国古代判例传统历史悠远，从远古舜时司法官"皋陶造律"的传说即可推知我国古代法源自司法官的判例实践。及至西周、春秋时期，宗法贵族的独立精神高昂，判例法曾占据主导地位。汉、唐、元、明、清成文法虽然始终处于主导地位，但判例作为一种重要的法律资源，对成文法起着补充、延续、变通和完善的作用。自 1985 年 5 月伊始，最高人民法院在《最高人民法院公报》刊登典型案例指导全国审判工作，至今已逾 30 年。2002 年各地方法院也积极开展了案例指导实践。2010 年 11 月 26 日，最高人民法院出台了《最高人民法院关于案例指导工作的规定》，标志着中国特色案例指导制度的初步确立。2011 年 12 月 20 日，最高人民法院根据上述规定公开发布了第一批指导性案例，预示着案例指导制度结出了新硕果。2013 年 5 月最高人民法院成立案例指导专家委员会，意在强化指导性案例的公正性和权威性。2014 年 10 月 23 日党的十八届四中全会《中共中央关于全面推进依法治国若干重大问题的决定》提出"加强和规范司法解释和案例指导，统一法律适用标准"，标志着案例指导制度由一项司法改革举措跃升为执政党支持司法的方针和理念。2015 年 6 月 2 日，最高人民法院又发布了《〈最高人民法院关于案例指导工作的规定〉实施细则》，就案例指导制度实施中的问题做了进一步的细化。2018 年 10 月 26 日第十三届全国人民代表大会常务委员会第六次会议修订通过的《中华人民共和国人民法院组织法》第 18 条第 2 款规定"最高人民法院可以发布指导性案例"，第一次将指导性案例列入法律。以案例指导制度来发展和完善法律已经具备充分的历史基础。

2. 理论基础

随着具有中国特色社会主义法律体系的建成，下一步要充分发挥法律体系建设的预期功能和实际效用，准确地解释和适用法律就成了法治建设的首要任务。当前，我国民商法学研究范式正面临着从单纯的理论建构到实证研究、从立法论到解释论、从对法律制度的逻辑批判到效果评判的转型。理论界和实务界围绕典型案例展开的解释学/教义学研究也愈来愈深入和精细，案例指导制度的理论价值和实践效能将愈发凸显。民法典的实施标志着我国民商立法的"体系化"和"科学化"水平达到了一个崭新高度，同时也宣告着"法律适用时代的来临"。为契合时下民商法学研究范式转型的客观要求，最高人民法院亦有必要进一步革新和改造案例指导制度适用的范围和空间，在重视案例指导制度统一法律适用标准等原始功能的基础上，赋予案例指导制度创制规则、发展法律之功能，实现案例指导制度之功能转型。

3. 现实可能

案例指导制度在创设之初，被认为是会对我国法治规则体系的发展和完善带来重大而深刻的影响，并改变我国法治格局的战略性举措。其在统一法律适用标准、重视裁判说理论证、强化司法管理和监督、维护司法公正和效率、增强司法认同、树立法律权威等方面发挥着巨大功效。但是，案例指导制度亦面临诸方面的质疑和批评。案例指导制度和司法解释不仅存在功能重合，且在实质内容方面存在冲突。许多指导性案例裁判要点的阐述规则，基本都是对现行立法和司法解释的重申和反复，既未突破立法之规定，亦未给司法解释带来实质性改变，根源即在于案例指导制度和司法解释功能定位的模糊。最高人民法院在创设案例指导制度之初仅将其定位为一种"法律适用技术"，决定了无法借助案例指导制度来创设新规则、填补法律漏洞，缓和法律的滞后性、保守性和司法实践之间的紧张关系。民法典实施为案例指导制度功能"扩张"提供了良好契机，在将司法解释定位为民法典"辅助"和"配套"措施后，司法解释的功能已经明显"限缩"，相应为"拓宽"案例指导制度之适用并理顺二者关系提供了现实可能。

(三) 功能"拓宽"后案例指导制度的结构性优化

不过，目前我国的案例指导制度还存在一定问题，尚难负载起功能"拓宽"后发展和完善法律的重任。

1. 存在问题

①供给量畸少。自 2011 年 12 月 20 日发布第一批指导性案例以来，截至 2019 年 2 月，最高人民法院 6 年多总共发布了 21 批 112 个指导性案例（每年 2 批~3 批不等），其中涉民商的仅 67 个，刑事 22 个、行政 20 个、国家赔偿 3 个，这一数字较近 6 年全国案件审判的数量和规模几乎是冰山一角。2013 年至 2019 年间，最高人民法院审理案件 117 177 件，审结 111 575 件；地方各级人民法院受理案件 11 696.7 万件，审结、执行 11 115.2 万件；各级人民法院审结一审民事案件 4041.4 万件，一审商事案件 1985.6 万件。②生成机制行政化。《最高人民法院关于案例指导工作的规定》第 4 条、第 5 条之规定，指导性案例需先经过推荐程序，后由各级人民法院逐级上报，经最高人民法院案例指导工作办公室专家遴选、修改、加工、编辑和报审，最后报请主管的院长或副院长，由最高人民法院审判委员会讨论是否通过。通过的指导案例统一在《最高人民法院公报》《人民法院报》和最高人民法院网站上以公告形式发布。指导性案例的生成依循的是自上而下的"权力输出型"模式，和判例通过司法程序运作的"权威生成型"模式判然有别。③表现形式条文化。指导案例的结构主要包括"裁判要点""相关法条""基本案情""裁判结果""裁判理由"五部分。其中"裁判要点"被认为是后案"应当参照"的关键，亦是指导性案例"拘束力"之核心。但是"裁判要点"是事后从"裁判理由"和"基本案情"中编辑和裁剪提炼而来的，"基本案情"较之原审案情也可能会有所增删。"事后提炼"这种加工方式是否符合原案法官对案件的理解，颇值怀疑。指导性案例已经超越了个案基础具有了抽象规范性质，和司法解释类同。④基本定位模糊化。《最高人民法院关于案例指导工作的规定》第 7 条规定：最高人民法院发布的指导性案例，各级人民法院在审理同类型案件时"应当参照"。对于何谓"应当参照"？学界认识殊异、歧见迭出：一是"法源说"。"应当"表明指导性案例具有"法律拘束力"。二是"非法源说"。"应当参照"意在言明仅具"事实拘束力"或"制度支撑的说服力"而无"法律拘束力"。三是"准法源说"。指导性案例具有了弱规范拘束力的裁判依据，获得基于（附属的）制度性权威的规范拘束力，因而不同于至多仅具有价值拘束力的其他案例，此为"应当"之蕴义。另一方面指导性案例所

拥有的规范拘束力又相对较弱，分量要低于法律和司法解释，也可能因实质理由而被偏离，此为"参照"之内涵。此外还有认为相当于学说等。⑤实践作用非显著化。指导性案例的实效应当以是否在后案审判中被实际援引为标志。但是实证研究显示：2011 年—2014 年间指导性案例的司法引用率极低。2014 年之后虽然呈显著增长趋势，但被援引的总量仅有 571 例，法官主动援引 402 例，这与我国各级人民法院每年受理的数以千万计的案件数量相比，几乎可以忽略不计。指导性案例援引主要集中在基层和中级人民法院，占总数的 91%，最高和高级人民法院极少引用。指导性案例的"指导性"辐射面不够全面，对法院的指导作用有限。

2. 优化路径

针对上述问题应当尽快采取有针对性的措施，对案例指导制度进行全面的、结构性的优化：

①增加发布数量和频次。案例指导制度能否肩负起发展和完善法律之重任，最直观体现在发布的数量和频次要求上。与数以万计的民商事案件数量相比，目前每年仅发布 2 次至 3 次，67 个民商事指导案例的辐射范围和影响力极其微弱。为此，建议适当扩张发布频次，可改为一季度 1 次、一年 4 次；发布主体也不限于最高人民法院，最高人民法院及其巡回法庭、地方高级人民法院均可作为指导性案例的遴选、编排和发布主体。基于审级制度的安排，地方高院发布的指导性案例需报经最高人民法院备案后，在本辖区内具有"应当参照"之效力。②优化案例生成机制。我国指导性案例的生成完全系司法权行政化运作的产物，行政化的方式具有命令性和快速性的特点，层层上报"垂直性"的信息传递势必引致累积性的信息扭曲和失真，最终发布的案例和原始案例相去甚远。因此，可以考虑完善以"行政"和"市场"双重导向的生成机制：一方面，可由地方中院和基层法院负责案例遴选的工作部门直接向上级法院负责案例指导工作的部门报送，报送的案例应当按照向最高人民法院报送的裁判文书的质量标准，在报送时应附有详细的案例分析报告；另一方面，还应当完善案例指导制度的主动发现、搜集、调研机制。③明确拘束力范围。最高人民法院应当由目前的"参与者"角色向"参与者"和"观察者"并重的双重角色转换，弱化对指导性案例的直接"指导"，尊重案例的"本来面目"。最高人民法院只宜作为"旁观者"进行指导性案例的发

现、整理、编排，尽量不对其进行裁剪、编辑甚至随意进行加工和改造。在此基础上应进一步强调指导性案例对后案的"拘束力"不局限于"裁判要点"，亦应涵盖"基本案情"和"裁判理由"。"基本案情"和"裁判理由"中本就包含了大量的事实、法律、程序问题，与"裁判要点"的价值相悖。最高人民法院发布指导性案例还应当明确参照的具体形式，提供参照的范本。事后当事人若以指导性案例"未参照"为由上诉，实际上是以法律适用错误为由提起上诉，上级法院应当依职权对法律适用问题进行审查，指导性案例可以作为当事人申请上诉、申诉、申请再审的理由。④厘清基本定位。《〈最高人民法院关于案例指导工作的规定〉实施细则》第10条规定："各级人民法院审理类似案件参照指导性案例的，应当将指导性案例作为裁判理由引述，但是不得作为裁判依据引用。"其实，该条对案例指导制度的定位十分清晰，就是指导性案例应当作为各级人民法院审理类案时的裁判理由和论证理由，而非裁判依据，而且"必须"被作为后案的裁判理由被援引，法官不得自主选择。如果不引用须释明理由，否则将承担被撤销或追责风险。实际上，这一定位并不会弱化指导性案例的权威性，裁判理由或论证理由亦完全可以对后案产生支配性影响。⑤完善表现形式和扩大影响力。一是对每个指导性案例进行序号排列，该序号也会成为案例指导制度的一部分。后续在参照适用时，当提及某个序号时就知悉特指某案件和案情。对此，可以借鉴德国判决书的做法，使用大标题对基本案情和裁判理由予以概括提炼，为每个指导性案例拟定简称，以便于检索和参照。二是加大指导性案例的援引力度。目前，地方各级人民法院对指导性案例的地位、功能和重要性认识模糊，这亦是导致指导性案例援引状况不佳的主要原因。可以考虑引入不参照将会追责的做法，提高法院裁判对类似指导性案例的重视程度。另外，最高人民法院还有义务针对指导性案例建立广泛的宣传渠道。

（四）小结

总之，通过上述三方面工作可以妥善地解决"民法典—司法解释—案例指导制度"的关系协调问题。尽管实现上述目标会存在不小的历史、理论、现实甚至政治体制障碍，但是在民法典实施这一中国私法发展"百年未有之大变局"面前，上述革新和改造却符合民法典实施后统一私法法源秩序建设之要求。民法典作为成文法的人类智慧的最高结晶，维护民法典之规定就是自觉维护成文法的核心价值。在我国"形式法治观"尤其欠缺的背景下，法治建设的首要任务就是要树立和维护成文法的核心价值，进而确立起形式法治观所强调的形式性、程序性的制度安排，为将各种社会问题纳入法治轨道思考和处理创造制度条件。唯有如此，才能渐次形成规则至上的法律思维和法律信仰，才能维护良好的社会预期。如果深谙民法典在私权启蒙、权利教化以及社会变革中的作用并熟悉我国民法典编纂史的话，亦同样会无比珍视我国民法典的来之不易。而废除"综合类"和"创设类"司法解释"限缩"最高人民法院的司法解释权。同时，"拓宽"案例指导制度之功能并对其生成和运作机制进行结构性的优化，使之尽快肩负起发展和完善法律之重任，这一做法既充分彰显了对民法典权威性尊重和成文法核心价值之维护，亦能最终在立法和司法之间建立起一种分工合理、规范有序的法律发展模式。

四、开创具有"中国特色"的民商事法律发展新范式

改造后的案例指导制度虽然在功能上和英美法系的"判例/判例法"或大陆法系的"先例"颇为类似，但是仍然不能归于"判例/判例法"的范畴。判例背后是一些基本的司法审判概念，它们是司法推理的先决条件，更后面是生活习惯、社会制度，这些概念正是在它们之中才得以生成。通过互动的过程这些概念又反过来修改着这些习惯和制度。判例法所遵循的两大核心理念"遵循先例"和"判例即法"之下所涵盖的是一整套基于历史形成的技术和方法，而且需要以诸多制度和非制度条件为依托。这些条件都不是能轻易"照搬"或"复制"的。我国一直走"立法型"法治路线而非"司法型"法治路线，党的十八大也进一步明确了人大的立法主导地位。案例指导制度和制定法不是并行的规范体系，它必须通过制定法来获得效力。改造后的案例指导制度本质上是一个在司法裁判中发现问题、创制规则并经实践锤炼、最后再回到立法的"过滤"装置。通过案例指导制度发展和创制的规范，仍需要被纳入民法典。

进言之，未来就案例指导制度对社会实践中的新问题、新内容、新情况所创制或发展的案例指导规则，在民法典修订之际，可以考虑将之作为民法典修订更新的重要资源和参照材料，待条件成熟时可以直接吸收入民法典。这样一来，案例指导制度就成了沟通民法典文本和民商事司法实践的"显性

通道"，借此可以永葆民法典的时代性和青春活力。如果考虑到案例指导制度所确立的规则运作还不够成熟，对是否有资格进入民法典文本尚有疑虑的话，亦可考虑将其暂时收纳在民法典司法解释之中，以观其后效。（该过程详见图4-2）这样，司法解释就成了民法典规范的"过滤"机制和保护"屏障"，最高人民法院颁布司法解释由此会被定位为一个"前置性""临时性""过渡性"的修法（民法典）准备活动。借此，既能保证民法典规则的质量，亦可延续我国长期倚重司法解释的历史传统和审判实践。总之，无论何种方式，案例指导制度和司法解释的终极目标都是维护民法典的实施和运行，恪守我国一直以来的成文法传统。尤为重要的是，如果这一模式运行顺畅无碍，其既不同于英美法系的"判例法"体系，亦有别于大陆法系的"成文法"体系，将可能开创独具中国特色、中国智慧和中国气派的民商法法律发展新范式，不啻为中国私法对世界私法发展模式的重大贡献。

```
┌─────────────────┐        ┌─────────┐        ┌─────────────┐
│  民法典司法解释  │ ─────▶ │  民法典  │ ◀───── │  案例指导制度 │
└─────────────────┘        └─────────┘        └─────────────┘
         ▲                                             │
         └─────────────────────────────────────────────┘
```

图 4-2

结　语

无论如何评价此次民法典编纂中的成败得失，可以肯定的是，在历经新中国成立70多年孜孜以求的艰辛探索之后，民法典的出台无疑是中国私法发展史上的重大历史时刻，它开启了我国私法发展的新篇章和新纪元。民法典的实施亦会深刻影响我国私法立法的"体系化"和"科学化"及私法法源秩序。我们能否妥善地处理好司法解释和案例指导制度的关系，正考验着执政者和立法者的智慧、决心、雄心。

第五章

民法典编纂的历史逻辑及配套措施跟进

自清末维新变法以降，中国民法典建设已逾百年。新中国成立后分别于 1954 年、1962 年、1979 年、2002 年启动《民法典》编纂工作，但均无功而返。就在有学者悲观预言，民法典将渐行渐远之际[1]，肇端于 2014 年党中央的政治决断，中断已久的民法典编纂旋即得以重启。第十三届全国人民代表大会第三次会议顺利表决通过了《民法典》，数代民法学人梦寐以求的"民法典时刻"正式开启。在这一重大历史节点上，回顾中国民法典建设艰辛漫长的探索史，总结经验并展望未来，实具重大的现实意义。

一、新中国民法典编纂的历史轨迹

我国此次《民法典》编纂最早可以溯源至 1978 年改革开放之时，此次《民法典》编纂可以说是对 1978 年改革开放以来民事立法的一次跃升和总结。以 1978 年为节点，我们可将新中国《民法典》编纂分为改革开放前和改革开放后两个阶段。

（一）改革开放前：1954 年、1962 年《民法典》编纂

1949 年新中国成立之后，中共中央明令废止了包括《中华民国民法》在内的国民政府"六法全书"，1954 年全国人民代表大会常务委员会组建以法制委员会主任王明领衔的领导班子参酌 1922 年《苏联民法典》起草《民法典》，于 1956 年 12 月完成了《民法典（草案）》的起草。该草案包括总则、所有权、债、继承 4 编，总计 525 条。草案采用"四编制"的编制体例，亲属法被排除在民法典之外，以"所有权编"取代"物权编"，不使用自然人而以公民概念取而代之，仅仅规定诉讼时效而无取得时效，强调对社会主义

---

[1] 柳经纬：《渐行渐远的民法典》，载《比较法研究》2012 年第 1 期。

共有财产的特殊保护。从这些内容可以看出，这部民法典草案带有鲜明的苏联民法的烙印和痕迹。随着1957年"整风"运动和"反右"运动的到来，编纂《民法典》所需的社会土壤、经济条件和宪法基础不复存在。此次《民法典》编纂戛然而止。

1962年，在历经三年经济困难及"大跃进""共产风"带来的严重经济困难后，中央调整经济政策再次重视商品生产和交换，民事立法又受到重视。毛泽东在听取政法工作汇报时指出："刑法需要制定，民法也需要制定，没有法律不行，现在无法无天。"[1]为此，全国人民代表大会常务委员会组织第二次起草《民法典》，于1964年11月1日完成了《民法典草案（试拟稿）》。草案包括总则、财产的所有、财产的流转3编，总计24章262条。这次《民法典》编纂采取既不同于大陆法系民法典体例亦和苏联民法有别的"三编制"体例，该体例颇类似于罗马法的《法学阶梯》。该草案不规定侵权行为、继承、亲属，将"预算关系""税收关系"纳入其中，放弃了"权利""义务""物权""债权""所有权""自然人""法人"等民法基本概念，显示出了立法者一方面试图摆脱苏联民法学理论的影响，另一方面亦与西方民法划清界限的立场。该草案的内容深受当时苏联共产党意识形态的影响，完全抛弃了私法和公法属性的划分，涵盖了大量公法的内容。草案"总则"采用单位和个人而非自然人、法人这样的民事主体概念，债权、物权、法律行为和合同不复存焉，将运输合同改为运输关系，当时创造了许多类似的"关系"。在体例方面，将婚姻家庭关系、继承关系彻底废除。随着1963年在全国范围内展开的"社会主义教育运动"和1966年"文化大革命"运动的到来，这次《民法典》编纂也被搁置了。

（二）改革开放后：1979年、2002年、2014年《民法典》编纂

1979年11月，在全国人民代表大会常务委员会时任副委员长彭真的领导下成立了由36名学者和实务部门工作人员组成的民法典起草小组，于1982年5月完成了《民法典草案（第四稿）》，包括民法任务和基本原则、民事主体、财产所有权、合同、智力成果权、财产继承权、民事责任和其他规定，总计8编43章465条。但是，因当时正值改革开放初期，我国经济体制改革

---

〔1〕 中国法学会编：《毛泽东思想法学理论论文选》，法律出版社1985年版，第99页。

的方向未定，加之 1979 年至 1985 年间，民法和经济法大论战正在如火如荼地进行，[1]民法的独立地位受到了严重质疑。制定《民法典》的时机和条件均不成熟，此次的《民法典》编纂亦折戟沉沙。值得一提的是，这次民法典草案虽然未能成为法律，但是正是在此基础上，立法机关就其中争议不大的部分制定了单行法。

在第三波《民法典》编纂停止后，中国的民事立法方针彻底由"批发"改为"零售"，坚持走完善单行法的立法思路。于 1980 年颁布了《婚姻法》，于 1985 年颁布了《继承法》。1986 年，在彭真同志的力推之下，我国制定了《民法通则》，《民法通则》总计 9 章 156 个条文，对民法基本原则、民事主体、民事权利、民事法律行为、民事责任、诉讼时效等内容作了比较周详、细密的规定，实际上是一个"小"（微缩/简版）的民法典。《民法通则》的颁布拉开了我国民事立法的序幕。立法机关又先后制定了《经济合同法》（1981年）、《涉外经济合同法》（1985 年）、《技术合同法》（1987 年），合同立法呈现"三足鼎立"的局面。1991 年制定了《收养法》，1995 年制定了《担保法》，1999 年《合同法》的出台标志着合同立法从"三分"走向"统一"，2002 年制定了《农村土地承包法》。

2002 年年初，全国人民代表大会常务委员会时任委员长李鹏提出，要在第九届全国人民代表大会任期内通过《民法典》。同年 12 月 23 日，立法机关向全国人民代表大会常务委员会提交了《民法典（草案）》，包括总则、物权、人格权、婚姻、收养、继承、侵权责任、涉外民事法律关系适用法，总计 9 编 1209 条。但由于该草案的起草时间仓促，基本上是对现行生效法律的简单"汇编"而非法典意义上的"编纂"，草案内容矛盾重复，立法质量不高，招致了学术界和实务界的激烈批评。[2]初次审议之后便不了了之，《民法典》立法实际上处于休眠状态。[3]立法机关继续之前单行立法的思路，于2007 年颁布了《物权法》，于 2009 年颁布了《侵权责任法》，直到 2011 年 3月 10 日，全国人民代表大会常务委员会时任委员长吴邦国庄严宣布：中国特

---

〔1〕 柳经纬主编：《共和国六十年法学论争实录：民商法卷》，厦门大学出版社 2009 年版，第 3~12 页。

〔2〕 孙宪忠：《我国民法立法的体系化与科学化问题》，载《清华法学》2012 年第 6 期。

〔3〕 王卫国主编：《中国民法典论坛（2002—2005）》，中国政法大学出版社 2006 年版，序言部分。

色社会主义法律体系已经形成。

2014年10月23日，党的十八届四中全会通过的《中共中央关于全面推进依法治国若干重大问题的决定》提出："加强市场法律制度建设，编纂民法典。"这一决定的出台宣告《民法典》得以"复生"。根据这一政治部署，立法机关旋即拟定了"两步走"的编纂思路：第一步先修订《民法通则》为《民法总则》，第二步整合其他民事法律为《民法典》各分编。2015年3月，由全国人民代表大会常务委员会法制工作委员会牵头，成立由最高人民法院、最高人民检察院、原国务院法制办、中国社会科学院、中国法学会五家单位参与的《民法典》编纂工作协调小组，专职负责《民法典》编纂工作；2016年6月，第十二届全国人民代表大会常务委员会法制工作委员会将制定《民法总则》列入年度立法计划；2016年7月，《民法总则（草案）》提请全国人民代表大会常务委员会第一次审议。在历经4次审议后，2017年3月15日《中华人民共和国民法总则》以2782票赞成、30票反对、21票弃权顺利通过。[1]2018年8月《民法典》各分编草案开始审议，全部草案历经二审，其中"人格权编""婚姻家庭编""侵权责任编"经过三审。2020年5月26日，《民法典（草案）》整体提请十三届全国人民代表大会第三次会议审议，2020年5月28日下午3点以2879票赞成、2票反对、5票弃权表决通过。《民法典》包括总则编、物权编、合同编、人格权编、婚姻家庭编、继承编、侵权责任编及附则，总计7编84章1260条106 600字。

二、新中国民法典编纂的五重逻辑

通过梳理新中国成立以来《民法典》编纂的演进历程，可以窥见，新中国《民法典》编纂呈现五大方面的逻辑和特征：

（一）深受政治/政策性因素的影响和制约

《民法典》编纂作为一项规模浩大的政治工程和政治活动，无不深受政治因素的影响。1804年的《法国民法典》作为资本主义国家第一部民法典，当时制定的主要目的是巩固法国大革命的成果。因此，《法国民法典》鲜明反映了自由主义资产阶级的利益诉求。1896年的《德国民法典》忠实地反映了俾

---

[1] 张鸣起：《〈中华人民共和国民法总则〉的制定》，载《中国法学》2017年第2期。

斯麦帝国的社会关系，当时在德国起主导作用的也是一个具有自由主义倾向的大市民阶级，它和普鲁士极权国家的保守势力在德意志帝国的民族国家范围内达成妥协。[1]《日本民法典》则肇端于日本明治维新变法图强，1890 年颁布的"旧民法"深受《法国民法典》之影响，因过于激进，在颁布之前即受到当时日本保守势力的激烈反对，拥护旧民法（断行派）和反对旧民法（延期派）展开了"法典论争"。1891 年穗积八束在《法学新报》（当时的日本反对派的机关党报）发表了名为《民法出而忠孝亡》的雄文，争论达至白热化。法典论争由学术之争扩及政治斗争，由民法范围扩至宪法和政治文化各个方面，[2]最终导致旧民法的施行被延后，重新起草新民法。法、德、日等国的《民法典》编纂无不表明，政治因素和政治需求被深刻嵌入到了《民法典》的编纂过程中。

（二）与社会主义经济建设实践紧密关联

经济基础决定上层建筑，作为上层建筑的法律总是被镶嵌在特定的经济结构之中。《民法典》作为市场经济建设的基本法，新中国成立七十年来的《民法典》编纂史和中国特色社会主义经济建设实践紧密关联。我国 1954 年、1962 年、1979 年、1998 年四次启动《民法典》编纂工作均无功而返，最根本的原因在于当时的经济基础不具备。民法赖以生存的基础是市场经济而非计划经济。新中国成立后很快就移植了苏联高度集中的计划经济体制，并在此后的社会主义经济建设实践中被长期仿效。计划经济体制下商品的生产、交换、流通、消费活动都是按照指令、命令、指示来进行的，编纂《民法典》所需求的市场经济条件和平等自愿、公平有偿的经济关系条件完全不具备。1954 年和 1962 年《民法典》编纂就是在高度集中的计划经济体制下进行的。1979 年《民法典》编纂时值改革开放初期，我国经济体制改革的方向还摇摆不定，当时实行的依然是计划经济。1998 年《民法典》起草，彼时虽然我国已经确立了社会主义市场经济体制改革目标，民事立法也初具规模，但是还尚未加入 WTO，经济对外开放和活跃程度有限。2014 年启动《民法典》编纂时，我国已经加入 WTO 近二十年。2010 年中国成为世界第二大经

---

〔1〕［德］茨威格特、克茨：《比较法总论》（上），潘汉典等译，中国法制出版社 2017 年版，第 269 页。

〔2〕谢怀栻：《外国民商法精要》（第 3 版），程啸增订，法律出版社 2014 年版，第 141 页。

济体，GDP 总量占世界经济的份额高达 12.3%；2013 年成为世界第一大货物贸易国，已经成为全球 120 个国家的第一贸易伙伴，进出口总额 4.16 万亿美元，约占当时全球贸易总额的 12%。[1] 中国已经完全融入了世界经济全球化和一体化浪潮，中国特色社会主义市场经济建设取得了举世瞩目的伟大成就。当今，以大数据、人工智能、云计算、区块链为代表的科技手段和市场经济的深度融合，正在重塑着市场经济的运行方式和运行逻辑。编纂《民法典》所需要的市场经济条件已经完全具备。

（三）从继受苏联法学到复兴潘德克顿法学

从 1911 年的《大清民律草案》到 1929 年的《中华民国民法》，近代中国编纂民法典主要师法《德国民法典》，继受潘德克顿的法学传统。1949 年新中国成立以后，随着《中华民国民法》等被废止，中国近代以来继受潘德克顿法学的传统被中断。迫于当时的国际形势，新中国采取了"一边倒"的外交政策，全面接受了苏联的民法学说和民法学理论，派遣留学生去苏联学习，聘请苏联专家授课并翻译了大批苏联民法学著作。1954 年《民法典》起草以 1922 年的《苏联民法典》为模仿对象。1964 年《民法典》起草虽然强调了要符合中国国情和社会现实，编纂一部既不同于苏联民法典也不同于资本主义国家民法典的目标，但是囿于当时的政治环境、经济条件、国际环境、知识积累等诸因素的影响，亦很难编纂一部具有中国特色的民法典。1982 年《民法典（草案）》参考的对象是 1962 年的《苏联民事立法纲要》、1964 年的《苏俄民法典》和 1987 年修订的《匈牙利民法典》。[2] 随后 1986 年颁布的《民法通则》亦带有明显的苏联民法学痕迹。典型如，《民法通则》第 73 条第 2 款仅规定"国家财产神圣不可侵犯"，不承认包括私有财产在内的各类财产的一体平等保护。直到 1992 年我国确立了社会主义市场经济体制改革目标之后，中断已久的潘德克顿法学才开始复苏。最典型的例证为 20 世纪 90 年代末在中国民法学界兴起的关于"德意志法系最典型特征"的物权行为理论之争，该争论前后持续了三十多年。至今，关于《民法典》编纂是否应当采纳

---

〔1〕 申现杰、肖金成：《国际区域经济合作新形势与我国"一带一路"合作战略》，载《宏观经济研究》2014 年第 11 期。

〔2〕 孙宪忠：《权利体系与科学规范——民法典立法笔记》，社会科学文献出版社 2018 年版，第 29 页。

物权行为理论仍然是争执不休的问题。[1]2007 年《物权法》的颁布是潘德克顿法学在中国走向复兴的显著标志。该法第 6 条明确规定了依据法律行为发生的物权变动应采用严格的公示原则：关于不动产，第 9 条规定不动产物权的取得、变更、转让和消灭必须经依法登记后，始发生效力，不经登记不发生效力；关于动产，第 23 条规定动产物权的变动和转让自交付时发生效力，公示行为具有确定物权变动与否及物权归属的法律效力。第 15 条规定了债权（合同）行为的效力和物权变动结果的区分原则，纠正了 20 世纪 90 年代以来我国民法学界长期以债权合同（债权行为）决定物权变动的错误认识，将物权变动建立在物权处分权人依据自己内心独断的效果意思（物权行为）的基础之上。可以说，这些规定基本复原了潘德克顿法学的本来面目。2014 年《民法典》编纂伊始虽然提出要编纂一部"适应中国特色社会主义发展要求，符合国情和实际"[2]的《民法典》，并且在编制体例上将侵权责任和人格权独立成编，但是在框架结构上的参照对象仍然是《德国民法典》。债权、物权、动产和不动产及债权合同效力和物权变动区分，这些潘德克顿法学知识和逻辑得到了贯彻和遵循。

（四）编纂过程呈现出"在迂回中前进"的特征

随着 1840 年鸦片战争打开了中国的国门，中国逐步沦为半殖民地半封建国家。1901 年光绪皇帝决意进行法制改革，中国法制近代化的大幕缓缓拉开。1907 年 9 月，清廷委派沈家本、俞廉三、英瑞为修律大臣主持修订民律，一百多年间总共 9 次启动民法典编纂，草拟过 11 部民法典草案，[3]其中包括 1911 年完成的《大清民律草案》、1922 年北洋政府和 1927 年南京国民政府法制局起草的《民法典（草案）》以及 1930 年实施的《中华民国民法典》等。新中国成立后又 5 次启动民法典编纂工作，1979 年是距离民法典问世最为接近的一次，当时的民法典起草小组已经草拟了 4 稿民法典草案，但是新中国

---

〔1〕　最为典型的例证即为对《合同法》第 51 条无权处分是否应当予以保留的争论。此次民法典编纂过程中，坚持物权行为理论的学者认为应当删除无权处分（如孙宪忠、韩世远、张家勇）；否定物权行为的学者则认为应当保留无权处分（如梁慧星、崔建远）。2019 年 12 月 16 日公布的《民法典（草案）》直接删除了无权处分条款。

〔2〕　李建国：《关于〈中华人民共和国民法总则（草案）〉的说明——2017 年 3 月 8 日第十二届全国人民代表大会第五次会议上》，载《人民日报》2017 年 3 月 9 日。

〔3〕　郝铁川：《中国民法典起草的历史》，载《法制日报》2016 年 7 月 13 日。

第一部民法典最终依然未能面世。2002 年再次尝试编纂民法典无果后，编纂民法典的梦想似乎已经遥遥无期。改革开放四十年来，我国民商立法采用"分阶段、分步骤""成熟一个、制定一个"的方式，颁布了大量单行法及司法解释。据统计，民商事单行法的数量占法规总数量的 26.5%。[1] 就在有部分学者揣测，中国民事立法将可能沿袭单行立法方针时，2014 年 10 月 23 日党的十八届四中全会通过的《中共中央关于全面推进依法治国若干重大问题的决定》提出"加强市场法律制度建设，编纂民法典"，这使得《民法典》得以复生。新中国《民法典》编纂历程可谓历经波折起伏、迂回坎坷。

（五）编纂方法采用分阶段而非一次性方式

中国《民法典》的编纂方法和《德国民法典》《法国民法典》存在显著不同。在《法国民法典》制定之前，法国是一个单一制国家，虽然全国各地施行的法律各不相同，但是不存在地区性的法典。因此，制定《法国民法典》可谓是白手起家，它采取了一次性的编纂方式。20 世纪的《德国民法典》在编纂时虽然已经有《巴伐利亚马克希米里安民法典》《普鲁士国家的普通邦法》《奥地利普通民法典》《撒克逊王国民法典》、1848 年制定的《德国普通票据法》和 1861 年制定的《德国普通商法典》等邦（王国、公国等）法存在，但也是一次性完成的。我国《民法典》是"分阶段、分步骤""成熟一个、制定一个"逐次完成的。早在 1950 年就颁布了《婚姻法》（1980 年修改替代），1985 年颁布了《继承法》，1986 年出台了《民法通则》，1991 年颁布了《收养法》，1995 年颁布了《担保法》，1999 年颁布了《合同法》，2002 年颁布了《农村土地承包法》，2007 年颁布了《物权法》，2009 年颁布了《侵权责任法》。与此同时，为保障民事单行法实施，最高人民法院根据审判实践的现实需要，陆续颁布了规模庞大的民商事司法解释及司法解释性质的文件。《民法典》"总则编""合同编""物权编""侵权责任编""人格权编""婚姻家庭编""继承编"正是立基于这些民商事单行法和司法解释完成的。我们是成熟一编就制定一编，另外一部分成熟再制定第二编，第二编成熟后制定第三编，经过不断摸索、不断积累、不断试错、不断总结最后汇聚合拢成统一民法典，[2]

---

[1] 王伟国：《最高人民法院民商事类司法解释研究》，中国人民大学出版社 2010 年版，第 26 页。

[2] 参见《江平教授 2019 年 12 月 9 日在中国政法大学创新论坛上的发言》，载 http://www.chinalawinfo.com，2020 年 1 月 8 日访问。

采用的是分阶段而非一次性的编纂方法。

三、民法典颁布后相关配套措施的跟进

作为中国特色社会主义法律体系中的基础性法律，《民法典》的颁布必将会给立法、司法、执法、法学研究、法学教育带来深远影响。为保障《民法典》实施，2020 年 5 月 29 日中共中央政治局举行第二十次集体学习，习近平总书记专门就《民法典》的实施做了系统部署。[1] 当务之急，有必要做好《民法典》颁布后的相关配套工作。

（一）推介和输出中国民法典

1. 国内层面

①在民众中推介和宣传《民法典》。要通过介绍《民法典》的编纂过程、具体内容及其功效，让民众知晓《民法典》的来之不易及其重要性，这对于当代中国而言具有十分重要的现实意义。《民法典》的颁布为私权生长和私权保护提供了充足的制度空间和现实依据。习近平总书记在中共中央政治局第二十次集体学习时强调，要以《民法典》颁布为契机广泛开展《民法典》的普法宣传工作，将之作为"十四五"的重点工作来抓；把《民法典》纳入国民教育体系，加强对青少年的《民法典》教育。[2] 通过宣传和推介使《民法典》入脑入心，借此厚植市民社会的根基，培育私法文化和私法信仰。②在政府机关和法院系统推介《民法典》。其一，应当将《民法典》的实施水平和实施效果作为衡量各级党政机关履行为人民服务宗旨的重要尺度。[3] 通过在各级政府机关推介和宣传《民法典》，使各级政府机关清楚、深刻地认识到自身行为和活动的范围和界限。不得违背法律法规随意作出减损公民、法人和其他组织合法权益或增加其义务的决定。要规范行政许可、行政处罚、行政强制、行政征收、行政收费、行政检查、行政裁决等活动，提高依法行政

---

〔1〕《习近平总书记在中共中央政治局第二十次集体学习时的讲话》，载 http://news. cctv. com/2020/05/30/ARTIqhe9lLZO1TdLIbFBjxQZ200530. shtml，2020 年 5 月 30 日访问。

〔2〕 参见《习近平总书记在中共中央政治局第二十次集体学习时的讲话》，载 http://news. cctv. com/2020/05/30/ARTIqhe9lLZO1TdLIbFBjxQZ200530. shtml，2020 年 5 月 30 日访问。

〔3〕《民法典编纂是台港澳法学家展示自己才华好机遇——访十二届全国人大法律委员会主任委员乔晓阳》，载 http://www. legaldaily. com. cn/index/content/2018-09/01/content_ 7635342. htm？node = 20908，2019 年 12 月 20 日访问。

能力和水平。[1]其二，《民法典》规范作为行为规范和裁判规范的统一体，其最核心功能乃是要为民商事司法裁判提供一套统一、权威的文本依据。唯有在司法场域、在具体个案裁判过程中《民法典》规范才能发挥最大功效。为此，建议在全国各级人民法院深入开展对《民法典》的理解和适用活动，深化各级人民法院队伍对我国《民法典》裁判法功能的认识，助益于法官在案件裁判中对《民法典》规范的精准理解，保障《民法典》规则的司法适用。③在港澳地区推介《民法典》。2019 年 2 月 18 日中共中央、国务院印发了《粤港澳大湾区发展规划纲要》。该纲要提出，要全面准确贯彻"一国两制"方针，充分发挥粤港澳的综合优势，深化内地与港澳地区合作，支持香港特别行政区和澳门特别行政区融入国家发展大局。港澳地区的区情和法制传统与大陆不同，我国《民法典》编纂已经充分吸纳了港澳地区的民事立法经验。在《民法典》立法过程中港澳地区立法专家也积极建言献策，为《民法典》的完善做出了有益贡献。[2]《民法典》颁布之后，如何使港澳地区尤其是司法系统了解《民法典》，如何将《民法典》的实施和港澳地区的区情及法制传统相融合，对于推进当代中国政治文明建设、贯彻"一国两制"国策而言具有重要意义。

2. 国际层面

目前，中国正在全力推进"一带一路"建设，2019 年中国与"一带一路"共建国家的货物贸易超过了 1.3 万亿美元，增长达到 6%，占对外贸易总额的 29.4%；"一带一路"早已突破了传统意义上的以欧亚大陆为主的沿线国家，延伸到了非洲、大洋洲和拉美地区，中国已经与 168 个国家和国际组织签署了 200 多份共建"一带一路"合作文件，与 8 个国家建立了贸易畅通工作组，与 40 个国家建立了投资合作工作组，与 22 个国家建立了电子商务合作机制，与 14 个国家建立了服务贸易合作机制，与 14 个国家签署了第三方市

---

[1]《民法典编纂是台港澳法学家展示自己才华好机遇——访十二届全国人大法律委员会主任委员乔晓阳》，载 http://www.legaldaily.com.cn/index/content/2018-09/01/content_7635342.htm? node = 20908，2019 年 12 月 20 日访问。

[2]《民法典编纂是台港澳法学家展示自己才华好机遇——访十二届全国人大法律委员会主任委员乔晓阳》，载 http://www.legaldaily.com.cn/index/content/2018-09/01/content_7635342.htm? node = 20908，2019 年 12 月 20 日访问。

场的合作文件。[1]如何使"一带一路"共建各国清晰地知道中国《民法典》编纂的历史、经验和特色，对于提升中国的国际地位和国际形象、展示中国改革开放和经济建设的成就、促进各国之间的经贸合作而言具有重大意义。为此，建议由全国人民代表大会常务委员会法制工作委员会牵头，由中国法学会民法学研究会负责组织召集，派遣由《民法典》核心起草专家组成的使团/宣讲团，代表中国赴"一带一路"共建各国巡回宣讲，推介和宣传中国《民法典》。

（二）出台相关配套法律法规以保障《民法典》的实施

《民法典》颁布后亟须加强相关联、相配套的法律法规制度建设，[2]具言之：①全面清理/整顿民事司法解释。长期以来，我国民商事立法和司法解释呈现互动发展的态势，司法解释对于细化法律规则、填补法律漏洞及发展法律起到了十分重要的作用，可谓是我国法治状况的"晴雨表"。[3]《民法典》颁布后民商事司法解释何去何从是关系到我国民事立法走向的重大疑题，遗憾的是，该问题还尚未引起足够重视。[4]当前，最高人民法院有必要尽快出台相关声明，明确哪些司法解释规则已经被吸收"入典"，哪些司法解释规则尚未被吸收"入典"。对于未被吸收"入典"的司法解释规则，进一步筛选哪些可以予以保留，哪些应当废止。对于已经被《民法典》吸收"入典"和应当废止的司法解释规则，出台相关声明予以废止，借此以彻底理顺《民法典》和司法解释的适用关系，防止未来可能出现司法解释"掏空"《民法典》之危险。②搜集/整理《民法典》立法资料。《民法典》实施后搜集和整理相关立法资料亦属于一项常规工作，立法资料对于《民法典》的解释适用、法学教育和研究均意义宏旨。《德国民法典》制定者为本国和各国学者留下了

---

〔1〕《我国与86个国家和国际组织签署百份"一带一路"合作文件》，载 http://www.gov.cn/xinwen/2017-12/23/content_ 5249682.htm，2018年2月27日访问。

〔2〕《民法典编纂是台港澳法学家展示自己才华好机遇——访十二届全国人大法律委员会主任委员乔晓阳》，载 http://www.legaldaily.com.cn/index/content/2018-09/01/content_ 7635342.htm? node = 20908，2019年12月20日访问。

〔3〕王伟国：《最高人民法院民商事类司法解释研究》，中国人民大学出版社2010年版，第26页。

〔4〕笔者曾就民法典如何吸收司法解释做了初步研究。参见薛波：《错位与归位：民法典编纂中的司法解释》，载《学习与实践》2017年第4期；雷兴虎、薛波：《论司法解释入民法典分编的方法和步骤》，载《甘肃社会科学》2019年第1期。

一整套系统与完整的立法资料，包括第一委员会的《立法理由书》、第二委员会的《议事录》、帝国司法局局长呈交议会的《意见书》以及帝国会议专门委员会的《辩论记录》（Protokolle）。〔1〕《中华民国民法》在起草之时，就各编立法原则有说明书（理由书），这些文书均行公布。因此，有必要将《民法典》的起草背景、编纂过程、条文说明、主要争议、实地调研等相关立法资料，搜集整理后汇编成册，以备后续修法、执法、司法裁判、法学教育、法学研究参考之用。③出台民法典施行法及相关配套措施。为保证《民法典》实施而颁布相关配套措施亦是域外各国的惯常做法。例如，德国在《德国民法典》颁布后就相继公布了《民法典施行法》和必要的附属法律。为保证民法典物权登记制度的推行，德国于1897年颁布了《德国不动产登记法》《德国关于强制拍卖与强制管理的法律》，于1898年颁布了《德国非讼程序事件法》，并且还修改了和民法典密切关联的《德国法院组织法》《德国民事诉讼法》《德国破产法》，重新制定了《德国商法典》；日本于1986年公布新民法亲属编和继承编的同时还公布了《民法施行法》和《法例》。1929年的《中华民国民法》在各编公布后也随即公布了各编施行法，与各编同日施行。〔2〕《民法典》作为私法一般法，在整个民商法体系中居于基础地位，势必会对邻近部门法带来巨大的冲击和影响。因此，笔者建议对受《民法典》影响和冲击较大的《民事诉讼法》《公司法》《破产法》《保险法》启动修法程序。

（三）妥善协调《民法典》和商事单行法的关系

我国民事立法虽然实行"民商合一"体制，但是《民法典》颁布后我国既有的《公司法》《合伙企业法》《个人独资企业法》《破产法》《保险法》《票据法》《海商法》等商事单行法仍然将独立于《民法典》存在，如何协调好《民法典》和商事单行法的关系是当前迫切需要面对和解决的重大议题。在众多商事单行法之中，《公司法》和《民法典》的关系最密切，受《民法典》的影响最大。依据笔者的总结，二者的适用关系主要包括四类：①优先适用。《民法典》和《公司法》是一般法和特别法的关系，在二者规定不一致的时候，原则上适用《公司法》之规定。②选择适用。由于《民法典》

---

〔1〕 谢怀栻：《外国民商法精要》（第3版），程啸增订，法律出版社2014年版，第141页。

〔2〕 薛波：《公司法人格否认制度"入典"的正当性质疑——兼评〈民法总则〉"法人章"的立法技术》，载《法律科学（西北政法大学学报）》2018年第4期。

"总则编""法人章"第一节"一般规定"和第二节"营利法人"基本上都是从《公司法》"总则章"规定"复印/复制"而来，[1]因此不可避免地会造成《公司法》和《民法典》"总则编"规范的重叠。在二者规定相一致时，可以选择适用。[2]例如，2018年《公司法》第20条第3款和《民法典》"总则编"第83条第2款均规定了公司法人格否认制度，在具体裁判过程中，既可以适用《公司法》之规定，亦可以适用《民法典》"总则编"之规定。③补充适用。这种情况属于《公司法》本来未规定，后由《民法典》"总则编"填补了《公司法》的漏洞。例如，关于董事等法定代表人及其行为的法律后果、董事执行职务造成他人损害的民事责任，我国2018年《公司法》第21条仅规定董事不得利用关联关系损害公司利益的消极义务，第147条和第148条仅规定了董事对公司的"忠实"和"勤勉"义务，对于董事执行职务时能否对外代表公司，以及公司章程对董事权限的限制能否对抗善意第三人《公司法》未作出规定。《民法典》"总则编"第61条、第62条、第170条填补了这一法律漏洞。[3]此时，就应当适用《民法典》"总则编"之规定。再如，《公司法》第22条规定了公司决议的撤销事由和可撤销之诉，对决议撤销的法律后果未具明文规定，《民法典》"总则编"第85条规定营利法人的出资人有权请求人民法院撤销决议，但是营利法人依据该决议与善意相对人形成的民事法律关系不受影响，此时亦应适用《民法典》"总则编"之规定。另外，《民法典》"总则编""合同编"对民事法律行为无效的类型及法律后果，基于重大误解、显失公平实施的民事法律行为之规定，对公司决议行为效力的判断，亦有补充适用之余地。④限制适用。这是指《公司法》虽然有规定，但是《民法典》又作了特别规定，限缩了《公司法》规定的适用范围。例如，

---

[1]　薛波：《公司法人格否认制度"入典"的正当性质疑——兼评〈民法总则〉"法人章"的立法技术》，载《法律科学（西北政法大学学报）》2018年第4期。

[2]　《全国法院民商事审判工作会议纪要》（法［2019］254号）。

[3]　《民法典》第61条规定："依照法律或者法人章程的规定，代表法人从事民事活动的负责人，为法人的法定代表人。法定代表人以法人名义从事的民事活动，其法律后果由法人承受。法人章程或者法人权力机构对法定代表人代表权的限制，不得对抗善意相对人。"第62条规定："法定代表人因执行职务造成他人损害的，由法人承担民事责任。法人承担民事责任后，依照法律或者法人章程的规定，可以向有过错的法定代表人追偿。"第170条规定："执行法人或者非法人组织工作任务的人员，就其职权范围内的事项，以法人或者非法人组织的名义实施民事法律行为，对法人或者非法人组织发生效力。法人或者非法人组织对执行其工作任务的人员职权范围的限制，不得对抗善意相对人。"

《公司法》第 32 条第 3 款规定公司股东的姓名或者名称及其出资额发生变更登记的，不得对抗第三人，《民法典》"总则编"第 65 条将此处的"第三人"限缩为"善意第三人"，此时就应当适用《民法典》"总则编"第 65 条的规定。总之，《民法典》务必要妥当处理好与《公司法》《合伙企业法》《个人独资企业法》《破产法》《证券法》《保险法》等商事单行法的衔接和协调，如此才能将《民法典》"民商合一"的立法模式落到实处。

（四）建立《民法典》的定期修订更新机制

法典虽然重要但亦非万能，民商事司法裁判不可能依靠一部《民法典》就能"包打天下"。随着社会情势的变迁，成文法与生俱来的不合目的性、不周延性、模糊性和滞后性，[1]导致立法的疏忽和缺漏在所难免。[2]那么，要以何种方式延缓法典的衰老呢？比较法上，除了细化法律规则和完善法律原则之外，主要方法有二：①于法典之中内置一般条款；②在法典之外通过先例/判例方式发展法律。[3]我国虽无判例法传统，但是已经颁布了大量民商事司法解释和指导性案例，司法解释和指导性案例实际上发挥着司法先例/判例的部分功能。[4]如何及时将司法解释和指导性案例的最新发展成果吸收"入典"使《民法典》永葆青春活力，实值慎思。笔者认为，对于司法解释和指导性案例规则"入典"需要区分而论。近年来，案例指导制度虽然取得了较大进展，但是推行的时间尚短，实施成效还尚待观察和评估。长期以来，我国一直坚持成文法的历史传统，指导性案例确立的规则不宜直接"入典"。相反，民商事司法解释则不同。最高人民法院对司法解释的制作、发布、修改、引用、清理、废止已经形成了一套相对成熟的体系，[5]全国各级人民法院的民商事审判活动对司法解释亦具有高度的依赖性和认可度，对于司法裁判而言，法律和司法解释的效力实质上是一样的。《民法典》实施之后可以考虑将民商司法解释作为《民法典》修订更新时的主要素材和基础来源。至于案例

---

〔1〕 徐国栋：《民法基本原则解释——成文法局限性之克服》，中国政法大学出版社 1992 年版，第 137~143 页。

〔2〕 ［德］卡尔·拉伦茨：《法学方法论》，陈爱娥译，商务印书馆 2003 年版，第 85~86 页。

〔3〕 ［美］罗斯科·庞德：《普通法的精神》（中文修订版），唐前宏、高雪原、廖湘文译，夏登峰审校，法律出版社 2010 年版，第 108 页。

〔4〕 黄亚英：《构建中国案例指导制度的若干问题初探》，载《比较法研究》2012 年第 2 期。

〔5〕 马莉莉：《民事司法解释研究》，人民法院出版社 2012 年版，第 15 页。

指导制度则需要酌情而定，如果认为指导性案例所确立的规则实施效果还有待观察，不宜直接进入《民法典》的话，可以考虑先将其暂时纳入司法解释之中以观其后效。这样，司法解释就成了沟通民法典和案例指导制度的"中间"和"过滤"机制。这一方案既可以延续我国一直以来成文法的历史传统，亦能保持《民法典》的权威性和稳定性，还可以兼具案例指导制度的灵活性。如果运用得当，这一方案将有可能开创"民法典—民法典司法解释—案例指导制度"这样三位一体、颇具中国特色的私法发展新范式。[1]（具体如图 5-1 所示）

图 5-1

结　语

煌煌中华，泱泱大国，百年法典梦。在历经坎坷劫波、起起伏伏之后，中国《民法典》姗姗而来。《民法典》的颁布标志着私法发展的新开端，亦引发了众多问题，亟须面对和解决。身处在这样一个伟大时代的民商法学者，理应精诚团结、齐心协力，共同做好对《民法典》编纂历史、经验、特色、问题的总结工作，确保《民法典》的落地实施。同时，亦应当以《民法典》为轴心谋划好中国私法的发展和未来，如此才能不负历史和时代交付的使命。

---

〔1〕 关于这一模式的运行及可行性论证，囿于篇幅所限，在此不详细展开，后续另撰文探讨。

第六章

民法典时代我国公司法修改的目标遵循与思路展开

——一种内外部相结合的二元分析视角

《民法典》已由中华人民共和国第十三届全国人民代表大会第三次会议于2020年5月28日通过。在各商事单行法之中，《公司法》和《民法典》关联最为紧密，受《民法典》影响最大。《民法典》颁布后我国《公司法》应当做怎样的适应性调整和改进？这是公司法学研究亟须面对的新课题。本书将先详述《民法典》编纂给我国《公司法》修改带来的启示，继而检讨公司立法存在的缺陷和问题，最后就民法典时代《公司法》修改的目标和思路略抒己见。

一、民法典编纂给公司法修改带来的启示

《民法典》编纂到底给我国《公司法》修改带来了怎样的影响和启示？学界对此还普遍缺乏深入的研究。如果深谙《民法典》编纂对我国私法建设的启示，就能对这一问题得出清晰、深刻的认识。

（一）民法典编纂对私法建设的二重启示

1. 实现私法立法的"体系化"和"科学化"

改革开放以来，受限于特定的时代背景和社会政策需求，在相当长的一段时期内，我国民商立法奉行"宜粗不宜细"和"条件成熟论"的指导思想和方针，立法机关根据不同时期社会、经济发展的实际需要，分阶段制定了众多民商事单行法。借由这种"零售"立法的方式迅速结束了无法可依的状况，对于我国法制现代化建设而言功不可没。但是，由于各民商事单行法师出多门，立法理念难臻一致，法律规范之间多有冲突/矛盾而不能融洽无间，影响了私法体系的和谐和法律适用的统一。另外，由于民商立法过于原则和简陋，缺乏可预见性和操作性，最高人民法院不得不频频颁布司法解释指导

司法裁判，导致民事法律规范的立法权/创制权实质性向以最高人民法院为代表的裁判者转移。[1]司法权"僭越"立法权是我国民商立法中一个十分普遍的现象。这种状况的存在严重影响了立法的公信力和权威性。《民法典》编纂伊始，决策层和立法者均清醒地认识到，编纂《民法典》的主要目标是对我国规模庞大的民事单行法及司法解释进行系统清理和整合，实现民商事立法的"体系化"和"科学化"。习近平总书记于 2017 年 10 月 18 日在中国共产党第十九次全国代表大会报告中强调要"科学立法"。[2]全国人民代表大会常务委员会时任副委员长李建国 2017 年 3 月 8 日在第十二届全国人民代表大会第五次会议上所做的关于《民法总则（草案）》的说明进一步指出："编纂民法典不是制定全新的民事法律，而是对现行的民事法律规范进行科学的整理；也不是简单的法律汇编，而是对已经不适应现实情况的规定进行修改完善……"[3]这段话明确揭示了编纂《民法典》的目标是编纂一部体例科学的《民法典》。全国人民代表大会常务委员会法制工作委员会时任主任李适时 2016 年 6 月 27 日在第十二届全国人民代表大会常务委员会第二十一次会议上所做的关于《民法总则（草案）》的说明甚至还提到了"提取公因式"的编纂技术。[4]无论是从历史维度还是从现实维度考察，《民法典》编纂的首要目标即为实现私法立法的"体系化"和"科学化"。

2. 构建统一的私法法源体系

《民法典》除了起到揭橥私法价值、推进社会转型以及实现民商立法"体系化"和"科学化"功能之外，最核心功能还在于构建统一、权威的私法法源体系。当前，我国民商法领域形成了单行法、司法解释、指导性案例等多元的法源体系。编纂《民法典》就是要运用"体系化"的编纂技术和方法对这些碎片化法源进行整合，为民商事领域司法适用者提供一个统一、权威的文本，从而彻底改变我国民商法源多元、法律适用混乱的局面，建立以《民

---

〔1〕 薛军：《当我们说民法典，我们是在说什么》，载《中外法学》2014 年第 6 期。

〔2〕《习近平在中国共产党第十九次全国代表大会上的报告》，载《人民日报》2017 年 10 月 18 日。

〔3〕《民法总则立法背景与观点全集》编写组编：《民法总则立法背景与观点全集》，法律出版社 2017 年版。

〔4〕《民法总则立法背景与观点全集》编写组编：《民法总则立法背景与观点全集》，法律出版社 2017 年版。

法典》为轴心的私法法源新秩序。我们冀望经由法典的体系性和信息的方便、透明，使思考脉络清晰，降低搜寻、查找的成本，从而把裁判的歧异度控制在一定范围内。[1]我们未来评判《民法典》质量优劣最重要的标尺就在于，《民法典》能不能满足司法实践的实际需要，《民法典》的制度供给能不能为司法裁判的精确性和司法效率的提升做出有益的贡献。要防止未来司法实践可能出现的司法解释"掏空"《民法典》之"乱象"，《民法典》编纂必须正视其裁判价值和实践效用，将构建统一私法法源体系作为核心目标。

（二）我国《公司法》修改对上述启示之因应

众所周知，我国《民法典》编纂虽然秉持"民商合一"立法体例，但是这种"民商合一"并非完全民商合一，而是民商规范有分有合、民法法典化和商法单行化并存的立法体例。《民法典》欲实现上述目标，除要保证自身制度链、规范群的价值自洽、逻辑统一外，还需要付诸各商事单行法的配合实现。《公司法》作为最重要的商事单行法，其修改必须紧密围绕《民法典》颁布的历史方位，做好对上述目标的贯彻和落实工作。

1. 实现公司立法"体系化"和"科学化"

对此，可从二重视角切入：①内部视角。我国《公司法》的立法理念和制度构造之间是否存在矛盾和错位之处；《公司法》的制度和制度之间是否还存在冲突而不能融洽之处，在整体上能否形成一个逻辑严密、价值自洽的规范体系。②外部视角。《公司法》和《民法典》在体系逻辑和规范适用上是否还存在"非体系化"和"非科学化"问题。如果存在，能否采取妥适的补救措施及时消解这一问题，以保障我国私法立法体系的和谐和法律适用之统一。

2. 检视公司法作为裁判法之法源地位

对此，亦可从二重视角切入：①内部视角。法律规范作为规定人们具体权利义务及其法律后果的准则，具有独特的属性和严密的逻辑结构。[2]法律规范的属性和逻辑结构是检验立法质量的核心标志之一。《民法典》实施后有必要重新检视我国《公司法》的规范属性及逻辑结构。②外部视角。我国民商立法历来存在"无法不解释"的现象，司法解释尤其是商事司法解释对社

---

〔1〕 苏永钦：《寻找新民法》（增订版），北京大学出版社 2012 年版。

〔2〕 张文显：《法哲学范畴研究》（修订版），中国政法大学出版社 2001 年版。

会经济生活的影响巨大，甚至不亚于全国人民代表大会及其常务委员会立法。[1]《公司法》裁判法源目标之实现，除自身的完善外更多还要依托于公司法司法解释。《民法典》实施后亦有必要重思《公司法》与司法解释之关系。（《民法典》编纂对《公司法》修改之启示见表6-1）

表6-1　《民法典》编纂对《公司法》修改之启示

		启示一	启示二
民法典		实现私法立法的体系化和科学化	构建统一的私法法源体系
公司法		实现公司立法的体系化和科学化	检视公司法作为裁判法之法源地位
公司法	内部	公司立法的理念和制度之关系	内部　公司法规范的属性和逻辑结构
	外部	公司法和民法典之关系	外部　公司法和司法解释之适用关系

二、我国公司立法存在的问题之检讨

如果比照《民法典》编纂对我国私法建设的二重启示，分别从内外部二重视角检视《公司法》立法体系，我国公司立法还存在诸多明显的缺陷和问题。

（一）《公司法》"总则章"与《民法典》"总则编""法人章"的协调

我国《公司法》修改面临的最迫切需要解决的问题就是"总则章"和《民法总则》"法人章"的协调问题。在"既不宜推倒重来，亦不可照单全收"的指导思想下，我国此次《民法典》编纂主要是对种类繁多的民商事单行法及司法解释进行系统性的清理和科学整合，继受的成分居多。[2]同时，由于《民法典》起草时间紧迫、任务繁重，为不贻误《民法典》出台时机又能保证立法质量，《民法典》"总则编""法人章"大规模采用了《公司法》规定的立法技术。据统计，《民法典》"总则编""法人章"总共采用了《公司法》"总则章"22个条文中的13个条文，《公司法》"总则章"约2/3的主要条文已经被"移位/抽离"进入《民法典》"总则编"。原《公司法》

---

〔1〕 王伟国：《最高人民法院民商事类司法解释研究》，中国人民大学出版社2010年版。
〔2〕《民法总则立法背景与观点全集》编写组：《民法总则立法背景与观点全集》，法律出版社2017年版。

"总则章" 22 个条文中只剩下第 1 条立法目的、第 8 条公司的名称、第 9 条公司的形式变更、第 12 条公司的经营范围、第 15 条公司的转投资及其限制、第 16 条公司转投资和担保的程序规定、第 17 条公司的劳动保护义务、第 18 条公司的工会和民主管理、第 19 条公司中的共产党组织等 9 个条文。(《民法典》 "总则编" 采用 《公司法》 "总则章" 条文见表 6-2)

表 6-2

	规范内容	条文序号	
		《民法典》 "总则编"	《公司法》
1	营利法人的类型	第 76 条第 2 款	第 2 条
2	法人民事责任承担	第 60 条	第 3 条
3	投资性权利	第 125 条	第 4 条
4	营利活动的要求	第 86 条	第 5 条
5	营利法人的成立	第 77 条	第 6 条
6	营利法人的成立日期	第 78 条	第 7 条第 1 款
7	法人的成立要件	第 58 条	第 7 条第 2 款
8	法人的变更登记	第 64 条	第 7 条第 3 款
9	法人的住所	第 63 条	第 10 条
10	营利法人的章程	第 79 条	第 11 条
11	营利法人的法定代表人	第 81 条	第 13 条
12	法人分支机构及其责任承担	第 74 条	第 14 条
13	法人格否认	第 83 条	第 20 条
14	关联交易	第 84	第 21 条
15	决议效力	第 85 条、第 94 条	第 22 条

如果逐一分析这 9 个条文,《公司法》 第 1 条的立法目的属于各民商事单行法中的通用条款;第 8 条公司的名称属于定义条文;第 9 条公司的形式变更属于说明性条文;第 12 条公司的经营范围基本上属于一个闲置条文,已被理论和实务界诟病已久;[1]第 15 条公司转投资之限制性规定明确否认公司成

---

[1] 王保树:《竞争与发展:公司法改革面临的主题》,载 《现代法学》 2003 年第 3 期。

为普通合伙人，但是 2006 年修订的《合伙企业法》第 3 条却仅将国有独资公司和上市公司排除在了普通合伙人之外，未禁止其他公司成为普通合伙人，两法存在明显的矛盾；第 16 条（尤其是第 1 款）公司转投资及对外担保的程序条款可谓是公司法学研究中的"悬案"。2005 年《公司法》修订在 1993 年《公司法》第 60 条第 3 款之基础上增加了第 16 条第 1 款。由于该款仅对公司对外担保的决议机关（股东会或董事会）及担保总额和单项担保数额做了限制规定，对未决议或者决议程序违法担保的法律后果未置明文，司法实践中对违反 16 条第 1 款的担保合同效力判断结论迥异。[1] 以至于该条款被认为是一个失败的立法产品。[2] 2018 年《公司法》第 17 条、第 18 条、第 19 条即公司的劳动保护义务、工会和民主管理、共产党组织之规定，亦属定义性、说明性、宣示性、辅助性条文。

在《民法典》"总则编""抽离"走《公司法》"总则章"22 个条文中 13 个条文之后，《公司法》"总则章"剩余 9 个条文已经无法支撑起"总则"应当具备的"提取公因式"之功能。

（二）公司立法理念和制度构造存在明显错位

如果《民法典》"总则编""法人章"采用"复制"《公司法》"总则章"规定之做法，系由《民法典》编纂所被动引致的《公司法》体系重组和制度调整，造成这一困局的动因不再是《公司法》本身，那么《公司法》"非体系化"和"非科学化"则是由立法理念和制度构造长期错位造成的。下以公司资本制度为例释明：

我国 1993 年《公司法》采取严格的法定资本制，章程规定的注册资本额必须一次性缴纳并且全部认缴，并且要一次性实缴，不允许分期缴纳。2005 年《公司法》修改秉承自由主义的修法哲学，对法定资本制进行了相当程度

---

〔1〕 据学者统计：2007 年至 2010 年间共审理判决 18 件，其中判决有效 12 起（占总数 66.7%），无效 6 起（占总数 33.3%）。参见罗培新：《公司担保法律规则的价值冲突与司法考量》，载《中外法学》2012 年第 6 期。

〔2〕 2017 年 12 月 15 日召开的第六届上证法治论坛上，中国商法学研究会会长赵旭东明确指出："《公司法》第 16 条规定担保制度后，对这个条款的法律效力，以及违反第 16 条规定的行为有效还是无效，学界一直争论激烈。司法机关长期就这个问题进行探讨，多个部门的意见也难以统一。这个问题应该交由立法机关解决，明确相关规定，不要让争论持续下去。"参见 http://sh.qihoo.com/pc/2s1cm3p6t1c？sign＝360＿e39369d1，2017 年 12 月 27 日访问。

的"宽缓化"改革，允许公司章程规定的注册资本（股份）额在一次性全部认缴（购）之后分期缴纳。2013 年资本制度改革则一概废除了最低注册资本额，将 2005 年有限制的认缴制改为完全认缴制，并取消了验资程序。完全认缴制下股东（发起人）认缴的出资（股份）额无需即时缴纳，将认缴出资的方式、类型、缴纳期限等事项完全交由章程自治决定。原公司资本缴纳环节的管制因子已经被完全剔除了，[1]公司信用基础呈现出了明显的从资本信用向资产信用转型的趋势。但是遗憾的是，由于受政策性修法思维的驱动和影响，2013 年公司资本制度改革也仅仅局限于资本缴纳环节，立法者未能对公司资本制度立法进行通盘考量和体系化设计。随着公司资本制度信用基础从"资本"向"资产"转型，完全认缴制的疏漏暴露无遗。

众所周知，我国公司立法长期信守资本信用指导下法定资本制和资本三原则（尤其是资本维持原则）的核心价值，[2]立法通过一系列强制性、否定性的子规则设计来严防资本不当减损。典型如 2018 年《公司法》第 127 条股份折价发行禁止、第 35 条股东抽逃出资禁止、第 16 条公司对外担保严格限制、第 142 条股份回购原则禁止、第 177 条公司减资严格限制、第 166 条公司利润分配程序限制，这些均是资本信用理念指导下资本维持原则在我国《公司法》中的具体体现，流露出了严防资本减损保护债权人之意图。可是，完全认缴制下有无必要继续厉行对公司资本的管控，颇值检讨。下文中，笔者将以减资为例进一步释明。

根据《公司法》第 177 条第 2 款之规定，公司是否减资、何时减资、向谁减资、减资多少均属于公司自治范畴，但是公司减资必须遵守严格的减资程序。完整的减资程序包括董事会/执行董事提出减资方案+编制资产负债表和财产清单+修改公司章程+减资决议+通知债权人+清偿债务或提供担保+减资变更登记七大步骤。《公司法》第 177 条如此要言不烦地对减资程序作出细密之规定，立意在于公司减少注册资本往往关涉公司资产重大变动，对公司、股东、公司债权人均影响甚巨，因此应当对减损公司责任财产之行为予以严格控制。但是，完全认缴制下股东出资被人为切割成"认"和"缴"两阶段，

---

[1] 邹海林：《我国司法实务应对公司注册资本制度改革的路径选择》，载《法律适用》2014 年第 5 期。

[2] 甘培忠、吴韬：《论长期坚守我国法定资本制的核心价值》，载《法律适用》2014 年第 6 期。

章程规定的注册资本完全有可能只"认"不"缴"或"认"而"少缴"。注册资本近乎股东（发起人）在公司成立之初设定的出资"原始承诺"，[1]本质系股东对公司的负债。随着运营活动之展开，公司的"资产"和"负债"始终处于变动之中，注册资本不过是记载于公司章程并经工商机关备案登记的一个抽象数字而已，对债权人的保护作用极为有限。在公司信用基础从"资本"向"资产"转型后，继续厉行对注册资本减少的控制实无必要。

尤为严重的是，完全认缴制下股东出资缴纳期限完全自治，后续所带来的出资义务之履行和出资未届期股权转让后的出资责任承担，不仅给立法和司法实务带来了极大困扰，也给整个《公司法》制度体系带来了解释论的难题。在此以一则典型案例加以释明：A 有限责任公司的注册资本为 1000 万元（人民币），股东 B、C、D 的认缴出资额分别为 200 万元、200 万元、600 万元，持股比例为 20%、20%、60%。公司成立时股东 B 和 C 认缴出资后一次性全部实缴，股东 D 仅实缴 200 万元，剩余 400 万元的待缴出资由 A 公司章程规定在公司成立后 20 年内缴清。在公司成立后的第 18 年，股东 D 将尚附有 400 万元出资义务的股权转让给了外部第三人 E。在当前实缴资本不公示并且验资程序已经被取消的情况下，如果受让人 E 在购买股权时未能准确地查知受让股权是否附有出资义务，以认缴 600 万元完成了股权评估和股权转让程序，则后续应当由谁承担股权所附的未届期出资义务？如果股东 D 隐瞒股权上的出资义务，D 和 E 之间股权转让价格的计算基准是实缴的 200 万元还是认缴的 600 万元？从公司法原理分析，股东 D 实际上已经退出了 A 公司，不再具有 A 公司股东的地位和身份，原则上应由新加入的股东 E 承担待缴的出资义务。可是 E 作为不知情的第三人主观并无过错，为何要对 D 的出资承担责任？该问题在我国《公司法》及司法解释中尚找不到妥适的裁判依据。

（三）公司法规范的质量有待进一步提升

从民商立法"体系化"和"科学化"和构建统一私法法源体系视角审视我国《公司法》规范的质量，还存在较大的提升空间。

第一，规范属性需要明确。依据法规范适用对象之不同，一条完整的法

---

〔1〕 蒋大兴：《合同法的局限：资本认缴制下的责任约束——股东私人出资承诺之公开履行》，载《现代法学》2015 年第 5 期。

规范要么是行为规范，要么是裁判规范。[1]法规范之意旨，若在要求受规整之人取向于它们而为行为，便为行为规范；若在要求裁判法律上争端之人或者机关，为裁判之标准进行裁判，便为裁判规范。[2]《公司法》规范兼具行为规范和裁判规范二重性质。以此标准衡量之，我国《公司法》中还存在大量定义性、宣示性、说明性、辅助性规范。如2018年《公司法》第3条关于公司的界定系定义条款，第4条股东的权利属定义条款，第5条公司的社会责任亦属于宣示性条款，第8条公司的名称属于定义条款，第216条控股股东和控制股东之界定亦属于定义条款，第17条公司的劳动者保护义务、第18条公司的工会和民主管理、第19条公司中的共产党组织系带有明显宣示色彩的条文。尽管规定这些定义性、宣示性、说明性、辅助性条文可能存在法政策等因素之考虑，具备一定的正当性和合理性，但是从"科学立法"视角观之，将这些学理化色彩浓厚、既不属于行为规范亦非裁判规范的条文塞进《公司法》，无疑会影响立法的质量。

第二，逻辑结构需要补充完整。法律规范的逻辑结构是指在逻辑意义上法律规范的构成要素及其相互关系。依据法律规范的逻辑结构（构成要素），一条完整的法律规范首先应当描述特定的事实类型（构成要件），然后赋予该事实类型以某种特定的法律后果。[3]当构成要件所描述的案件事实存在时，法后果即应发生。[4]但是，我国《公司法》中还存在大量缺乏法律后果的规范。例如，我国2018年《公司法》第5条公司从事经营活动应当承担社会责任，但是该条的内涵却极其模糊，对公司承担社会责任的性质、主体范围、适用标准以及法律后果均未置明文。再如，2018年《公司法》第16条第1款规定公司对外担保必须经过股东（大）会或者董事会决议决定，至于具体的决议机关则交由公司章程自治决定。如果公司章程未规定对外担保的决议机关，或者章程规定的担保决议机关和实际作出担保的决议机关不一致时，对于担保合同的法律效力，2018年《公司法》第16条亦同样未置明文。再如，前已述及的2018年《公司法》第177条第2款规定，公司减少注册资本应当

---

〔1〕 朱庆育：《民法总论》，北京大学出版社2013年版，第59页。

〔2〕 黄茂荣：《法学方法与现代民法》（第5版），法律出版社2007年版，第141页。

〔3〕 ［德］伯恩·魏德士：《法理学》，丁晓春、吴越译，法律出版社2013年版，第61页。

〔4〕 ［德］卡尔·拉伦茨：《法学方法论》，陈爱娥译，商务印书馆2003年版，第133页。

在作出减资决议之日起 10 日内通知债权人，并于 30 日内在报纸上公告。债权人自接到通知书之日起 30 日内或者未接到通知书自公告之日起 45 日内，有权要求公司清偿债务或者提供相应的担保。若公司减资时违反通知债权人义务，债权人是否当然丧失要求公司清偿债务或者提供相应担保的权利？2018 年《公司法》第 177 条第 2 款对公司减资违反通知义务的法律后果未具明文规定。随着完全认缴制下公司利用减资程序规避出资义务（或抽逃出资）的司法纠纷剧增，我国 2018 年《公司法》第 177 条第 2 款却无法为系争案件提供妥适的请求权基础。诸如此类示例在我国《公司法》中还有很多。这些欠缺法律后果的条文无论是立法者有意为之还是无意为之，均系我国公司立法"非体系化"和"非科学化"之力证，其存在严重影响到了公司立法的质量。

（四）司法解释泛滥严重影响立法权威

前已述及，我国民商立法长期奉行"宜粗不宜细"和"条件成熟论"的指导方针和策略，立法的相对粗疏为司法解释的生存和发展预留下了充足空间。时至今日，我国已经颁布了 5 个公司法司法解释。这些司法解释对于及时回应民商审判实践之需要、填补法律漏洞以及发展法律起到了良好作用，但是司法解释"僭越"《公司法》的现象却比比皆是。例如，我国 2018 年《公司法》第 22 条公司决议瑕疵采用可撤销、无效"两分法"，未规定决议不成立这一形态，《公司法司法解释（四）》第 5 条补充规定了决议不成立之诉，明确了适用决议不成立之诉的五种情形。再如，《公司法》亦未规定股东除名规则，《最高人民法院关于适用〈中华人民共和国公司法〉若干问题的规定（三）》第 17 条第 1 款规定了股东除名规则。这些示例均系立法未规定，后由司法解释创设新规则，填补或创新了立法之规定。《民法典》编纂乃是重塑现有民商事立法及民商司法解释，消弭其中的矛盾和冲突，优化和改良法律规范以及引入新的适应社会现实之需要，且具有可操作性的法律规范之作业。[1] 如果《民法典》颁布后我国的《公司法》适用仍然要过于依赖司法解释及司法解释性质的文件的话，《公司法》将可能会面临被"掏空"之危险。

综上，在《民法典》着力推进私法立法"体系化"和"科学化"并构建

---

[1] 薛军：《中国民法典编纂：观念、愿景与思路》，载《中国法学》2015 年第 4 期。

统一私法法源体系之背景下，我国《公司法》有必要对上述问题予以全面检视。如果《公司法》修改不能及时采取妥适的目标和措施对上述问题予以根治，则《民法典》权威性之维护与"民商合一"的统一私法秩序建设将会面临严峻挑战。

三、我国公司法修改的目标遵循与思路展开

（一）我国公司法修改的目标遵循

我国《公司法》修改在目标遵循和思路择取上，务必要紧扣《民法典》对私法建设的二重启示，着力推进公司立法的"体系化"和"科学化"并构建统一的《公司法》法源体系。唯有谨记并贯彻好这二重启示，才有可能为消除和弥合我国公司立法的缺陷提供妥适方案和途径，亦才可能达到预期的修法目标和效果。从功能主义视角观之，公司立法的"体系化"和"科学化"与构建统一的《公司法》法源体系实为"一体两面"之关系。强调公司立法的"体系化"和"科学化"是为了提升《公司法》的立法质量和实施效果，构建统一的《公司法》法源体系亦是为了便利于司法裁判和法律适用，减少裁判的模糊和歧义，在最终目标上并无轩轾，甚至可以说是相辅相成、相互促进的。为达至这二重目标，我国《公司法》亦应当遵循上述二重视角：①内部视角。着力弥合公司立法理念和制度构造之间的错位；完善《公司法》规范的属性和逻辑结构。②外部视角。妥善处理好《公司法》"总则章"和《民法典》"总则编"的重叠和冲突以及《公司法》和司法解释的关系，借此以彻底理顺"《公司法》—司法解释—民法典"的法源适用关系。

（二）我国公司法修改思路之展开

1. 重组企业形态，制定企业法/公司或非公司企业法

我国《公司法》"总则章"修改存在五条可能的备选路径：①删除总则章，将剩余的9个条文分散安置在其后各章节之中；②继续保留总则的称谓和形式以统领剩余9个条文；③将"总则章"修订为"形式续编"形式。以序言、序题、一般规定、基本原则等形式统领。④重构企业形态将"企业法公司法化"制定统一的公司法典。即在继续沿用《公司法》体例和结构不改变的前提下，借鉴《日本公司法典》的做法，将剩余的9个条文用"通则"形式统领，并将我国商法学界学者建议的《商法通则》的部分内容充实到第

一章"公司法通则"中，以解决内容偏少的问题。[1]同时，将个人独资企业、合伙企业改造为无限公司、两合公司、有限责任合伙一体统合纳入《公司法》。[2]这样一来我国《公司法》"通则章"就统领了绝大部分商事主体形态，可以考虑编纂一部完整的"公司法典"。⑤整合企业形态将"公司法企业法化"制定统一的企业法/公司与非公司企业法。鉴于《公司法》"总则章"已经被《民法典》"总则编""掏空"之现实，剩余9个条文实难担当公司法总则之功能。考虑到我国既有《公司法》又有《个人独资企业法》和《合伙企业法》之现实，可以将我国的《公司法》《个人独资企业法》《合伙企业法》进行整合立法，提炼出企业法总则，制定统一的"企业法"。为了突出公司的典型性，可以称其为"公司与非公司企业法"。[3]

上述路径之中，删除"总则章"和继续保留"总则章"虽然操作简便易行，但面临的现实障碍较多。将"总则章"改为"形式续编"在我国民商立法中尚无先例可循，该模式只是在《民法典》"总则编"滥用"复制/复印"《公司法》规定前提下基于调和私法体系内部矛盾的权益性方案，[4]重点需要考察的是后两条路径。

重构企业形态制定"公司法典"属于一条颇具智慧和特色的理想主义路径。持该思路的学者认为，采用这一路径通过"借壳上市"的方式对商事主体进行立法改造，从而实现实质意义上的《商法通则》内容在立法上的表达，[5]既能解决商法一般性规则长期缺失的问题，亦能填补公司法总则的"空洞化"和"形式化"，是一种比较理想的方案。[6]直观上看颇具理论的自洽性和逻

---

[1] 钱玉林：《民法总则与公司法的适用关系论》，载《法学研究》2018年第3期。

[2] 《钱玉林教授在第二届〈商法通则〉立法研究学术研讨会上的发言》，载http://www.commerciallaw.com.cn/index.php/home/salon/info/id/50.html，2019年1月4日访问。

[3] 《雷兴虎教授在2019年中国商法学研究会会上的发言》，载http://www.commerciallaw.com.cn/index.php/home/news/info/id/434.html，2019年10月20日访问。

[4] 笔者在另一篇文章中曾提出将公司法总则章修订为形式续编。（参见薛波：《论民法总则实施后公司法总则修订路径之选择》，载《湖北社会科学》2019年第12期。）进一步研究之后，需要改变先前的认识。将"总则章"修订为"形式续编"虽然改革成本较小，亦符合总则剩余条文之实际容量。但是考虑到当前我国公司法修订程序已全面启动，因此建议以公司法修改为契机对我国商事主体立法进行更为彻底、大胆的改革。

[5] 《钱玉林教授在第二届〈商法通则〉立法研究学术研讨会上的发言》，载http://www.commerciallaw.com.cn/index.php/home/salon/info/id/50.html，2019年1月4日访问。

[6] 钱玉林：《民法总则与公司法的适用关系论》，载《法学研究》2018年第3期。

辑周延性，但是商法一般性规则能否完全融入《公司法》"通则章"却是一个颇值得斟酌的问题，《公司法》"总则章"的"空洞化"和"形式化"亦没必要通过商法一般规则"加入"的方式来充实。该方案将会面临以下难题：①颠覆我国商事主体的立法格局。按照该做法，先将合伙企业和个人独资企业改造为无限公司、两合公司、有限责任合伙然后一体纳入《公司法》，但是《合伙企业法》《个人独资企业法》已实施多年且运作良好，贸然改造不仅会面临企业形态转换的障碍，即便改造成功，亦将彻底颠覆我国既有的商主体立法格局。②比较法上鲜有先例。域外德、法、英、美、韩等国，均无制定/修订公司法"总则"为"通则"之先例。《日本公司法典》第一章虽然用"通则"的形式统摄，但其第一章位于第一编"总则"之下，《日本公司法典》采用的仍然是"总则"模式。造成这种体例的原因在于日本于2005年修订《商法典》时将第二编"公司"独立出来与有限责任公司法、商法特例法整合在一起制定了独立公司法典，商法典中有关公司的一般规定也随之剥离进入公司法典之中，《日本公司法典》第一章"通则"为原商法典的内容。因此，《日本公司法典》的体例形成有其自身的历史特点和路径依赖，难为我国所效仿。③与我国商法立法历史传统不符。考诸我国商法立法史，除1904年（光绪二十九年）的《商人通例》和1986年的《民法通则》采用了"通则"或"通例"之外，迄今为止还没有哪一部民商单行法第一章以"通则"命名，在历次学术研讨会、学者建议稿、专家咨询会、专家议案中亦未出现过修改（命名）"公司法通则"的意见或建议。④与单独制定商法通则的现实相悖。该方案试图通过制定"公司法通则"代替"商法通则"的部分功能，改变了商法学界讨论已久的《商法通则》立法的路线图。

相较而言，将"公司法企业法化"，制定统一的企业法/公司与非公司企业法，是一条现实可行的路径选择：①改革成本较低。按照将"企业法公司法化"制定全新的公司法典的思路，先要将合伙企业和个人独资企业转换为无限公司、两合公司等，再对各类公司形态进行整合立法，该做法的企业形态转换成本较高。而"公司法企业法化"只需要将现行的《公司法》《合伙企业法》《个人独资企业法》按照"体系化"的编排逻辑进行重新组合，无需转换和重组各类企业形态，改革成本较低。②和我国的立法现状相吻合。我国于1993年制定《公司法》，于1999年制定《个人独资企业法》，于2006

年制定《合伙企业法》，虽然三法均颁布于不同时期，各自单独立法，但是上位概念均为"企业"，在基本原理和法律适用方面亦颇多共通之处，对这三部法律进行整合立法，在技术操作上是可行性的。③有助于我国商法立法的"体系化"和"科学化"。通过对《公司法》《个人独资企业法》《合伙企业法》进行整合，提炼出企业法总则，有助于节约立法的成本并简化法的适用，提升我国商法立法的"体系化"和"科学化"水平。④符合以"企业"为中心的商法立法新趋势。现代商法发展呈现出了明显的"商法企业法化"趋势。例如，奥地利放弃了原来的商法典转而单独制定了《奥地利企业法典》。⑤可接受程度较高。新中国成立以来，我国商法发展一直未受到传统商法的羁绊，[1]立法未采用"商人"和"商行为"的概念。较之于"商人""商主体"概念，社会大众对于"企业"较为熟悉，也易于接受，引入"企业"不会遇到太大的现实障碍。⑥和单独制定《商法通则》的现实不冲突。⑦不会和《民法总则》的相关规定抵牾。

2. 弥合公司立法理念和制度构造之错位

（1）改革资本形成制度。在完全认缴制之下，除董事会未被授予在公司成立之后在章程授权的出资（股份）额内根据公司的经营需要筹集资本（股份）的权力之外，较之于授权资本制，股东（发起人）和公司在资本事项上的自治权有过之而无不及。尽管完全认缴制依然属于法定资本制的范畴，但是法定资本制的"法定"因素已经被抽空了。当前，《公司法》修改首先应当改革的就是我国的资本形成制度。应当及时因应20世纪中叶以来世界范围内形成的公司资本制度约束"软化"的潮流，[2]以及我国商法理论界和实务界多年来对资本形成制度改革之呼吁，赋予董事会在公司资本（股份）筹集事项上的主导权和决策权，实现从法定资本制向折中资本制甚至授权资本制或声明资本制的彻底转变，[3]并推动我国公司治理模式由"股东（大）会中心主义"向"董事会中心主义"迈进。

（2）限缩资本维持原则之功能。资本三原则一向为公司法学者奉为资本

---

〔1〕 叶林：《企业的商法意义及"企业进入商法"的新趋势》，载《中国法学》2012年第4期。

〔2〕 邓峰：《资本约束制度的进化和机制设计——以中美公司法的比较为核心》，载《中国法学》2009年第1期。

〔3〕 黄辉：《现代公司法比较研究——国际经验及对中国的启示》，清华大学出版社2011年版，第75~76页。

制度设计之圭臬，其涵盖的规则涉及公司从设立至解散的全过程，对公司资金之筹措、累计和运用均影响深远。在三原则之中，资本确定原则要求公司章程规定的注册资本必须一次性发行并全部认缴（购）并且实缴后，公司方可成立和营业，[1]这与完全认缴制之法理相悖。完全认缴制下公司的发行资本和认缴资本虽然一致，但是实缴资本和认缴资本却极有可能脱钩，资本确定原则已遭废弃。资本不变原则要求资本总额一经章程确定就应保持固定不动，公司欲变动（增减）资本，需履践严格之增资和减资程序。资本不变原则本质上属于资本维持原则的延伸，二者属形式和实质之关系。唯有资本维持原则才是唯一连接形式与实质资本者，系公司资本制度之关键和核心。

资本（充实）充实原则，系指公司自成立至解散期间至少须始终维持相当于注册资本之现实财产，以该具体之现实财产充实其抽象之资本。[2]资本维持原则兼具保护债权人和维护企业经营二重功能。完全认缴制下注册资本仅仅是出现在资产负债表右边一栏或所有者权益当中的一个历史的、抽象的、静态的数字而已，和公司经营中的实际财产波动没有任何关联。恪守资本维持原则以保护债权人利益，近乎是"一个美丽的童话"[3]。《公司法》有必要革新资本维持原则之功能，卸除掉其所负载的过重的债权保护功能而突出其经营功能，相应的对资本维持原则下的子规则进行全面修改。对 2018 年《公司法》第 16 条对外担保、第 127 条股票折价发行、第 166 条公司利润分配、第 142 条股份回购原则禁止、第 177 条公司减资程序限制等涉资本维持规则进一步"松绑"。在制度设计之时，无需将资本的信用担保和债权保障功能置于"核心"和"首要"位置，亦不必通过强制性、禁止性的否定性规则来严防公司资本的流入或流出。资本维持原则下规则设计的落脚点应当被放在为公司经营提供良好的环境和条件上，资本的信用担保和债权保障仅仅是经营功能的"扩张"和"附属"。资本维持原则理应成为释放公司经营活力、促进资本保值增值的制度保障。

（3）疏解完全认缴制之积弊。针对完全认缴制下出资义务之履行及股权转让后的出资责任承担问题。从公司法原理而言，股东（发起人）出资义务

---

〔1〕 王文宇：《公司法论》，中国政法大学出版社 2004 年版，第 208 页。

〔2〕 柯芳枝：《公司法论》，中国政法大学出版社 2004 年版，第 128 页。

〔3〕 刘燕：《对我国企业注册资本制度的思考》，载《中外法学》1997 年第 3 期。

兼具约定性和法定性二重属性。[1]一方面股东（发起人）出资未届期即转让股权的，只要该转让行为合法并经过 2018 年《公司法》第 71 条第 2 款征求其他股东意见后同意转让，等于转让股东将其认（购）缴额度内的权利和义务一并转让给了受让股东。无论是公司、其他股东抑或公司债权人都无权要求转让股东继续承担未届期出资的缴纳义务。但是，基于《公司法》的团体法和组织法的属性，股东（发起人）在认缴（购）出资后，股东的认缴出资（股份）额必须被记载于公司章程并经工商登记机关登记后予以公示。这就意味着股东（发起人）的出资义务不仅是约定义务亦是法定义务，实质上是股东（发起人）以认缴出资（股份）额向公司债权人承诺的法定担保责任。公司存续期间股东（发起人）对公司出资的债务不得擅自免除，亦不可主张债务抵消。公司有权要求转让股东继续承担未届期的出资义务。

具体就前述案例而言，对于股东 D 尚未届履行期的出资义务，虽然股东 D 将 60%的股权转让给 E 并办理了股权转让手续，其已经退出了 A 公司，不再具有股东身份，但仍然不能以其不具有 A 公司股东身份为由免除其出资义务，在强调出资义务系约定义务的同时，不能忽视其法定性，这是《公司法》作为组织法的属性以及商法团体法思维的体现。对于股权上尚未缴纳的 400 万元的出资义务，原则上应当由受让股东 E 承担未届期的出资责任，但是转让股东 D 在一定期限内应当对未届期出资义务承担缴纳担保责任，这种责任具有补充性、法定性、有限性。即便出让股东 D 和受让股东 E 在股权转让协议（合同）中约定 D 不再承担股权上未届期的出资义务，这种约定也仅仅在 D 和 E 之间具有约束力，不得对抗 A 公司及公司债权人。

通过上述三方面（当然不限于）的工作，着力修复和弥合我国公司资本制度立法理念和制度构造之间的矛盾和错位，才有可能实现我国公司资本制度立法的"体系化"和"科学化"。

3. 完善公司法规范的属性和逻辑结构

公司法规范的属性和逻辑结构关乎立法的质量及立法者所预设的裁判价值能否在司法场域实现，意义十分重大。我国 1993 年《公司法》背负着国企改革的政治性使命，2005 年修改时虽然突出了市场规律，但是由于修法时间

---

〔1〕 朱慈蕴：《股东违反出资义务应向谁承担违约责任》，载《北方法学》2014 年第 1 期。

仓促，难免带有阶段性、中度修改的痕迹。[1]2013年资本制度修订是在政府推行市场准入制度改革，创新监管方式的背景下，由行政权力主导进行的"强制性制度变迁"[2]。2018年对《公司法》股份回购适用情形的修补亦是在经济下行压力下为"救市"之需进行的权宜性修法，公司法修改所背负的沉重的政策性使命严重遮蔽了规范的属性和逻辑结构问题。《民法典》颁布标志着我国私法"体系化"和"科学化"建设迈向了崭新高度，我国《公司法》修改应当积极完善公司法规范的属性和逻辑结构。

（1）恪守行为规范——裁判规范二分法。首先，应当对整个公司法规范系统进行全面的清理和彻查，对于那些既不属于行为规范亦不属于裁判规范的条文（定义条文、说明条文、宣示条文、辅助条文）应当将其还原置于立/修法之初，仔细忖度其有无继续在《公司法》中存在之必要。鉴于这类条文在我国民商立法中较为普遍、规模比较庞大，其存在既有历史方面的原因，亦有法政策因素的考量，因此需要理性、客观面对。应当在逐一审查其立法背景、立法目的、规范意旨之前提下，判断其有无继续留存之可能。考虑到民法典实施后对民商事立法"体系化"和"科学化"建设提出了更高的要求，建议对这类规范采用较为严苛的纳入标准。原则上无充分理由和正当依据者，均一概清除出《公司法》，借此以保证《公司法》规范属性的纯化和立法质量。

（2）遵循构成要件——法律后果之要求。对于那些构成要件残缺的公司法规范，在区分其属于完全规范还是不完全规范之基础上，对于不完全规范，如不符合体系解释原理则应当进一步完善或者补强其构成要件，以便于司法裁判；对于一些仅具备构成要件而缺乏法律后果的规范（如2018年《公司法》第5条社会责任条款、第16条公司对外担保条款、第177条公司减资的程序规定），若无法从解释论角度得出妥当结论，应当回归立法论考虑完善其法律后果。唯有严格遵循法律规范的逻辑结构要求制定的《公司法》规范系统才有可能在司法场域中最大化地发挥其实际价值和功效。如果背离"构成要件—法律后果"之逻辑要求，我国《公司法》就会变成一部可以随时翻看的文学作

---

〔1〕刘俊海：《改革开放30年来公司立法的回顾与前瞻》，载《法学论坛》2008年第3期。

〔2〕林毅夫：《关于制度变迁的经济学理论：诱致性变迁和强制性变迁》，载［美］罗纳德·H.科斯等：《财产权利与制度变迁——产权学派与新制度学派译文集》，刘守英等译，上海三联书店、上海人民出版社2014年版，第345页。

品。[1]

尽管完成这两项工作会存在一定的难度，对立法者的知识储备和立法技术提出了较高要求。但是，《公司法》作为最重要的商事单行法之一，应责无旁贷地肩负起贯彻民商立法"体系化"和"科学化"以及构建统一的私法法源系统之重任，完善《公司法》规范的属性和逻辑结构就是对这一要求最真切、最直观的体现。

4. 实现对公司法司法解释的统合吸收

为防止未来可能出现司法解释"掏空"立法之现象，我国《公司法》修改亦应做好对公司法司法解释的统合吸收，鉴于司法解释在司法裁判中的重要价值及"入法"之必要性，建议及时成立由最高人民法院负责民商司法解释业务的庭室和中国法学会商法学研究会相关人员一道组成的司法解释清理（整顿）小组（委员会），专职负责司法解释清理、整顿和"入法"工作：①人员构成。司法解释清理（整顿）小组（委员会）原则上可由实务界和理论界人员各半（当然也不绝对）组成，采取自荐+组织推荐的形式。②纳入方式。采用观念吸收和规则吸收两种方式。对不具备裁判规范或者行为规范特征的司法解释规则，应当在逐一分析其立法背景、规范意旨、具体内容并对其实施成效进行综合评估的基础上，提炼其是否具备观念创新。对具备观念创新的司法解释规则应当重新拟定妥适的条文以编入《公司法》；对于不具备观念创新和裁判价值的司法解释规则，应当一次性彻底废止。对具备裁判规范或行为规范特征的司法解释规则，由于这类司法解释往往是针对立法简陋或者立法残缺所创设或进一步的具体化，所涵摄的范围包括一类（或多类）法律事实，具备较强的现实性和可操作性，因此务必要慎重对待。建议由公司法司法解释清理（整顿）小组（委员会）召开专题会议讨论之后，在集体表决的基础上确定待纳入《公司法》的司法解释规则的范围和数量。③纳入尺度。采用相对宽松的标准，对于源于本土司法经验总结和创新性、操作性较强、具备或行为规范或裁判规范特征的司法解释规则，应全部纳入《公司法》，借此以充分彰显《民法典》构建统一私法法源体系的整合功能。

---

〔1〕 蒋大兴：《公司法的展开与评判：方法·判例·制度》，法律出版社 2001 年版，第 1 页。

一、民法典推介和输出的战略意义

《民法典》的出台不啻为中西双方展开沟通和对话的"一剂良药"。作为"社会生活的百科全书",《民法典》不仅具有法技术层面的意义,亦承载着十分重要的历史、政治、经济、社会、文化功能。①《民法典》的编纂史便是一部中国法制现代化的演进史。近代中国,积贫积弱。西法东渐以降,从1911年的《大清民律草案》到2014年启动《民法典》编纂,一百多年间,总计9次启动《民法典》编纂工作,草拟过11稿《民法典(草案)》。[1]新中国成立后分别于1954年、1962年、1979年、2001年、2014年5次启动《民法典》编纂,其间历经坎坷劫波,难以尽言。一部《民法典》编纂史就是近代中国法治现代化的演进史。②《民法典》是推进国家治理体系和治理能力现代化的制度支撑和法治保障。法治是国家治理体系和治理能力的重要依托。[2]国家治理现代化目标的实现,依法治理是必不可少的一环,《民法典》在这一过程中扮演了异常关键的角色,它通过对私权的宣示、保护和对公权力限制方面的制度设计,为推进国家治理体系和治理能力现代化提供制度支撑和法制保障。③《民法典》是社会主义市场经济建设的基本法。市场经济的本质是法治经济,各类市场主体产权的确认和保护、交易自由原则的提倡和鼓励、交易风险的防范和控制、违约和侵权责任的分担,均和民法息息相关。我国发展到现阶段亟须通过《民法典》形式将市场经济建设的成果确认和巩固下来。④《民法典》是改革开放以来民事立法成就的凝练和总结。改革开放四十年来,我国最高立法机关陆续颁布了《民法通则》《担保法》

---

〔1〕 郝铁川:《中国民法典起草的历史(下)》,载《法制日报》2016年7月13日。
〔2〕 冯玉军:《法治是国家治理体系和治理能力的重要依托》,载《江淮法治》2019年第4期。

《合同法》《物权法》《侵权责任法》《收养法》《继承法》《婚姻法》等一系列民事单行法。为保障这些民事单行法的实施，最高人民法院还陆续颁布了规模庞大的民事司法解释和司法解释性质文件群体。[1]我国此次《民法典》编纂正是立足于这些单行法及司法解释编订纂修完成的。⑤《民法典》是中国私法文化和民族精神的浓缩。《民法典》因其对社会生活影响的广泛性和深刻性，承载着一个民族共同的文化记忆，彰显着这个民族鲜明的精神特质。[2]"正德、利用、厚生、惟和"这些中国传统价值观在《民法典》中得到了突出体现。[3]典型如《民法典》"合同编"借贷合同部分规定禁止放高利贷（第 680 条第 1 款）、《民法典》"婚姻家庭编"设置离婚冷静期（第1077 条）、《民法典》"物权编"专章规定居住权（第十四章第 366 条至第371 条）等等。⑥《民法典》是社会主义核心价值观的法律载体。作为《民法典》编纂的精神引领，社会主义核心价值观融入了我国《民法典》条文设计和制度构建的全过程。例如，《民法典》鼓励见义勇为，明确因自愿实施紧急救助行为造成受助人损害的，救助人不承担民事责任（第 184 条）；规定对英雄烈士姓名、肖像、名誉、荣誉的保护（第 185 条）；增设好意同乘（第1217 条）、禁止霸座的规定（第 815 条），倡导构建和谐、文明、诚信、友善的社会。

按照社会学家马克斯·韦伯关于形式理性和实质理性区分的思想，欧洲的法律具有逻辑性和形式理性的特征。[4]自罗马法以降，民法即具备"形式理性"特征。19 世纪欧洲大陆法国、德国、瑞士、奥地利等老牌资本主义国家兴起的民法法典化运动使民法"形式理性"特征得到了集中呈现。通过体例编排、内容设计、概括条款、术语表达等一系列设计，体现出强烈的精确性、可计算性和可复制性，最终使《民法典》能够跨时空、跨地域传播，成为沟通国家和地区之间法制文明和文化交流的"桥梁"和"纽带"。

中国《民法典》的出台可谓恰逢其时，具有十分重要的时代价值和战略意义：①推介和输出《民法典》是增进国家与国家之间理解和互信的重要途

---

〔1〕 柳经纬：《当代中国私法进程》，中国法制出版社 2013 年版，第 66 页。

〔2〕 徐隽：《编纂凝聚中国智慧的民法典》，载《人民日报》2020 年 1 月 7 日。

〔3〕 谢鸿飞：《中国民法典的生活世界、价值体系与立法表达》，载《清华法学》2014 年第 6 期。

〔4〕 [德] 马克斯·韦伯：《论经济与社会中的法律》，张乃根译，中国大百科全书出版社 1998年版，第 61、62 页。

径。《民法典》的全部内容无外乎是对社会生活的记载和总结，它必然要展现中国人生活世界的重要部分，呈现中国人的重要社会交往规则和实践理性。[1]我们推介和输出中国《民法典》，就是推介和输出中国社会的交往规则和实践理性，推介和输出中国的民族形象和精神气质。让世界认识中国、了解中国，了解中国国家的治理逻辑和治理思路，了解中国的私法制度和私法文明，借此增进国家与国家之间的理解和互信。②推介和输出《民法典》是中国特色社会主义市场经济发展的现实需要。中国自 2001 年加入 WTO 至今已逾 20 年，2010 年中国的 GDP 总量跃居世界第二位，2013 年成为世界第一大货物贸易国，成为全球 120 个国家的第一贸易伙伴，进出口总额达 4.16 万亿美元，约占全球贸易总额的 12%。[2]当今世界，以电子商务、大数据、区块链、人工智能等为代表的新科技技术日新月异，正在重塑着市场经济的运行逻辑，中国已经完全融入经济全球化和一体化的浪潮，世界需要了解中国市场经济的最新发展状况，中国亦有必要向世界分享自己市场经济建设的成就。《民法典》作为市场经济建设的基本法，凝结着中国特色社会主义市场经济建设的经验和共识。推介和输出《民法典》就是向世界展示和分享改革开放四十年来中国市场经济建设的经验和成就。③推介和输出《民法典》是推进当代中国政治文明建设的题中之义。2013 年习近平总书记提出"一带一路"倡议，致力于在"一带一路"共建国家之间打造一个政治互信、经济融合、文化包容的利益共同体、命运共同体、责任共同体。2014 年提出"人类命运共同体"的重大战略。人类社会成为一个休戚与共的共同体已经成为共识，各国之间的联系和依存程度日益加深，但同时亦共同面临着粮食短缺、气候变化、资源短缺、环境污染、人口爆炸、网络攻击、疾病流行、跨国犯罪等全球非传统安全问题。所谓"文明新旧能相益，心理东西本自同"。在全球共同抗疫这一特殊的时代背景之下，世界各国有必要本着不同文明之间相互借鉴、合作共赢和可持续发展的态度，寻求人类的共同利益和共同价值。推介和输出《民法典》，就是和世界各国凝聚价值共识，探寻人类生存和人类

---

〔1〕 谢鸿飞：《民法典编纂的法治意义》，载 http://iolaw.cssn.cn/xxsz/201807/t20180706_4660683.shtml，2019 年 11 月 30 日访问。

〔2〕 申现杰、肖金成：《国际区域经济合作新形势与我国"一带一路"合作战略》，载《宏观经济研究》2014 年第 11 期。

文明发展的重大议题。

二、民法典推介和输出的比较法考察

推介和输出《民法典》绝非毫无依据，而是具有深厚的比较法基础。域外《民法典》输出和传播的历史悠久，为我们提供了多元的参照范例和借鉴样本。众所周知，近代民法滥觞于罗马法，追溯《民法典》输出的源头，最早在世界范围内得到广泛传播的是罗马私法。公元 6 世纪，由罗马皇帝优士丁尼完成的《优士丁尼法典》《法学阶梯》《学说汇纂》（Codex Digesta, Institutiones）三部法律法规的汇编亦被称为"Codici"，最终确定了在罗马法系中法律术语的含义为"法典"。19 世纪末，西欧法、德、奥地利等老牌资本主义国家掀起的近代民法法典化运动，在全面继承和发展罗马私法体系的基础之上形成了所谓的"民法法系"或者"大陆法系"。[1]

作为近代民法法典化运动中第一部资本主义国家的民法典，《法国民法典》自 19 世纪以来的近一个世纪一直占据领导地位。《法国民法典》紧随拿破仑的军旗摇曳，风靡于欧洲各国。[2]其不仅传播给了欧洲的拉丁民族，影响还遍及东欧、中美、南美洲甚至北美许多地区。[3]据统计，《法国民法典》直接或间接影响的政治实体超过 45 个，可谓近代以来最有影响力的民法典之一。[4]比利时、西班牙、葡萄牙、意大利、荷兰、瑞士、德国、罗马尼亚、俄罗斯、土耳其、美国及许多拉美国家均深受其影响。[5]1838 年的《荷兰民法典》在体例结构和内容上和法国模式极为接近，1837 年意大利都灵的《阿尔贝蒂诺法典》、1819 年拿波里的《波旁法典》以及 1865 年的《意大利民法典》均仿效《法国民法典》制定。1832 年的《俄罗斯帝国法令全书》（1917 年失效）的民法部分以《法国民法典》为蓝本。1869 年的《土耳其民法典》、

---

〔1〕 魏磊杰、王明锁：《民法法典化、法典解构化及法典重构化——二百年民法典发展历程述评》，载易继明主编：《私法》（第 1 辑），北京大学出版社 2005 年版，第 59 页；周枏：《罗马法原论》（上册），商务印书馆 2014 年版，第 18 页。

〔2〕 ［日］大木雅夫：《比较法》（修订译本），范愉译，法律出版社 2006 年版，第 189 页。

〔3〕 ［德］茨威格特、克茨：《比较法总论》（上），潘汉典等译，中国法制出版社 2003 年版，第 187 页。

〔4〕 徐国栋：《〈法国民法典〉模式的传播与变形小史》，载《法学家》2004 年第 2 期。

〔5〕 沈宗灵：《二战后美国法律对民法法系法律的影响》，载《北京大学学报（哲学社会科学版）》1995 年第 5 期。

1864 年的《罗马尼亚民法典》、1867 年的《葡萄牙民法典》、1889 年的《西班牙民法典》以及 1880 年—1950 年间制定的保加利亚法律也都以法国法为基础。1949 年的《埃及民法典》效仿《法国民法典》，随后叙利亚（1949 年）、伊拉克（1953 年）、利比亚（1954 年）、索马里（1973 年）和阿尔及利亚（1975 年）效仿埃及制定了民法典。突尼斯和摩洛哥的债法和合同法以法国法为基础。[1]美国 1806 年的《路易斯安那民法典》和 1866 年的《魁北克民法典》亦深受《法国民法典》之影响。

《德国民法典》深受历史法学派精神的浸润和锤炼而成，制定工作前后历时 23 年，虽然《德国民法典》的被继受程度远逊于一百年前的《法国民法典》，[2]但是在生效后的数十年，亦对远非和德国毗邻的国家产生了有力影响，20 世纪苏联个别加盟共和国实施的一些民法典在形式、结构、内容上多与《德国民法典》接近。1940 年颁布的《希腊民法典》体例结构和《德国民法典》一致，总则部分之后是债法、物法、家庭法和继承法，总则内容亦基本与《德国民法典》第一编相同，债法中有 3/4 的规定出自《德国民法典》。[3]在远东，暹罗王国（即泰国）于 1924 年至 1935 年间引入的民法典，除家庭法和继承法之外，亦主要取法《德国民法典》，仅仅在文字形式上略作改进。[4]日本 1890 年颁布的旧民法以《法国民法典》为蓝本，但颁布后旋即遭到"延期派"[5]的激烈反对，1891 年穗积八束在《法学新报》（当时日本反对派的机关党报）发表了名为《民法出而忠孝亡》的雄文，导致旧民法的

---

〔1〕［意］罗道尔夫·萨科：《比较法导论》，费安玲、刘家安、贾婉婷译，商务印书馆 2014 年版，第 292~293 页。

〔2〕原因有二：一是 19 世纪所有非普通法系国家均已经完成了民事法律编纂，寻求继受外国法律的需求不够强烈；二是《德国民法典》高度抽象化和概念化的特点，使国外人们觉得它是德意志学术的典型产物，难以在异邦土壤生根。［德］茨威格特、克茨：《比较法总论》（上），潘汉典等译，中国法制出版社 2017 年版，第 285 页。

〔3〕［德］康拉德·茨威格特、海因·克茨：《略论德国民法典及其世界影响》，谢怀栻译，载《环球法律评论》1983 年第 1 期。

〔4〕［德］康拉德·茨威格特、海因·克茨：《略论德国民法典及其世界影响》，谢怀栻译，载《环球法律评论》1983 年第 1 期。

〔5〕日本 1889 年在旧民法公布之前就存在反对意见。1890 年旧民法颁布后反对和拥护意见对峙，形成了以法国法学派为中心的"断行派"和以英国历史法学派为中心的"延期派"，前者主张立即施行旧民法，后者主张延期施行，然后进行改废，此即日本法制史上著名的"法典争论"。法典争论先由学术之争后扩展至政治斗争。谢怀栻：《外国民商法精要》（第 3 版），程啸增订，法律出版社 2014 年版，第 125 页。

施行被延后，重新起草新民法。1898 年施行的"新民法"（又称民治民法）改采《德国民法典》第一草案为学习对象，分总则、物权、债权、亲属、继承五编。新民法一直实施到现在，其中亲属编和继承编在第二次世界大战后经历了较大修改。清末维新变法以降，中国一开始制定民法典就深受德国法影响。大清宣统三年（1909 年）编纂的《大清民律草案》完全采用《德国民法典》五编制体例。1930 年颁布的《中华民国民法》的立法体例和《德国民法典》完全一致，立法原理和素材也源自国外主要是德意志法系。参与立法的梅忠协先生曾喟叹："现行民法，采自德国立法例者'十之六七'，采自瑞士立法例者'十之三四'……"〔1〕95%来自德瑞，不是照账誊录，便是改头换面。〔2〕影响之深，可见一斑。

1907 年的《瑞士民法典》一改《德国民法典》过度概念化和体系化饱受责备之弊病，以清晰分明、相对有余地的体系、简洁通俗的语言在国外受到广泛重视。在 20 世纪私法法典化诸国中，几乎没有一个立法者不在其新的民法典编纂过程中（如意大利和希腊）或者在其现行法改革中在许多具体问题上利用瑞士的经验。《瑞士民法典》颁布后，在德国甚至有意见提出干脆废除《德国民法典》由瑞士法典编纂取代。〔3〕1922 年土耳其在凯米尔·阿塔图尔克〔4〕的领导下建立共和国后，瑞士的法典编纂（包括债法）差不多完全未予改动，于 1926 年作为土耳其的新民法典被引入。这一继受将土耳其数百年来适用的伊斯兰习惯法彻底废弃。〔5〕

上述各国《民法典》的输出和传播给我们提供了多元的参考样本，我们可以得出两点基本的认识：①《民法典》的域外输出大致包括两种类型。一种是后发国家为了实现赶超目标、变法图强的主动引进（如日本）；另一种是殖民国强力输出后的被动接受（如荷兰）。对此，我们应当仔细甄别。当今世

---

〔1〕 梅仲协：《民法要义》，张谷勘校，中国政法大学出版社 1998 年版，初版序。

〔2〕 谢怀栻：《外国民商法精要》（第 3 版），程啸增订，法律出版社 2014 年版，第 125 页。

〔3〕 ［德］茨威格特、克茨：《比较法总论》（上），潘汉典等译，中国法制出版社 2017 年版，第 315 页。

〔4〕 凯米尔-泽基马尔，全名为加兹·穆斯塔法·凯米尔·阿塔图尔克（Ghazi Mustafa Kemal Ataturk）是 1919 年—1923 年土耳其民族解放运动的领袖，著名的军事家、政治家、思想家，亦是土耳其共和国第一任总统。庞春娟：《凯米尔与凯米尔主义》，载《廊坊师专学报》1994 年第 1 期。

〔5〕 ［德］茨威格特、克茨：《比较法总论》（上），潘汉典等译，中国法制出版社 2017 年版，第 235 页。

界是一个文化多元、价值多元、选择多元的社会，以制度输出为"名"行文化殖民之"实"的做法早已经被历史所唾弃。我们在推介和输出中国《民法典》时，理应去其糟粕、取其精华。②大陆法系《民法典》的域外输出属于一种普遍的文化移植和文化传播现象。《民法典》作为一国私法制度的集大成者，体现着一国的历史传统和私法风貌。《民法典》的域外输出和传播促进了不同国家、不同地区、不同文明之间的互惠和交流，无论是自主制定一部《民法典》还是被殖民后的被动接受，最终均有助于形塑该国的私法传统。

三、民法典推介和输出的方法建言

尽管现代社会处于一个万物互联的网络化、数据化、智能化时代，通信工具的发达和传播手段的多样性为《民法典》的输出和交流提供了便利条件。但是，作为一项重大政治活动和外交活动，为保障《民法典》推介和输出工作的质量及严肃性，有必要及时成立《民法典》推介宣讲团/使团，专职负责《民法典》的域外推介和宣传工作。《民法典》推介宣讲团/使团的具体构想如下：①设立依据。依据《民法典》"总则编""物权编""合同编""人格权编""婚姻家庭编""继承编""侵权责任编"的体例设计，抽调负责各编起草工作的核心专家和该领域最擅长的学者和实务专家组成。②机构性质。宣讲团/使团为专职负责《民法典》推介和输出工作的临时机构和专设机构。③牵头单位。建议由全国人民代表大会常务委员会法制工作委员会牵头设立，由最高人民法院、最高人民检察院、中国法学会、原国务院法制办、中国社会科学院五家单位协助配合。这五家单位作为《民法典》编纂工作的参加/协助单位，几乎汇聚了全国民商法领域最顶尖的学者，均深度参与到了《民法典》编纂的全过程，对《民法典》的起草背景、体例结构、条文脉络、主要争议、规范配置、语言特点等比较熟悉。④人员构成。以参与《民法典》立法工作五家协助单位的学者及最高人民法院的实务专家为主干，同时兼收部分商务界人士参与。关于人员名单的确定方法，建议先采用"个人自荐+单位推荐"的方式确定初选人员名单后，报全国人民代表大会常务委员会法制工作委员会筛选后，确定最终人员名单。之所以采用"学者+实务专家+商务界人士"这种多元化的人员构成方式，主要原因在于我国《民法典》编纂组织体制的独特性。众所周知，《德国民法典》历经以萨维尼及其继受者普赫塔、海塞、温德沙伊德等为代表的历史法学派长期的学术锤炼和浸润而成。《瑞士民法典》则属于法学家欧根·胡贝尔的个人杰作，1892 年瑞士联邦司法与警察部委托其起草《民法典》，几乎由其一个人独立完成。[1]我国《民法典》编纂和《德国民法典》《瑞士民法典》的组织体制完全不同，整个编纂过程自始至终秉持"开门立法"的方式，广泛汇聚社会各界的意见。自 2018 年 8 月伊始，《民法典》各分编开始提请全国人民代表大会常务委员会审议，全国人民代表大会常务委员会法制工作委员会共 7 次公布各分编和民法典草案，累计共收到 410 349 位网民提出的 951 607 条意见，2019 年全国人大代表提出的 32 件涉及《民法典》编纂的议案全部被吸收。[2]中国《民法典》不是"学者立法"和"教授立法"的产物，而是科学立法、民主立法、依法立法的典范。⑤经费来源。宣讲团/使团专家的费用包括出访的交通费、伙食费、资料费、公杂费等，建议一体纳入当年度全国人民代表大会常务委员会的预算开支，由国家财政统一拨核、统一支付。当然，亦不排除个别大型商务企业基于企业社会责任担当和企业社会形象之考虑的自愿资助/资助，宣讲团/使团费用来源可采用多元化形式。⑥主要任务。参与国际法学界学术研讨会、讨论会、论坛、高峰论坛，开展与世界各国法学界的学术交流和学术研讨，推介和宣传中国《民法典》的形成过程、组织体制、体例结构、内容创新、主要特色等。⑦工作目标。扩大中国《民法典》的影响力和辐射力，让世界了解中国私法制度建设的成绩以及为世界民法发展所做的贡献和努力，促进中国和世界各国尤其是"一带一路"共建国家的文化沟通和文化交流。⑧推介范围。主要包括"一带一路"共建国家及美、德、法、意、加、澳等主要发达资本主义国家。⑨存续期间。原则上不宜过长，为半年到 1 年左右为宜，待宣讲/推介任务完成后自行解散。

四、推介输出民法典的误区澄清

在 COVID-19 疫情导致中西意识形态冲突加剧的背景下，推介和输出中

---

〔1〕 谢怀栻：《外国民商法精要》（第 3 版），程啸增订，法律出版社 2014 年版，第 124 页。

〔2〕 这些代表议案涉及修改土地经营权、住宅建设用地使用权、宅基地使用权等相关规定，增加了住房租赁保障的相关规定，明确了网约车侵权责任，完善了夫妻债务规则，明确了非法收养的法律责任，修改了个人信息保护等相关规定。参见 http://www.npc.gov.cn/npc/c35174/mfdgfbca.shtml，2020 年 2 月 5 日访问。

国《民法典》必须传递出足够的善意和诚意，这样才有可能得到更广泛的接受和认可。《民法典》的推介和输出需要谨防五大可能的误区。

（一）推介和输出《民法典》不表明《民法典》质量的精良

推介和输出中国《民法典》不表明中国《民法典》就一定优于《法国民法典》《德国民法典》《奥地利民法典》《瑞士民法典》《日本民法典》等大陆法系经典民法典，更不是要和这些世界经典民法典一较高下。自清末维新变法以来，中国民事立法长期师法法国、德国、瑞士、日本等大陆法系的民事立法。这些国家和地区的民法典为我国历次《民法典》编纂提供了宝贵的思想资源和充足养料，这些经典民法典是世界法治文明宝库中的瑰宝，亦是人类制度文明史上的美丽浪花，值得我们尊重、欣赏并且长期借鉴和学习。众所周知，《民法典》作为行为规范和裁判规范的统一体，[1]其适用对象主要是自然人、法人、非法人组织等民事主体及法院、检察院、律师事务所、仲裁机构等法律适用机关。因此，中国《民法典》质量的优劣需要民事活动参与者、需要法官、检察官、律师、仲裁员等法律适用者群体去判断，最终需要基于历史去做出评判。推介和输出《民法典》不能建立在对《民法典》过度自信甚至是自傲自负的基础上，《民法典》的颁布不过是"万里长征走完了第一步"，后续对《民法典》的解释适用和相关配套建设任务十分繁重，中国私法现代化依然"路漫漫其修远兮"。

（二）推介和输出《民法典》不等于简单的知识输送

当今是一个知识爆炸的时代，知识的更新迭代日新月异，互联网、大数据、区块链等信息工具和传播手段的发达使知识交流和互换的成本低廉。纯粹的知识输送和简单的知识传递已经不具有实质意义。中国《民法典》的推介和输出不能止步于简单介绍《民法典》的编纂过程和条文内容，应当透彻地向域外民法学界讲清楚中国《民法典》对世界民法的扬弃、发展及主要贡献点：①在体例结构上，中国《民法典》在承袭潘德克顿总则、物权、债权、亲属、继承五编制的基础上，将人格权和侵权责任独立，首创七编制的体例。②在具体内容上，为加强生态和环境保护，中国《民法典》"总则编"将绿色原则（第9条）和公序良俗（第8条）作为民事活动的边界；为沟通技术

---

〔1〕 郑玉波：《民法总则》，中国政法大学出版社2003年版。

理性与生活理性，将习惯确立为民法渊源（第10条），以体现国家对民间社会的尊重和容让；为助力破解中小企业融资难、融资贵的难题，《民法典》"合同编"专章增设了保理合同（第16章）；为关照中国的历史和文化传统，《民法典》"婚姻家庭编"将树立优良家风、弘扬家庭美德、重视家庭文明建设确立为倡导性规范（第1043条）。③在编纂方式上，不同于《法国民法典》《德国民法典》"一次性"的编纂方式，中国《民法典》编纂采用"摸着石头过河""成熟一个、制定一个"的渐进立法进路，先完善各领域的民事单行法，从而为《民法典》编纂奠定了良好的法律基础和实践基础，[1]然后对现行有效的民事单行法规范进行科学整理，对已经不适应现实情况的规定进行修改完善并对社会生活中的新情况、新问题作出有针对性的新规定。[2]最后在这两方面的基础上形成统一民法典。我们是"成熟一编就制定一编，另外一部分成熟再制定第二编，第二编成熟后制定第三编……经过不断摸索、不断积累、不断试错、不断总结最后汇聚合拢成统一民法典"，[3]采用的是"分阶段"而非"一次性"编纂方法。这些创新和特色才是推介的重点所在。

（三）推介和输出《民法典》不是为了宣扬国威

中国历史上曾开创过"文景之治""汉武盛世""贞观之治""开元盛世""康乾盛世"等局面，主要原因在于国力的强盛以及推行开放包容的外交政策，而不是靠武力征伐和对外宣传。正所谓"以史为鉴，可以知兴替"[4]，改革开放四十多年来，中国特色社会主义市场经济建设虽然取得了举世瞩目的伟大成就，但我国目前仍然是世界最大的发展中国家。世界银行的统计数据显示：2016年中国的人均国内生产总值为8123美元，为世界平均水平（10190美元）的80%左右，仅为美国（57638美元）的1/7，位居世界第68位。中国的基础设施人均资本存量也只有发达国家的20%～30%。2017年中

---

〔1〕 王晨：《关于〈中华人民共和国民法典（草案）〉的说明——2020年5月22日在第十三届全国人民代表大会第三次会议上》，载《中国人大》2020年第12期。

〔2〕 王晨：《关于〈中华人民共和国民法典（草案）〉的说明——2020年5月22日在第十三届全国人民代表大会第五次会议上》，载《中国人大》2020年第12期。

〔3〕《江平教授2019年12月9日在中国政法大学创新论坛上的发言》，载 http://www.chinalaw-info.com，2020年1月8日访问。

〔4〕《旧唐书·魏徵传》。

国的居民消费恩格尔系数为 29.3%，仍然远高于发达国家水平。在 2020 年 5 月 28 日两会上，据时任总理李克强披露："我国有 6 亿人的月收入只有 1000 元，1000 元在一个中等城市可能租房都困难。"〔1〕中国在产业结构、技术创新、营商环境、知识产权保护等方面还存在较大的提升空间；在历史、哲学、数学、文艺、教育等基础科学领域和发达国家还存在较大差距。要实现中华民族伟大复兴的中国梦，实现"两个一百年"的奋斗目标，必须脚踏实地、认认真真，发扬工匠精神、扎扎实实展开研究和工作，切不可夜郎自大和好高骛远，高调宣传所谓"厉害了，我的国"。《民法典》不是"形象"和"面子"工程，推介和输出《民法典》是为了让世界各国了解中国的私法制度和私法文明，而不是宣扬国威。

（四）推介和输出《民法典》不是搞文化侵略和文化霸权

中华文化自古以来就讲求"王道"远离"霸道"，主张以理服人，反对以力服人。"以力服人者霸，以德服人者王。"〔2〕中国人世代传承的价值观念是"合和""和为贵""君子和而不同""平和""礼之用，和为贵"。《中庸》有云："和也者，天下之达道也。"《吕氏春秋》则曰："天地和合，生之大经也。"社会学家费孝通先生提出，"和而不同"可以成为现代社会发展的一项准则，承认不同，但是"和"是世界文化多元的必经之路。〔3〕一代大儒钱穆甚至将"天人合一"作为中国传统文化对世界文明的最终归宿。〔4〕中国社会文化结构的最终导向是"邦和天下""天下大治""天下太平""天下大同""安定团结"，〔5〕这和犹太教、基督教所提倡的"善"与"恶"二元对立模式恰好相反。〔6〕"永远不称霸，永远不做超级大国"是中国崛起对世界的庄严承诺。中国不搞文化侵略、文化霸权、文化殖民，世界文明应当多姿多彩、百花齐放、百家争鸣、相互交流、相互学习、互为借鉴，文化侵略和文化霸权注定将会被世界孤立，被历史唾弃。"不要看到别人的文明与自己文明有不同，

---

〔1〕《李克强总理在全国两会新闻记者招待会上的发言》，载 http://views.ce.cn/view/ent/202006/01/t20200601_ 35011824. shtml，2020 年 5 月 29 日访问。

〔2〕费孝通：《中国文化的重建》，华东师范大学出版社 2014 年版，第 191 页。

〔3〕费孝通：《中国文化的重建》，华东师范大学出版社 2014 年版，第 48 页。

〔4〕钱穆：《中国文化对人类未来可有的贡献》，载《中国文化》1991 年第 1 期。

〔5〕孙隆基：《中国文化的深层结构》，中信出版社 2015 年版，第 10 页。

〔6〕孙隆基：《中国文化的深层结构》，中信出版社 2015 年版，第 10 页。

就感到不顺眼，就要千方百计去改造、去同化甚至企图以自己的文明取而代之。"〔1〕"历史已经反复证明，任何想用强制手段来解决文明差异的做法都不会成功，反而会给世界文明带来灾难。"〔2〕中国不会强行输出所谓的"中国模式"，亦不会在朋友有难时袖手旁观，更不会在伸出援手时夹杂私利。作为世界四大文明古国之一，中国将秉持国际人道主义精神，为践行人类命运共同体的理念不懈奋斗。

（五）推介和输出《民法典》不以是否被继受为评判标准

当今世界，早已不是 19 世纪《法国民法典》《德国民法典》制定时资本主义殖民和扩张的时代，世界各国大多拥有自己独立的主权，无需强行输出自己的制度。一国需要不需要《民法典》、何时需要《民法典》、需要怎么样的《民法典》、《民法典》的参考模式和借鉴对象，均属一国的私法道路选择和内政问题，理应自主决定，他国无权粗暴干涉。在当今全球 195 个主权国家中，多数国家都有自己的《民法典》。中国推介和输出《民法典》不以中国《民法典》最终是否为他国所继受、继受的程度和范围为评判标准，概因《民法典》承载着亿万中国人民的基本价值和基本观念，承载着中国改革开放四十年来市场经济建设的基本经验和共识，凝结着中国国家治理的逻辑和思路。推介和输出中国《民法典》是为了让他国了解中国市场经济建设的成就和国家治理的逻辑和思路，了解中国的私法传统和法制文明，借此增进同各国人民的友谊。努力让中国《民法典》成为 21 世纪海上丝绸之路和陆上丝绸之路文化交流的重要载体和标志，为世界私法文明的发展进步贡献中国元素、中国智慧和中国方案。

---

〔1〕《维护世界文明的多样性》，载 http://www.xinhuanet.com/politics/2014-09/24/c_ 1112609669.htm，2020 年 2 月 3 日访问。

〔2〕《维护世界文明的多样性》，载 http://www.xinhuanet.com/politics/2014-09/24/c_ 1112609669.htm，2020 年 2 月 3 日访问。

|下 篇|

民法典中国特色的微观忖度

引 言

无论是域内还是域外，传统民法学研究均较少关注"私法决议行为"。自2014年《民法典》编纂工作启动以来，决议行为开始受到国内部分青年学者的关注和重视。[1]最终，我国《民法典》第134条第2款确立了决议行为的成立规则。在《民法典》首次将决议行为"提升"至一般法规则之后，对支撑这一规则背后理论基础的构建就显得十分迫切和必要了。囿于既有理论研究的匮乏和单薄，学术界对决议行为存在的伦理基础、决议行为性质、决议行为效力瑕疵等问题的研究仍然处于起步和初创阶段。[2]《民法典》第134条第2款虽然将决议行为作为法律行为的一种"独立"类型，但是关于决议行为性质的争议并未随着立法完成而终结和消弭，相反却呈现出愈演愈烈的态势。[3]确定决议行为性质是决定适用决议方法或效力等各项有关问题的法理内容的关键。[4]同时，私法决议行为属于典型的民商事关系"交叉地带"，确定决议行为性质对《民法典》时代的私法理论构建，对"民商合一"体例

---

〔1〕 参见徐银波：《决议行为效力规则之构造》，载《法学研究》2015年第4期；王雷：《论民法中的决议行为 从农民集体决议、业主管理规约到公司决议》，载《中外法学》2015年第1期；王雷：《我国民法典编纂中的团体法思维》，载《当代法学》2015年第4期；吴飞飞：《决议行为归属与团体法"私法评价体系"构建研究》，载《政治与法律》2016年第6期；薛波：《〈民法总则〉对商事关系的包容性及表现——兼论决议行为立法问题》，载《中南大学学报（社会科学版）》2016年第1期；薛波：《我国未来〈民法总则〉决议行为的立法安排》，载《湖北社会科学》2016年第2期。

〔2〕 尽管决议行为规则在我国《物权法》《公司法》《破产法》《合伙企业法》《证券投资基金法》等民商单行法及司法解释中有较多着墨，但较为零散，缺乏统一的理论指导和构建。

〔3〕 最新理论探讨参见吴飞飞：《决议行为"意思形成说"反思——兼论决议行为作为法律行为之实益》，载《比较法研究》2022年第2期；李建伟：《决议的法律行为属性论争与证成——民法典第134条第2款的法教义学分析》，载《政法论坛》2022年第2期。

〔4〕 参见《韩国公司法》，吴日焕译，中国政法大学出版社2000年版，第382页。

下民商关系处理以及决议行为规则的司法适用均具有重大的理论和现实意义。为此，笔者不揣浅陋，拟就此撰文，求教于方家。

一、私法决议行为性质既有观点之评述

学术界对决议行为性质的讨论在《民法典》编纂启动之前和启动之后呈现"冰火两重天"之境地。关于决议行为性质的研究在《民法典》编纂工作启动后取得了较为丰硕的成果。因此，本书对私法决议行为性质之重述与评价，亦分为传统民法学理论和《民法典》编纂工作启动后两个阶段。

（一）既有观点之重述

1. 传统民法学理论对决议行为性质的描述

在《民法典》颁布之前，学术界对决议行为性质的描述主要有二：①在民事法律行为类型中明确决议行为，但是对决议行为性质未做专门讨论。如史尚宽认为，法律行为分为一方行为、契约和合同行为，并谓合同行为（Gesamtact）亦称为协定行为者，谓因同方向平行的两个以上意思表示之一致而成立之行为也。[1]与史尚宽稍有不同，王泽鉴教授在对法律行为进行分类时先区分单方行为和多方行为，多方行为又分为契约和合同行为，并认为合同（决议）行为乃由同一内容的多数意思表示的合致而成立。[2]②遵循传统法律行为分类路径，未出现决议行为类型。如日本学者松冈正义曾提及共同法律行为但是未论及决议行为。"除一方行为、双方行为之外，另有一种共同行为，为近十年来学者之创见。共同行为者，非数人共同一致则不生法律上效力之行为也，例如，社团法人之设立，基于多数人之共同行为，断非一人所能设立。"[3]魏振瀛教授主编的《民法》一书将民事法律行为分为单方、双方、多方行为，并将决议行为归属于多方行为之下。[4]

――――――――――

〔1〕 参见史尚宽：《民法总论》，张谷校勘，法律出版社 2000 年版，第 311 页。需注意的是，有法律严格区分"契约"和"合同"两个概念。双方（任何一方可为多人）为方向相对的意思表示，为契约行为；多人为方向一致的意思表示，为合同行为。"合同"和"契约"词义流变问题，参见贺卫方：《"契约"与"合同"的辨析》，载《法学研究》1992 年第 2 期。

〔2〕 参见王泽鉴：《民法总则》，北京大学出版社 2009 年版，第 242 页。

〔3〕 [日] 松冈义正口述：《民法总则》（下），熊元凯、熊元襄编，陈融、罗云锋点校，上海人民出版社 2013 年版，第 222 页。

〔4〕 参见魏振瀛主编：《民法》，北京大学出版社、高等教育出版社 2017 年版，第 123 页（该部分由郭明瑞教授执笔）。

总之，传统民事法律行为分类理论往往直接忽略决议行为，即便提到亦一笔带过，基本处于敷衍或者泛泛而论的状态。只是明确决议是法律行为的一种类型，或是一种"特殊"法律行为，或是共同行为，或是多方法律行为，又或是团体法律行为。凡此种种，不一而足。以至有学者精辟地总结道，在整个法律行为制度中最重要的就是契约，契约是"唱主角"的，是"大腕儿"，单方行为和决议行为都是"跑龙套"和"唱配角"的。[1]这形象地描述出了决议行为在传统民事法律行为分类理论中不受重视和被冷落的尴尬局面。

2. 《民法典》编纂后对决议行为性质的研究

不过，自《民法典》编纂工作启动以来，对决议行为性质的研究便逐渐"升温"，在《民法典》编纂前后达到了"小高潮"。在多次全国民商法年会及学术研讨会中，有多位学者就这一论题发表了高见。例如，在 2016 年 6 月 19 日中国法学会商法学研究会主办的"纪念王保树教授学术研讨会——《公司法司法解释（四）》学术研讨"上，梁上上教授明确表示，决议行为不是法律行为或意思表示，而是公司内部意思形成行为。[2]在 2016 年 12 月 11 日广东省法学会民商法学研究会年会上，钱玉林教授亦持相类似观点，法人内部决议只能作为一个"意思"，可能还不能作为"意思表示"，因为还没有对第三人的表示。[3]在 2020 年 10 月 15 日中国法学会商法学研究会主办的"公司法修改巡回论坛第五场——公司决议及其法律效力与公司法修改"论坛上，范健教授进一步强调，决议是商行为而非法律行为，不适用意思表示规则。商行为从一开始就推定所有商人均具有完全意思能力，法律行为的可撤销和无效是基于意思表示人存在无意思能力之情形，而商行为则不存在可撤销的基础状态。[4]郭富青教授则认为，决议本质上属于法律行为，是多个民事主

<hr />

〔1〕 参见张谷：《对当前民法典编纂的反思》，载《华东政法大学学报》2016 年第 1 期。

〔2〕《中国法学会商法学研究会纪念王保树教授学术研讨会——〈公司法司法解释（四）〉学术研讨》，载 http://www.commerciallaw.com.cn/index.php/home/news/info/id/89.html，2019 年 9 月 29 日访问。

〔3〕 参见马恩斯：《广东省法学会民商法学研究会 2016 年学术年会综述》，载《法治社会》2017 年第 2 期。

〔4〕《"公司法修改巡回论坛"第五场——公司决议及其法律效力与公司法修改》，载《"公司法修改巡回论坛"演讲与论辩辑要》，中国法学会商法学研究会编，2021 年 9 月。

体根据法律或者章程等规定的议事方式和表决程序进行意思表示形成团体意思的民事法律行为。[1]

从《民法典》编纂后的相关文献来看，对决议行为性质的研究呈现"井喷"态势。据笔者总结，主要存在九种观点：①决议行为是法律行为但是未明确其归属，此系官方主流观点。由全国人民代表大会常务委员会法制工作委员会民法室组织编写的《中华人民共和国民法总则释义》对《民法典》第134条的解释提到，本条还规定了一种特殊法律行为，即决议行为，决议行为满足民事法律行为的所有条件，是一种民事法律行为，[2]都需要主体以意思表示的方式作出。因此，有关意思表示规则一般也都可以被适用于决议行为。[3]②决议行为属于共同行为。此系传统主流学说。如谢怀栻教授认为，决议行为包括两种情形：一是所有意思表示都相同而形成决议；二是多数意思表示相同而形成决议。他将决议行为归为共同行为的一种类型。[4]王利明[5]、韩长印[6]、许中缘[7]亦随之。③决议行为系多方行为。该观点将法律行为区分为单方行为、双方行为、多方行为，决议行为属于多方行为。[8]④决议行为系"准"法律行为。李永军教授认为，决议行为作为法律行为有时候是值得探讨的。例如，公司股东会议形成一个收购其他公司股权的决议，实际上仅仅是公司单个意思的形成机制，说其是法律行为未免过于牵强。在"决议"的形成过程中，一般实行"多数决"，有些股东意思被彻底否决，但决议对不同意的少数人也有约束力，这不符合法律行为的要求：一个完全不同意行为内容的人却被这一行为所约束；亦不符合意思自治本质，即自己的意志完全

---

[1] 《"公司法修改巡回论坛"第五场——公司决议及其法律效力与公司法修改》，载《"公司法修改巡回论坛"演讲与论辩辑要》，中国法学会商法学研究会编，2021年9月。

[2] 参见李适时主编：《中华人民共和国民法总则释义》，法律出版社2017年版，第420页。

[3] 参见石宏主编：《中华人民共和国民法总则条文说明、立法理由及相关规定》，北京大学出版社2017年版，第323页。

[4] 参见谢怀栻：《民法总则讲要》，北京大学出版社2007年版，第131页。

[5] 参见王利明等：《民法学》（第4版），法律出版社2015年版，第90页。

[6] 参见韩长印：《共同法律行为理论的初步构建——以公司设立为分析对象》，载《中国法学》2009年第3期。

[7] 参见许中缘：《论意思表示瑕疵的共同法律行为——以社团决议撤销为研究视角》，载《中国法学》2013年第6期。

[8] 参见《民法总则专题讲义》编审组编著，张鸣起主编：《民法总则专题讲义》，法律出版社2019年版，第407页（该部分由温世扬教授执笔）。

被否定却被他人的意思所约束。[1]决议行为最多只能算是一个"准法律行为"。[2]⑤决议行为是单方行为。决议参加人个人非决议当事人，决议行为是组织体行为，是参加人依多数决原则形成的团体意思，因此决议行为是一种单方法律行为。该观点主要为青年学者徐银波力倡并对此进行了充分论证。[3]⑥决议行为是"团体法"行为。孙宪忠教授在向全国人民代表大会提交的《关于中国民法典中民法总则的编制体例》的议案中，在法律行为改造部分提出应当按照意思自治原则对法律行为制度进行彻底补强，应当承认单方、双方和团体行为。[4]虽然未提及决议行为，但根据通常理解，这里的"团体行为"应当包括"决议行为"，因为"决议行为"系典型的"团体行为"。梁慧星教授在最新出版的《民法总则讲义》一书中亦指出，决议行为多见于团体法，如股东（大）会、董事会、合伙企业合伙人决议、业主大会决议等。[5]⑦部分决议行为是法律行为，部分是非法律行为。张新宝教授基于法律行为的效果分析，认为一些决议行为仅仅处理法人、非法人组织的内部事务（如决定董事长人选），不产生设立、变更、终止民事法律关系的效果，则不属于严格意义上的民事法律行为。[6]这一观点和李永军教授的观点基本相同，只不过后者对决议行为性质做了进一步概括。⑧决议行为系意思形成行为。此观点由陈醇教授率先提出并做了充分论证，其认为决议行为不是法律行为，而是意思形成的制度行为。[7]该观点对后续研究者的影响颇深，近期吴飞飞博士高度评价其为"对国内决议行为研究具有启蒙性意义"。[8]⑨决议行为是商

---

〔1〕 参见李永军：《从〈民法总则〉第 143 条评我国法律行为规范体系的缺失》，载《比较法研究》2019 年第 1 期。

〔2〕 参见李永军：《民法总论》（第 4 版），中国政法大学出版社 2018 年版，第 278、279 页（该部分由李永军教授执笔）。

〔3〕 参见徐银波：《决议行为效力规则之构造》，载《法学研究》2015 年第 4 期。

〔4〕 参见孙宪忠：《关于中国民法典中民法总则的编制体例的议案》，载 http://www.iolaw.org.cn/showArticle.aspx？id＝4295，2020 年 4 月 29 日访问。

〔5〕 参见梁慧星：《民法总则讲义》（修订版），法律出版社 2021 年版，第 227 页。

〔6〕 参见张新宝：《〈中华人民共和国民法总则〉释义》，中国人民大学出版社 2017 年版，第 266~267 页。

〔7〕 参见陈醇：《意思形成与意思表示的区别：决议的独立性初探》，载《比较法研究》2008 年第 6 期。

〔8〕 吴飞飞：《决议行为"意思形成说"反思——兼论决议行为作为法律行为之实益》，载《比较法研究》2022 年第 2 期。

行为。叶林教授认为，决议行为是一种企业行为，企业行为皆为商行为，因而决议行为是商行为。决议是多个企业成员各自独立进行意思表达，按照法律或者章程规定的多数决偶然结合成企业的意思，进而形成团体意思的法律效果。尽管企业意思是多数成员意思的转让，但是在性质上多数成员的意思不同于企业的意思。企业决议这种"非表意行为"是商行为中的事实行为或准法律行为，但不是法律行为，应当采用法定主义调整方式，不能适用法律行为理论。

（二）对既有观点的反思和评价

通过上述对理论界关于私法决议行为性质观点的梳理和总结，我们可以尝试分析和归纳出以下五点初步的结论：

1. 应当历史地看待决议行为性质研究

其一，传统私法学理论忽视/漠视决议行为研究的现象应当辩证看待，决议行为成为学术研究的"生僻地"并非肇源于学者的轻视，亦不是学者研究能力低下或者司法实务不需要决议行为一般理论。从国外方面观察，法律行为理论最为发达的《德国民法典》和传统民法学理论均是以自然人（个人）为原型，认为若将团体和个人并列，民法的人文主义精神将会被吞噬，容易忽略个人的存在意义和价值。[1]因此，对团体长期采用有意的忽视甚至敌视的态度，这严重滞碍了对决议行为的研究。其二，传统民法学多关注法律行为和意思表示，决议行为和多方行为、合同行为存在诸多共同/共通之处。因此，学者大多将决议行为归于法律行为行列。其三，决议行为在商法尤其是《公司法》中的研究较为深入和细腻，民法学者囿于研究领域和知识视野局限，长期专注于物权法、债权法、侵权法等传统民法领域，忽视了决议行为的特殊性和独立性。

2. 对决议行为性质的认定仍然含混不清

爬梳决议行为性质的观点，可谓百花齐放、百家争鸣，尚未取得"底部"和"基础"共识。虽然《民法典》第134条第2款将决议行为归于法律行为下的一种"特殊"类型，但是决议行为的性质归属仍无定论。学界对于决议行为的性质争议可被进一步归纳为三类：其一，虽然认为决议行为属于法律

---

〔1〕 参见李永军：《民法上的人及其理性基础》，载《法学研究》2005年第5期。

行为，但是对于其究竟属于单方行为、共同行为还是合同行为或者是一种"独立"的法律行为类型，各方意见不一。其二，认为决议行为并非法律行为。非法律行为论者要么未言明决议行为性质，要么将之定位为"意思形成行为"。意思形成行为在传统民商法学中并无对应的概念或类型，不过是学者对团体意思形成过程的一种"形象化"的描述，能否展现决议行为之本质尚需周延论证。第三类观点认为，"意思形成说"和"法律行为说"二者并非不可调和、相互对立的关系。对决议行为性质的判断和法律类型归属属于价值判断和民法学的解释选择问题，持不同立场的学者会有不同观点。造成这种认识混乱的肇因在于《民法典》实施不久，理论构建尚需时日，传统民法学理论对决议行为的一般理论提炼不够，诸因素的叠加遮蔽了决议行为的"庐山真面目"。

3. 决议行为被从法律行为中剥离影响了其性质认定

传统民事法律行为分类理论要么未论及决议行为，要么直接将决议行为归属于共同行为、多方法律行为或者合同行为。决议行为和法律行为的关系问题含混不清，未从法律行为中剥离。自《民法典》编纂启动以来，关于决议行为性质认定主要的争议点即在于决议行为是不是法律行为。虽然多数论者仍然在法律行为框架下讨论决议行为性质，但与之前不同的是，学者们开始关注决议行为区别于合同行为或者单方行为的特殊性和独立性。要么将决议行为直接和法律行为"脱钩"，认为其不是法律行为；要么认为决议行为是一种和单方行为、合同行为并列的法律行为。对决议行为性质的研究历经从传统法律行为逐渐剥离的过程。

4. 对决议行为性质的认定应当在传统基础上推进

纵览《民法典》编纂启动以来对决议行为性质的研究，这些研究大多未脱离传统理论之窠臼，大部分只是对传统观点的演绎、衍生、延伸、重复甚至照搬、抄袭。由于相对于成熟的法律行为理论而言，决议行为还属于"新事物"，学术界在对决议行为性质的研究上出现了较为激烈的学术争鸣。这一方面反映出决议行为"入典"确实给传统民法学立法和理论研究带来了不小的冲击和影响；另一方面亦值得警惕的是，纯粹为批判而批判的理论构建，其实益和效果尚待历史和实践的双重检验。可以说，对私法决议行为性质的研究出现了某种程度的"虚浮的繁荣"和"水肿"现象，呈现"为赋新词强说愁"的学术图景。正如萨维尼所言,一切法都是历史生长的产物,对任何法律问题的研究和推进最不能忽视的就是既往的历史传统和历史遗存。[1]对私法决议行为的研究应当回归本源、遵照传统,在传统基础上推进,不能一味求新、求变甚至求异。

5. 对决议行为性质的热议实质上是关心民商关系

无论是民法还是商法,均存在决议行为。但就规制密度和完备程度而言,作为组织法和团体法的商法,尤其是《公司法》,对决议行为规则的设计最为周密和完备。我国民商法学界讨论决议行为"入典"问题实质上是在关心民商关系处置问题。《民法典》第134条第2款将决议行为置于"法律行为"部分,未追随《德国民法典》《瑞士民法典》《日本民法典》将决议行为事项放在总则"法人"而非"法律行为"部分(如《德国民法典》"法人"之"社团法人"部分第27条、第28条、第32条、第33条、第34条、第35条)。中国法学会民法典编纂项目领导小组和中国法学会民法学研究会主持撰写的《民法总则专家建议稿(征求意见稿)》公开征求意见时,中国法学会商法学研究会也曾提交书面意见,建议在总则"法人"部分规定决议事项、决议召集程序、决议比例要求、成员表决权等规则。[2]但是,这一建议未被吸收。立法者在《民法典》总则"法律行为"部分"宣示性"地规定决议行为成立规则,一个不容忽视的因素就是我国《民法典》实行"民商合一"的立法体例,决议"入典"被认为是践行"民商合一"之微观著例,肩负着在"法律行为"部分一体整合民商事关系之重任。因此,学界对决议行为的热议实质上是在探讨民商关系。

二、确定私法决议行为性质归属的基础溯源

"问渠那得清如许,为有源头活水来。"欲澄清私法决议行为之性质,首先需明确决议行为存在的前提基础。在弄清楚这一问题之后对决议行为性质

---

[1] 参见陈爱娥:《萨维尼:历史法学派与近代法学方法论的创始者》,载《清华法学》2003年第2期。

[2] 参见王雷:《论我国民法典中决议行为与合同行为的区分》,载《法商研究》2018年第5期。

的认定也便找到了"牛鼻子"，此即学者所谓的决议行为存在的"伦理正当性"[1]。对此，我国民商法学界存在多种认识：①决议行为存在的基础系程序正义；[2]②决议行为的本质为团体自治；[3]③决议行为系社团自治的产物和结果；[4]④还有一种饶有趣味的观点认为，决议行为的伦理基础是公共理性。[5]不可否认，这些研究对于丰富和深化对决议行为本质的认识而言具有重要意义和价值。但是，笔者认为，上述观点均未能领会到决议行为之本质和精要。私法决议行为的伦理基础既非程序正义，亦非团体自治或者社团自治，更非公共理性，决议行为的伦理基础应当为意思自治。

首先，认为决议行为的伦理基础是程序正义认识到了决议的表决过程和决议结果的特殊性和正当性。但该观点将决议行为特征等同于伦理基础，混淆了现象和本质之区别。程序正义作为法学的基本价值追求并非决议所独有。法律程序主要体现为按照一定的顺序、方式和手续来作出决定的相互关系，包括调节程序、审判程序、立法程序、选举程序、行政程序等多种类型。[6]程序作为一种角色分派体系，程序参加者在角色（role taking）之后，各司其职，相互之间既配合又牵制，恣意的余地自然受到压缩；程序排除恣意却不排斥选择，公正、合理的程序能保证选择的理性。[7]因此，威廉·道格拉斯才说，正是程序决定了法治和恣意人治之间的区别。[8]罗尔斯亦言，公正的法治秩序是正义的基本要求，而法治取决于一定形式的正当过程，正当过程又通过程序来体现。[9]程序正义属于"一个独立的范畴"[10]，不适合作为决议行为的伦理基础。

〔1〕 徐银波：《决议行为效力规则之构造》，载《法学研究》2015 年第 4 期。

〔2〕 参见陈醇：《商法原理重述》，法律出版社 2010 年版，第 134~138 页。

〔3〕 参见徐银波：《决议行为效力规则之构造》，载《法学研究》2015 年第 4 期。

〔4〕 参见张雪娥：《公司股东大会决议效力研究》，法律出版社 2018 年版，第 33 页。

〔5〕 参见吴飞飞：《私法决议效力规则构建与解释的法理》，载《法律方法》2019 年第 2 期。

〔6〕 参见季卫东：《程序比较论》，载《比较法研究》1993 年第 1 期。

〔7〕 参见季卫东：《法治秩序的构建》，商务印书馆 2014 年版，第 16~17 页。

〔8〕 Jutice William O. Douglas's Comment in Joint Anti-Fascist Refugee Comm. v. Mcgrath, see *United States Supreme Court Reports*（95 Law. Ed. OCT. 1950 Term），The Lawyers Cooperative Publish Company, 1951, p. 858.

〔9〕 John Rawls, *A Theory of Justice*, The Belknap Press of Harvard University Press, 1971, p. 239.

〔10〕 See Robert S. Summers, "Evaluating and Improving Legal Processes - A Plea for 'Process Values'", *Cornell Law Review*, Vol. 60, No. 1, 1974, p. 23.

其次，团体自治和社团自治亦非决议行为的伦理基础。尽管从直观上看，决议行为是一切社团实现私法自治的重要手段和有效工具。但是，团体自治和社团自治属于一对静态的理念范畴，均属于私法自治的重要内容。传统民法学认为，私法自治经由法律行为（尤其是契约）而实践，法律行为乃实践私法自治的工具。[1]与其说团体自治是决议行为的伦理基础还不如说私法自治是决议行为的伦理基础。再者，社团自治和团体自治本属于同一语，考虑到中国《民法典》的法人分类采"营利法人""非营利法人""特别法人"三分法模式，不采"社团法人"和"财团法人"二分法，将社团自治作为决议行为的伦理基础亦缺乏相对应的实证法概念。

最后，决议行为的伦理基础系公共理性这一观点主要为个别青年学者所持。严格而论，公共理性并非一个严谨的法律概念，其内涵和外延模糊，亦较为宽泛。这一概念由美国政治哲学家罗尔斯率先提出。他认为，公共理性能够创造出一种"公共社会界的框架"[2]，在该框架之内社会关系基础得以奠定，在一个理性多元论的社会里重叠共识亦能够产生。[3]如果"没有一个确定的公共社会界限，理性就会成为空中楼阁"。[4]"公共社会界"准确、深刻地描述了政治社会中各种互动和博弈关系，政治观念、学说争论、公共舆论、伦理关系、契约关系等均可容纳进这一范畴。[5]迄今为止的绝大多数文献亦多是从政治哲学角度阐述公共理性的，贸然将一个成熟运用于政治哲学领域的概念移用作为决议行为的伦理基础是否妥当，实值慎思。

无论诱发股东（大）会、董事会、监事会等会议决议的肇因为何，亦不论决议程序和表决过程是否存在不成立、可撤销和无效的效力瑕疵情形，私法决议行为的终极目标都是要形成公司意思（意志），程序正义和正当民主原则亦不过是为了保障团体意思（意志）在合法轨道上行使。社团/团体自治本质亦不过是由团体自己意思自治或者团体成员的意思自治。将意思自治作为决议行为的伦理基础具有深刻的历史和理论基础。

意思自治原则最早滥觞于罗马私法。公元 527 年，尤士丁尼编纂了《尤

---

[1] 参见王泽鉴：《民法概要》，北京大学出版社 2011 年版，第 66 页。
[2] ［美］约翰·罗尔斯：《政治自由主义》，万俊人译，译林出版社 2000 年版，第 55 页。
[3] 参见陈嘉明：《个体理性与公共理性》，载《哲学研究》2008 年第 6 期。
[4] ［美］约翰·罗尔斯：《政治自由主义》，万俊人译，译林出版社 2000 年版，第 56 页。
[5] 参见陈嘉明：《个体理性与公共理性》，载《哲学研究》2008 年第 6 期。

士丁尼法典》《学说汇纂》《法学阶梯》《新律》，后世提及罗马法也主要指这四部法律。罗马法平等、自愿、意思自治的民法精神对后世影响深远。公元 5 世纪至 10 世纪，欧洲陷入了漫长而黑暗的中世纪，此时的欧洲完全被罗马天主教神权所统治，天主教廷主张"灵与肉相互分离学说"和"禁欲主义"，个人的民事行为源于神的赐予和意志，从根本上否定了民权享有的道德正当性。罗马教廷坚持上帝创世说，创造出宗教法庭来惩治各种异端思想。直至 14 世纪至 15 世纪，欧洲大陆掀起人文主义革命，崇尚人的自由和解放，解除了民权追求的精神枷锁，"以民为本"而不是"以神为本"的基本观念得以建立起来。在法学领域出现了现代民商法理论的道德基础，个人依据自然法当然享有所有权。在历经人文主义革命及"3R"[1]运动之后，意思自治原则最终在《法国民法典》《德国民法典》《奥地利民法典》《瑞士民法典》中得以确立。近代民法学理论认为，意思自治原则主要包括四项基本原则：①契约（合同）自由原则；②婚姻自由原则；③处分自由原则；④结社自由原则。意思自治原则作为整个民商法立法体系和司法适用体系构建的逻辑起点和基点，亦是近代民商法理论体系大厦构建的灵魂依托。

意思自治原则产生的理论基础首推康德的自由意志哲学。康德将个人意志（意思）提升到了至高无上的地位，在对权利（法律）的定义中，他精辟地阐述了这一思想：①权利涉及的是一个人对另外一个人的外在的和实践的关系，因为通过他们的自由意志这件事实，他们可能间接或直接地影响彼此；②权利的概念只表示他的自由意志和别人的自由意志的关系；③在这些自由意志的相互关系之中，权利的概念不考虑意志行动的内容。[2]根据这些要件，任何人的自由意志都按照一条普遍的自由法则能够和其他人的自由意志相协调。[3]在康德的自由意志哲学奠基之后，历史法学派创始人之一胡果·格老秀斯（Gustav Hugo）率先将私法效果的根源确定为当事人自己的内心意愿。

---

〔1〕 3R 运动即欧陆向近代转化出现的文艺复兴、启蒙运动、宗教改革三大运动。英文分别为"Renaissance""Religion Reformation""Revival of Rome Law"，因英文首字母均以"R"开头而得名。

〔2〕 参见［德］康德:《法的形而上学原理——权利的科学》，沈叔平译，林荣远校，商务印书馆 1991 年版，第 41 页。

〔3〕 参见［德］康德:《法的形而上学原理——权利的科学》，沈叔平译，林荣远校，商务印书馆 1991 年版，第 42 页。

他提出并发展了意思表示理论并在这一理论基础上形成了法律行为理论。[1]康德的哲学思想深刻影响了德国民法学巨擘萨维尼（Savigny），其民法学理论内在体系即肇源于康德的自由意志哲学。[2]萨氏在整理和汲取学说汇纂法学和胡果·格老秀斯意思表示理论的基础上，进一步打破了传统民法的"泛意思表示理论"，将当事人的意思分化为表现不同私法效果的具体意思表示，如设定债权关系的意思表示（债权/负担行为）、设定物权关系的意思表示（物权/处分行为）、设定人身权的意思表示，其中物权意思的发现被视为其"对德国民法理论的最重要的贡献之一"[3]。这一发现揭示了不同民事权利的变动根源，使意思自治理论臻于完善。[4]至此，意思自治原则贯穿于民法学的核心领域。

通过对意思自治原则的历史和理论的溯源可见，私法之精神"支柱"和"灵魂"无疑系意思自治。只要承认公法和私法划分逻辑，承认《公司法》的私法而非公法属性，在明确这一"底部共识"后，关于决议行为是法律行为还是非法律行为之争即可戛然而止了。可以肯定地说，决议行为属于法律行为，其和单方行为、双方行为、共同行为都是实现私法自治的工具和手段。私法自治包括个人自治和团体自治两个方面。团体自治是私法自治的重要"支流"，其和民法个人（自然人）自治共同构成私法自治的"一体两翼"，二者同等重要、缺一不可。我国《民法典》未将"决议行为"放置在"总则编"第三章"法人"部分，而是放置在第六章"民事法律行为"之"一般规定"部分，并将决议行为定位为"特殊"法律行为类型，无疑属于妥当之举。

三、决议行为归属于"特殊"法律行为的理论证成

承上所述，承认私法决议行为属于法律行为只是取得了"底部"和"基础"共识，那么是否据此可以推定私法决议行为就完全适用法律行为一般理论呢？笔者认为不能。决议行为的"特殊性"可能会"遮蔽"甚至"阉割"

---

〔1〕 参见［奥］凯尔森：《法与国家的一般理论》，沈宗灵译，中国大百科全书出版社1996年版，第78页。

〔2〕 参见杨振山、王洪亮：《继受法律的理性科学化——当代法学家的使命与继受法律的理论化》，载《比较法研究》2004年第1期。

〔3〕 米健：《物权抽象原则的法理探源与现实斟酌》，载《比较法研究》2001年第2期。

〔4〕 参见［德］维尔纳·弗卢梅：《法律行为论》，迟颖译，法律出版社2013年版，第205页。

其一般性，这亦是《民法典》颁布实施之后仍然有如此多学者对决议行为的法律行为性质持怀疑态度的主要原因。决议行为属于法律行为，和其他法律行为一起共用意思自治的私法理念，但也仅止步于此。

（一）理论界对决议行为"特殊性"的描述及不足

王利明教授出版的《民法总则研究》一书在法律行为类型部分将民事法律行为分为"一般"和"特殊"法律行为，[1]以表明决议和一般法律行为之区别。这种学术的敏锐性以及对决议行为的重视，殊值赞赏。《民法典》实施后主流释义书对决议行为"特殊性"的解释有三：①双方和多方法律行为需要所有当事人的意思表示一致才能成立，决议行为无需所有当事人意思表示一致而成立，只需多数人意思表示一致即可；②双方和多方法律行为的设立过程一般不需要遵循特殊程序，决议行为一般需要依照一定的程序才能成立；③双方或者多方民事法律行为的适用范围一般不受限制，决议行为原则上仅适用于法人或者非法人组织内部的决议事项。[2]既有解释从决议和双方、多方行为比较入手，将决议行为"特殊性"概括为意思形成机制、决议程序和决议约束范围三方面，这对认识决议行为的独立性及司法实践具有一定的指导意义，但还难言深入和全面。如第三点认为决议原则上不具有外部拘束力，实则该问题在理论界和实务界存在较大争议。

在德国当代民法学者代表中，卡尔·拉伦茨和梅迪库斯对决议行为的特殊性均有不同程度的解释。卡尔·拉伦茨虽然将决议行为归属于法律行为，但是他明确指出应将决议行为从合同中分离出来。[3]梅迪库斯对决议行为特殊性的描述较为具体、形象，他将决议行为从合同行为、多方行为中剥离而和单方、双方、多方法律行为并列，其对决议行为特殊性的描述主要有三：①若干项意思表示不仅内容相互一致，而且所用的词句也完全一致。例如，在房屋租赁情形中，一项意思表示"我想出租"，另一项意思表示则云"我想承租"；在一个社团选举董事会时，多项意思表示一致称："我想选举 A 当司

---

〔1〕 参见王利明：《民法总则研究》（第 3 版），中国人民大学出版社 2018 年版，第 495 页。

〔2〕 参见黄薇主编：《中华人民共和国民法典释义》（上），法律出版社 2020 年版，第 266 页；李适时主编：《中华人民共和国民法总则释义》，法律出版社 2017 年版，第 420 页；石宏主编：《中华人民共和国民法总则条文说明、立法理由及相关规定》，北京大学出版社 2017 年版，第 323 页。

〔3〕 参见［德］卡尔·拉伦茨：《德国民法通论》，王晓晔等译，法律出版社 2003 年版，第 320 页。

库"。②决议的意思表示不是针对其他作出表示的成员，而是针对意思形成机构（an das Gremiunm）即针对社团或者针对董事会，此即决议意思指向对象的"涉他性"。③决议对那些未对决议表示同意的人亦能够产生拘束力。如社团成员大会以必要的多数决通过变更章程事项，对那些没投票、投反对票或者弃权票的成员也具有约束力。[1]

梅迪库斯清晰地描述了决议行为的三项核心特征：决议中多数成员意思表示的一致性，决议意思指向的特定性，决议拘束范围的广泛性。不过，他的这一概括同样存在不够全面和不周延之嫌，亦忽略了决议行为中的民商思维区分。如其第三点关于决议行为拘束力之描述，仅明确团体决议意思对其他参与表决的成员具有约束力，未言明决议行为是否具有"溢出"效应，即对基于该团体意思所为的外部行为所形成的该团体和第三人之外部法律关系是否有影响。笔者认为，决议虽然旨在调整团体内部事项，但亦可能具有"溢出"效应。

例一，公司对外担保合同效力判断。我国 2018 年《公司法》第 16 条第 1 款以强制性规定形式要求公司对外担保需要经过股东会或者董事会决议决定。对于违反该规定的法定代表人越权担保合同的效力问题，民法和商法学者各执一词，司法实践亦历经了反复更迭，目前仍难臻一致。[2]最新颁布的《九民纪要》和《民法典担保制度解释》对该问题采取了较为一致的立场，即公司对外担保合同的有效抑或无效，端赖交易相对人"善意"与否。如相对人为"善意"则担保合同有效，相对人为"非善意"则担保合同无效，[3]"善意"指不知道或者不应当知道法定代表人超越权限订立担保合同。[4]承认了《公司

---

[1] 参见［德］迪特尔·梅迪库斯：《德国民法总论》（第 2 版），邵建东译，法律出版社 2001年版，第 142 页。

[2] 参见《最高人民法院公报》2011 年第 2 期；最高人民法院［2020］最高法民终 1143 号民事判决书；上海市第二中级人民法院［2009］沪二中民四（商）初字第 6 号民事判决书；北京市高级人民法院［2009］高民终字第 1730 号民事判决书；浙江省临海市中级人民法院［2009］临商初字第205 号民事判决书。

[3] 参见《九民纪要》第 17 点和《民法典担保制度解释》第 7 条。《九民纪要》第 17 点后半句规定："法定代表人未经授权擅自为他人提供担保的，构成越权代表，人民法院应当根据《合同法》第 50 条关于法定代表人越权代表的规定，区分订立合同时债权人是否善意分别认定合同效力：债权人善意的，合同有效；反之，合同无效。"

[4] 参见《九民纪要》第 18 点。

法》第 16 条第 1 款担保规则的"溢出"效应。[1]关于公司对外担保中债权人审查义务，《九民纪要》第 18 点第 2 款规定交易相对人"善意"的判断标准为是否履行"形式审查"义务，[2]而《民法典担保制度解释》第 7 条却认为债权人应当尽到"合理审查"义务。[3]《民法典担保制度解释》未完全吸收《九民纪要》的规定，尽管有学者认为"合理审查"较"形式审查"更具可取性和合理性，要求更高，债权人作为理性商人对公司决议的审查不应当仅限于会议决议文件、股东签字签章等形式要件，有时候应当更为具体和深入。[4]但何谓"合理审查"，其边界在何处又属于一个价值判断问题。《民法典担保制度解释》虽然用意良善，但是对《九民纪要》的颠覆性修改又滋生了新的司法难题。

例二，公司减资违反通知义务。《公司法》规定公司减资需要经股东（大）会决议，决议通过后由公司将减资事实通知债权人以保障其行使救济权。2018 年《公司法》第 177 条第 2 款仅仅规定了减资程序及对债权人的通知义务，对公司违反通知义务减资的法律后果，未具明文。对于公司减资未通知债权人是否导致减资行为无效，学界存在"无效说"和"有效说"的对立观点。无效说认为，如果违反通知义务的减资行为有效，则 2018 年《公司法》第 177 条第 2 款将形同具文，难以实现预期立法目的及保护债权人之效果。如赋予其强行法效力，则有利于公司资本之充实及债权人利益保护，亦符合该条强制性规范之立法目的。[5]有效说认为，公司减资和对债权人履行通知义务属于两个不同法律事实，减资违反通知债权人义务并不导致减资行为无效，[6]《公司法》只是为债权人提供一种保护，和减资效力无涉。

---

〔1〕《九民纪要》第 17 点前半句明确规定："担保行为不是法定代表人所能单独决定的事项，而必须以公司股东（大）会、董事会等公司机关的决议作为授权的基础和来源。"

〔2〕 该款规定："债权人对公司机关决议内容的审查一般限于形式审查，只要求尽到必要的注意义务即可，标准不宜太过严苛。……"

〔3〕 该条第 3 款规定："第一款所称善意，是指相对人在订立担保合同时不知道且不应当知道法定代表人超越权限。相对人有证据证明已对公司决议进行了合理审查，人民法院应当认定其构成善意，但是公司有证据证明相对人知道或者应当知道决议系伪造、变造的除外。"

〔4〕 参见甘培忠、马丽艳：《公司对外担保制度的规范逻辑解析——从〈公司法〉第 16 条属性认识展开》，载《法律适用》2021 年第 3 期。

〔5〕 参见余斌：《公司未通知债权人减资效力研究——基于 50 个案例的实证分析》，载《政治与法律》2018 年第 3 期。

〔6〕 参见丁辉：《认缴登记制下公司减资制度研究》，载《河北法学》2017 年第 6 期。

上述两例均涉及决议行为的"溢出"效应问题，本质上反映的是民法思维和商法思维的不同处理模式以及对决议行为外部效力"特殊性"的认识。持商法思维者对决议外部拘束力多持肯定态度，持民法思维者则多持否定态度。[1]笔者认为，对决议的外部约束力的判定不宜一概而论。决议包括指向内部的决议和指向外部的决议两类，指向内部的决议一般不具有外部拘束力。如董事会决议解任某位经理，根据传统公司法理论，经理系公司的雇员、高级雇员或高级职员，[2]经理获得聘任的前提是其与公司之间存在雇佣或者劳动关系，或者在聘任的同时与公司建立雇佣或劳动关系，[3]决议一经完成在经理和公司之间即产生雇佣或劳动合同关系解除的法律效果。但是，在法律明确规定需经决议的对外交易（如对外担保）或者该决议和外部第三人存在利益关系（如公司减资）时，应当肯定决议行为的外部拘束力。前述例一《九民纪要》和《民法典担保制度解释》已经肯定了公司担保决议和对外担保合同效力判断之间的牵连关系，例二公司减资违反《公司法》的强制性规定亦有必要明确减资行为无效，以维护立法权威并给债权人提供周延保护。

（二）决议行为"特殊性"之展开——以和单方、双方、共同行为比较为中心

结合上述对决议"溢出"效应及域外（德国、日本、韩国）和域内对决议行为特征的论述，笔者认为，与单方行为、双方行为、共同行为相较，决议行为的"特殊性"包括以下九个方面：①价值目标相异。决议行为和单方、双方、共同行为虽然均以意思自治为皈依，但决议行为更注重效率价值，其程序设计和表决结果都暗合/符合这一目标。②适用领域有别。双方行为主要适用于合同法领域，共同行为多发生在人身依赖关系紧密的结合性团体当中，如发起人协议、共同遗嘱等。决议主要适用于组织法和团体法的商法领域，虽然农民集体决议、业主大会决议亦有之，但就组织性强弱程度和规制密度而言，远不及公司决议。③行为主体数量众多。单方行为仅为一人作出，合同需经要约方和承诺方意思合致后方成立，多方行为和决议人数众多。相较而言，决议采用"多数决"机制，牵涉主体更为广泛。如在上市公司中，随

---

〔1〕 争议梳理参见薛波：《民法典时代民商关系论》，上海人民出版社2021年版，第308页。

〔2〕 参见江平主编：《新编公司法教程》（第2版），法律出版社2003年版，第146页。

〔3〕 参见赵旭东：《再思公司经理的法律定位与制度设计》，载《法律科学（西北政法大学大学学报）》2021年第3期。

着通信表决和电子股东论坛等网络技术的广泛应用，股东积极主权主义勃兴，[1]参与股东会投票表决的主体可能成千上万。④意思表示方向多元。参与决议的行为主体存在弃权、赞成、反对等多种意思表示，这些意思表示方向可能相同或者相反。单方、双方、共同行为意思表示均相同或相向，不存在反对和弃权意思。⑤意思形成机制特殊。单方行为和合同行为通常只有一个或者数个意思表示，因此意思表示和法律行为通常互换使用，多方行为采用一致决，不存在反对或弃权意思，而决议采用"资本/人头"多数决，无需全体一致意思表示。虽然在偶发情况下亦可能由全体意思表示一致形成决议，但这显属非常态。⑥意思表示构造复杂。决议行为在意思表示构造上呈现"双层构造"，即表决成员意思和团体意思分离。决议行为中的第一层意思为表决成员所为的意思表示，包括了目的意思、效果意思、表示意思、表示行为等要素；第二层意思为团体法上的复数意思表示结合议事规则和表决程序规范形成的法律行为。我们通常论及的决议行为是就第二层意思而言的，第一层意思属于传统民法的意思表示范畴。⑦目标指向具有特定性。表决过程虽然存在无数个成员意思表示，但无论何种方向（即便包括"反对"或者"弃权"意思），结果也均针对"公司"这一实体。⑧约束主体具有涉他性。此可谓决议行为最具争议之处。前述《民法典》释义书和梅迪库斯教授均认为，决议仅对团体本身和参与表决主体具有约束力，不约束外部第三人。笔者通过对担保合同效力和违反通知义务减资效力的分析证成决议可能具有"溢出"效应。即除对投反对票和弃权票的主体有约束力外，对未参与决议但和该决议结果有密切关联之第三人，亦可能产生牵连效应。

综上，可以肯定地说，决议行为属于法律行为，但是属于"特殊"法律行为。传统法律行为以自然人为原型，以追求表意人内心效果意思之实现为皈依，规制的乃是行为人内心的效果意思表示不一致（虚伪表示和错误）和意思表示不自由（欺诈和胁迫）问题，并据此来构建法律行为效力体系，判别法律行为效力状态。[2]因此，在单方、双方行为中，意思表示和法律行为基本属于同一语，只不过存在数量上的不同。在单方行为中，意思表示等同

---

〔1〕 参见冯果、李安安：《投资者革命、股东积极主义与公司法的结构性变革》，载《法律科学（西北政法大学学报）》2012年第2期。

〔2〕 参见王泽鉴：《民法总则》，北京大学出版社2009年版，第335页。

于法律行为，在双方和共同行为中，多个意思表示"加总"等于法律行为。此即缘何在《德国民法典》《日本民法典》中意思表示和法律行为基本属同一语。《德国民法典》第三章虽然以"法律行为"冠名，但该章法律行为和意思表示经常"跳跃式"混用，两个概念的区别微乎其微。[1]根据《德国民法典》第 119 条、第 120 条、第 123 条规定，某些具有瑕疵的意思表示可撤销，但第 142 条规定的则是可撤销和已撤销法律行为。[2]《日本民法典》第99~103 条、第 107~110 条亦模糊使用这两个概念，但是由于法律行为以意思表示为要素，因此不认为是用语使用上的错误。[3]但是，决议则不同，一个或者多个意思表示"加总"绝不能等于"决议行为"。虽然决议完成亦需要经过"表决成员意思→各表决成员形成机关意思（如股东会、董事会、监事会意思）→公司团体意志"这样一个有序渐进、逐步"化合"的过程。但在这样的动态发展链条中，成员表决意思仅是形成决议结果的"原材料"和"最初砖头"。经由"资本/人数多数决"形成决议结果后原成员意思被团体意思"吸收"或"吞噬"，"原材料"发生了"质变"，早已"物是人非"。

由上可进一步揭示，对决议概念的理解实则主要集于两个层面：①决议的形成过程。该过程涵盖"议"和"决"两个方面。"议"包括会议的召集、会议通知、提出议案、发表质询和辩论意见、协商讨论等若干环节；"决"涉及表决权分配公平、参与表决人数法定（章定）、资本/人数多数决、表决回避等制度。前后两个环节紧密关联，"议"是"决"的前提和基础，"决"是"议"的结果和延伸。②决议的结果。包括"否定性"决议和"肯定性"决议两类。[4]质言之，决议行为重点关注的是表决成员意思经过"资本/人数多数决"议事规则"化合"的过程以及最终化合成的"决议结果"，关注决议过程中"程序是否正当"和"表决是否民主"两个问题。即便决议结果的作

---

〔1〕 参见［德］迪特尔·梅迪库斯：《德国民法总论》（第 2 版），邵建东译，法律出版社 2001年版，第 190 页。

〔2〕 参见［德］迪特尔·梅迪库斯：《德国民法总论》（第 2 版），邵建东译，法律出版社 2001年版，第 190 页。

〔3〕 参见［日］近江幸治：《民法讲义·Ⅰ·民法总则》（第 6 版补订），渠涛等译，渠涛审校，北京大学出版社 2015 年版，第 148 页。

〔4〕 肯定性决议是指经会议表决作出的、通过某项议案的决议，否定性决议即会议未通过的议案。参见叶林：《股东会会议决议形成制度》，载《法学杂志》2011 年第 10 期。

出历经曲折迂回、千难万阻，自开始至结束，各表意主体存在各种缠斗、争辩、谈判、协商、合作、分化、妥协。但这些细节均非所问，亦不是决议立法的重心之所在。单个成员行使表决权（如对一项股东会议案投赞成、反对或弃权票）表达的是自己内心的效果意思，当然适用民法意思表示瑕疵和法律行为理论；决议行为属于组织法和团体法的商法范畴，无法适用肇源自然人"心理/思维世界"的意思表示理论，[1]二者理应"尘归尘，土归土"。[2]决议这种特点亦系商法形式主义、程序主义、结果导向思维之体现，是理解其"特殊性"之关键。遗憾的是，我国民商法学界在讨论决议行为时往往对其概念不加界定[3]便笼统讨论决议行为的性质及其效力规则构建。由于在概念界定和逻辑起点上存在重大偏谬，习惯性地将不具有"可视性"的单个表决成员意思表示和决议混同，混淆民法上的意思表示和团体组织意思（意志）形成之重大区别，以至无法准确识别私法决议行为的"庐山真面目"。

在澄清了决议行为的概念指涉之后，我们亦能够清晰地解释意思表示瑕疵和民事法律行为的有效、可撤销、效力待定、无效规则缘何在决议行为效力中几乎无适用的空间。[4]如《民法典》第 143 条第 2 项规定，法律行为有效要件之一为意思表示真实；第 146 条第 1 款规定行为人与相对人以虚假的意思表示实施的民事法律行为无效；第 147 条规定行为人对基于重大误解实施的民事法律行为享有撤销权；第 148 条一方以欺诈手段，使对方在违背真实意思的情况下实施的民事法律行为，受欺诈方的撤销权；第 149 条第三人实施欺诈行为时相对方的撤销权；第 150 条一方或第三方胁迫相对方在违背真实意思的情况下实施法律行为时受胁迫方的撤销权；第 151 条显失公平时受损害方的撤销权等。这些规则完全建立在意思表示瑕疵及法律行为理论基础之上，并非决议立法关注的重心所在。

---

〔1〕 参见蒋大兴：《公司组织意思表示之特殊构造——不完全代表/代理与公司内部决议之外部效力》，载《比较法研究》2020 年第 3 期。

〔2〕 当然，这不是说决议和表决无涉。单个表决成员的意思表示瑕疵通常不影响决议行为效力，但基于资本多数决规则，当某股东持股达到一定比例（如控股股东）时可影响决议效力。关于表决权瑕疵和决议瑕疵的关联和区分。参见许中缘：《论意思表示瑕疵的共同法律行为——以社团决议撤销为研究视角》，载《中国法学》2013 年第 6 期。

〔3〕 参见叶林：《股东会决议无效的公司法解释》，载《法学研究》2020 年第 3 期。

〔4〕 因法律行为无效规则涉及对法律行为合法性的判断，对公司决议无效判定有"补充"适用余地。参见钱玉林：《股东大会决议瑕疵研究》，法律出版社 2005 年版，第 105 页。

　　既然民事法律行为效力瑕疵规则无法被适用于决议行为，那么又该如何评判决议行为的效力呢？鉴于决议重点关注"形成过程"和"决议结果"两个环节，法律对决议效力的评价亦应当重点考量"决议程序和表决方法"和"决议内容"是否有瑕疵两方面。具体包括：①决议行为本身是否合法。即决议行为是否违反法律、行政法规的强制性规定，是否属于《民法典》第153条、2018年《公司法》第22条第1款规定的无效情形。对因违反强制性法律规定否定决议效力者，我国司法实务存在扩张解释倾向。如在一则案例中，公司所有股东均为虚假出资，部分股东通过召开股东会决议解除某位股东资格。该除名决议最终被认定为无效。概因该部分股东本身非诚信守约者，其行使股东除名表决权也就无合法性基础，背离股东除名制度立法目的和公序良俗。〔1〕不过，根据《民法典》第153条后半句"该强制性规定不导致该民事法律行为无效的除外"之"但书"规定，《民法典》第153条第2款似对2018年《公司法》第22条第1款作出了限缩解释，明确不导致法律行为无效的限制条件。有学者据此认为法官在判决决议无效时应当承担论证责任。〔2〕②决议程序和表决方法是否存在瑕疵。根据决议瑕疵强弱程度之不同包括三类：第一类轻微瑕疵有效。根据《公司法司法解释（四）》第4条之规定，股东会或者董事会会议的召集程序和表决方式仅有轻微瑕疵且未对决议产生实质影响的，决议有效。即要求"轻微瑕疵"和"未产生实质影响"两条件叠加具备，决议方为有效。如在一则案例中，公司召开临时股东大会通知提前14天到达股东马某处，根据《公司法》第41、102条的规定，临时股东会应当在会议召开15日前通知全体股东，属轻微瑕疵且马某已经收到通知，未能参会系本人原因。另外，马某持股仅30%，其未参会对决议结果无实质影响，故马某关于股东会会议程序违法的主张于法无据。〔3〕第二类通常瑕疵决议可能被撤销，包括会议召集程序和表决方式违反法律、行政法规或者公司章程。司法实务中常存在将"决议可撤销"和"决议无效"混淆之倾向。如在一则案例中，法官认为，被告公司存在股东会决议，但是无充足证据证明已经向原告发送了会议通知，没有通知仅构成程序违法，因此应当适用2018

---

〔1〕　参见江苏省常州市中级人民法院［2018］苏04民终1874号民事判决书。

〔2〕　参见叶林：《股东会决议无效的公司法解释》，载《法学研究》2020年第3期。

〔3〕　参见北京市高级人民法院［2019］京民申1402号民事裁定书。

年《公司法》第 22 条第 2 款决议撤销的规定。[1]但是，在另一则案例中，法官却又认为，召集对象瑕疵属于严重的程序瑕疵，剥夺了原告平等参与公司决策管理和行使表决权等股东权利，不单纯属于召集程序瑕疵，已进入侵犯股东权利、内容违法的禁止性规定领域，因此决议无效。[2]第三类严重瑕疵决议不成立。如伪造股东或者董事的签名做成的决议，未对会议决议事项进行表决。对此，我国《公司法司法解释（四）》第 5 条罗列了决议不成立的具体事由，在实务中，亦存在将"决议不成立"和"决议撤销"混淆之情形。[3]③决议内容是否违反团体章程。《公司法》第 22 条第 2 款规定决议内容违反公司章程系可撤销决议。实践中普遍存在章程条款照搬/临摹《公司法》规定之情形，此时决议若违章必然也会违法，出现"决议撤销"和"决议无效"适用混淆之局面。对此，笔者认为，本着司法克制和审慎保守的立场，应当判定决议可撤销而非无效。当然，对各类决议瑕疵诉讼进行区分和效力判别非本书论述的中心议题，不过从对上述三类决议瑕疵诉讼的区辨可见，第一、第三类系从"决议结果"视角之评价，第二类集中于对"决议形成过程"之评价。[4]至此，决议和一般法律行为的效力评判标准得以清晰划定，和合同等一般法律行为概念的界限亦得以廓清。

值得进一步反思的是，在《民法典》"民商合一"体例思维的"前见"下，我国青年商法学者吴飞飞博士在整理并批驳决议的"意思形成说"的基础上证成决议归属于法律行为后，便推导出法律行为效力瑕疵规则亦适用于决议效力规则。[5]鉴于决议行为显著的"程序"特征，其尝试改造法律行为，将决议瑕疵纳入法律行为效力评价体系，认为法律行为应当包括"意思表示+程式（程序+形式）"而非传统的"意思表示+形式"，进而使法律行为效力理论能够适用于决议。[6]其在结论部分直言，在《民法典》已经明确决

---

[1] 参见浙江省高级人民法院 [2007] 浙民二终字第 287 号民事判决书。

[2] 参见浙江省嘉兴市中级人民法院 [2010] 浙嘉商终字第 429 号民事判决书。

[3] 参见北京市怀柔区 [2012] 怀民初字第 00184 号民事判决书。

[4] 参见王滢：《公司决议行为的双阶构造及其效力评价模式》，载《当代法学》2021 年第 5 期。

[5] 参见吴飞飞：《决议行为"意思形成说"反思——兼论决议行为作为法律行为之实益》，载《比较法研究》2022 年第 2 期。

[6] 参见吴飞飞：《论决议对法律行为理论的冲击及法律行为理论的回应》，载《当代法学》2021 年第 4 期。

议行为向一般法律行为身份归宗的情况下，此时再去反复强调决议行为的特殊性，建设意义不大。[1]这种理论上的开拓可谓用心良苦，亦充分认识到了决议行为和法律行为二者之共性。但是，笔者认为，决议行为虽然归属法律行为但是也仅止步于二者在伦理基础——意思自治——这一点上等值，能否进一步推导出法律行为效力瑕疵理论完全适用于决议，至少从法律行为的历史和制度设计而言，尚需进一步反思和斟酌。众所周知，法律行为作为19世纪潘德克顿概念法学高度抽象化之产物，最初是以"自然人"为原型设计的。该制度在滥觞之初以及后来的发展过程中根本就未考虑过对决议行为的纳入及其和法律行为的衔接协调问题。现如今，如果仅仅因为我国《民法典》第134条第2款对决议"特殊"法律行为属性之确认，就贸然"逆向"改造这一历经两百年来德国数代法学家和实务界经反复"锤炼"而"锻造"的概念体系，是否妥当，实值慎思。笔者认为，在承认决议行为属于意思自治之手段并将之归属于法律行为"特殊"类型的前提下，如果没有长期、反复的论证和充足理由，最好不要改动这一在民法学理论中"已十分精致且最为成熟（没有之一）"的概念。倘若改造不成，非但对决议行为的本质和属性认识无益，还有可能造成"反噬"效果，彻底扰乱以意思表示和法律行为为"支柱"构筑起来的整个民法学理论体系和制度体系。笔者认为，法律行为效力理论难以成为决议一般理论构建的"坐标轴"，[2]决议效力规则的构建需根据自身的"特殊性"取舍和判断。建议以《公司法》等特别法为基础构建一套属于自身的效力判定规则体系，无需完全"迁就"或者"迎合"法律行为效力理论。这就类似于民法商法虽同属私法、共用私法的基本理念（如自治、公平、诚信等），但并不妨碍商法在民法之外另行构建一套规则体系（集大成者为《商法典》）。恰如学者所言，"民商合一"这个判断本身就是以承认民法和商法差异为条件的。我国后《民法典》时代的"民商合一"不是以抹杀民商区别为标志的"绝对合一"或"民商混同"，而应当是以承认商法独立

---

〔1〕 参见吴飞飞：《决议行为"意思形成说"反思——兼论决议行为作为法律行为之实益》，载《比较法研究》2022年第2期。

〔2〕 李永军教授也认为"法律行为规则几乎不能适用于决议行为"。不过，他是从决议行为非法律行为的立论前提得出这一结论的，与笔者的论证和切入视角略有不同。参见李永军：《从〈民法总则〉第143条评我国法律行为规范体系的缺失》，载《比较法研究》2019年第1期。

性为基础的"相对"和"有限"合一。[1]尊重商法的特殊性就是对我国《民法典》"民商合一"体例的尊重和维护，这一宏观判断对于准确辨识决议的法律行为属性及其"特殊性"并明确二者的关联和界限而言亦非常妥适。

四、决议行为归属于"特殊"法律行为的体系意义

行文至此，我们在决议行为性质认定上取得了两点共识：第一，决议归属于法律行为背后的"推手"系意思自治；第二，决议属于"特殊"法律行为。在理论层面将决议行为定位为"特殊"法律行为具有如下意义。

（一）契合了《民法典》第 134 条第 2 款之规定

《民法典》第 134 条第 1 款规定："民事法律行为可以基于双方或者多方的意思表示一致成立，也可以基于单方的意思表示成立。"第 2 款规定："法人、非法人组织依照法律或者章程规定的议事方式和表决程序作出决议的，该决议行为成立。"立法者颇具匠心，第 2 款没有承接第 1 款直接言明决议行为属于法律行为之一类或者属于"特殊"法律行为，而是从法人、非法人组织决议行为成立的角度予以规定。严谨的立法措辞背后充分折射出了《民法典》编纂前后关于决议行为性质的巨大争议及立法者对决议行为"入典"持谨慎立场。在《民法总则》颁布后曾有观点认为，《民法总则》在法律行为部分规定决议行为的成立，在营利法人部分（第 85 条）和非营利法人（第 94 条第 2 款）规定决议可撤销，造成了体系割裂。[2]笔者认为，这种解读似有违背立法本意之嫌，亦忽视了《民法典》私法"基本法"之地位。《民法典》第 134 条第 2 款旨在为决议行为提供"一般"和"基础"规范，该规定符合"民商合一"体例下从各商事单行法中"提取"若干一般规定纳入《民法典》各编之初衷和本意。决议"入典"属于立法者的慎思之举而非武断"复印"下位法之结果。不过，值得检讨的是，《民法典》对商事一般规范的提炼并非均如第 134 条第 2 款这般精准。《民法典》总则编"法人章"之"一般规定"和"营利法人"部分为了因应"民商合一"体例之要求，采用大规模

---

〔1〕 参见赵万一：《民商合一体制下商法独立的可能性及其实现路径》，载《法学杂志》2021 年第 7 期。

〔2〕 参见瞿灵敏：《民法典编纂中的决议：法律属性、类型归属与立法评析》，载《法学论坛》2017 年第 4 期。

"复制/复印"下位法《公司法》规定的做法，造成了《公司法》总则的"空洞化"和"碎片化"，[1]亦扰乱了一般法和特别法之适用关系。[2]两相权衡，这种"复印/提取"技术之运用可谓"成也萧何，败也萧何"。

（二）丰富和革新了传统民事法律行为类型

前已述及，传统民事法律行为分类理论要么忽视决议行为，要么将其归入共同行为的行列（决议行为在传统民事法律行为分类中的归属及对其重视程度见表8-1）。将决议定位为"特殊"法律行为后，传统民事法律行为分类理论面临重大调整和革新。[3]为突出决议行为的独立性和特殊性及其商法意义，后《民法典》时代民法学理论关于民事法律行为的分类存在两条可能的路径选择：①根据意思表示数量和意思表示构造之差异，将民事法律行为区分为"个体法行为"和"团体法行为"，将单方行为、双方行为、共同行为统合称为个体法行为。鉴于决议行为在适用领域（商法）和意思表示构造（人数/资本多数决）等方面具有特殊性，可以考虑以团体法行为代指决议行为。这一分类能够鲜明地区分商法的组织法/团体法属性和民法的交易法/个体法属性，系"民商合一"体例之下民商思维区分模式的精微呈现。②遵循传统法律行为分类理论窠臼，将决议行为归于"特殊"法律行为，将决议行为之外的其他法律行为统合为"一般"法律行为。这一分类与《民法典》第134条第2款对决议行为的立法定位相吻合，亦能充分彰显决议行为不同于传统法律行为的独特性。前已述及，王利明教授在其最新修订的《民法总则研究》一书中，即将民事法律行为区分为"一般"和"特殊"两种法律行为，其中特殊法律行为即决议行为，一般法律行为指传统法律行为。[4]（见表8-2）

---

[1] 参见薛波：《公司法人格否认制度"入典"的正当性质疑——兼评〈民法总则〉"法人章"的立法技术》，载《法律科学（西北政法大学学报）》2018年第4期。

[2] 参见钱玉林：《民法总则与公司法的适用关系论》，载《法学研究》2018年第3期。

[3] 参见薛波：《论决议行为"入典"与法律行为分类理论之重构》，载《社会科学》2022年第7期。

[4] 参见王利明：《民法总则研究》（第3版），中国人民大学出版社2018年版，第495页。

表 8-1　法律行为分类及其对决议行为重视程度

	法律行为分类	对决议行为的重视程度
一	单方行为、多方（数）法律行为	最弱
二	单方行为、双方行为、共同行为	次弱
三	单方行为、双方行为、共同行为、决议行为	较强
四	一般法律行为、特殊法律行为	强 1
五	个体法行为、团体法行为	强 2

表 8-2　决议行为分类的备选路径

类型一	一般法律行为	特殊法律行为
	单方行为、双方行为、共同行为	决议行为
类型二	个体法行为	团体法行为
	单方行为、双方行为、共同行为	决议行为

从对决议行为的重视程度方面考量，上述两种分类方法可谓不分伯仲。第一种分类虽然能够凸显决议行为的商法属性，但是考虑到当前学术界仍有相当多学者认为决议属于"单方行为"或者"意思形成行为"之事实。为了避免不必要的理论争议。笔者认为，王利明教授的分类方法更具有前瞻性和可取性：第一，"一般"通常和"特殊"对应，采用这一分类标准与《民法典》第 134 条第 2 款对决议行为性质的定位相吻合，亦符合立法宗旨。第二，《民法典》作为私法法源的权威依据和民法学理论研究的文本依托，尊重《民法典》的规定就是对私法法源秩序之尊重和维护，亦是对"形式法治"的信守和维护。在我国"形式法治观"[1]仍相当欠缺的背景下，法治建设的首要

---

〔1〕 "形式法治观"系二战以来国际法学界最具对抗性的法治理论，代表人物包括富勒、拉兹、罗尔斯、菲尼斯、萨默斯等。形式法治观强调法律权威，政府行为受法律控制，还要求一系列使人们服从规则指引得以可能的形式性要素以及与之相关的程序和制度设计。其中，富勒提出的形式性要素具有典型意义，按照其观点这些要素包括：一般性、清晰性、公开性、稳定性、不溯及既往、无矛盾性、法律不要求做不可能之事、官方行动与公布规则的一致性。Wolfgang Friedmann, *Law and Social Change in Contemporary Britain*, Stevens and Sons Limited, 1951, p. 281, 转引自 ［美］富勒：《法律的道德性》，郑戈译，商务印书馆 2005 年版，第 126 页。

目标就是要树立和维护成文法的核心价值。[1]第三，通过"一般"和"特殊"分类将决议行为和其他类型法律行为"分立"，各自占据法律行为理论的"半壁江山"，至少在表现形式上极大地提升了决议行为的私法地位，丰富和革新了传统民事法律行为类型理论，不啻为中国民法学理论对世界民法学的重大理论创新和贡献，为世界民法学理论及民法立法提供了中国元素和中国方案。

（三）为私法自治理论注入了源头活水

作为法律行为的决议行为丰富了私法自治内涵。传统私法自治以自然人为原型，以法律行为为实现工具。决议行为"入典"使私法自治完整涵盖"个人"和"团体"自治，共同构筑起了私法自治之"两翼"，为其注入了源头活水。决议行为"入典"表明中国《民法典》不同于以个人主义理念为灵魂和归宿的《法国民法典》《德国民法典》《奥地利民法典》《瑞士民法典》《日本民法典》等传统范式民法典，体现出了鲜明的"团体法"和"组织法"面向。从宏观层面而言，将决议行为这一商事行为归属于"特殊"法律行为亦印证了"民法商法化"和"商法民法化"之互融互渗的现象。商法与生俱来的创新性和变动性的基因，是民法发展的"排头兵"和"桥头堡"，为民法的发展注入了源源不断的动力和活力。作为法律行为的决议行为的"特殊性"亦警示/提醒民商法理论、立法、司法实务者，"民法商法化"不是"民商混淆"或者"民商不分"甚至是民法全盘吸纳/通吃商法，而是以承认商法特殊性和独立性为前提的"低限度"或者"有限度"的"民商合一"。如果从这一视角切入，我国《民法典》可谓"惠民"亦"惠商"，将之看成一部"民商法典"或"商民法典"亦不为过。此外，决议行为"入典"作为法律行为的重要分支充分彰显了商法的私法和自治法属性，亦从侧面印证了将商法归于监管法、强行法、管制法的观点是偏颇和错误的。

（四）创新和发展了《民法典》"民商合一"体例

"民商合一"究竟在哪些地方"合"，在哪些地方"分"，即便是权威的民商法学者在该问题表述上亦多牵强附会，往往找不到"民商合一"之要害和关键。《民法典》第134条第2款对决议行为之规定可谓是践行民商合一体

---

〔1〕 参见季卫东：《法治秩序的构建》，商务印书馆2014年版，第83页。

例之微观范例和注解。无论是在立法技术上还是在内容表达上，《民法典》第
134 条第 2 款都为商法规范融入《民法典》的可能和限度做了完美诠释。那
是否仅凭决议行为"入典"这一示例即可推定"民商分立"彻底消亡或者泯
灭，或者民商规范共铸一炉"民商不分"呢？答案为否。中国《民法典》恰
恰在该点上展示了较为成熟的思考。过去我们批评"民法沙文主义"或者
"民法帝国主义"，但至少在决议行为"入典"这一问题上，《民法典》立法
者是"克制"和"冷静"的，并未表现出明显的"扩地盘"倾向。在《民法
典》编纂过程中，曾有个别民法学者建议立法机关系统规定决议行为规则，
增加决议不成立、无效、可撤销等效力瑕疵类型，[1]但这一建议并未得到采
纳，立法者仅在法律行为成立部分对决议行为作出了"宣示性"规定。决议
行为"入典"亦充分印证了中国法学会商法学研究会会长赵旭东所言，民法
总则对商法不作规定或者少作规定，就是最好的规定；不作设计，就是最好的
统筹、最理性的安排，它给下一步商事立法留出了足够的机会和空间。就此而
论，《民法典》第 85 条规定营利法人的决议被撤销后依据该决议与外部善意
相对人形成的法律关系不受影响，值得商榷。虽然《九民纪要》认为该条对
于《公司法》第 22 条可以"优先"适用，填补了《公司法》第 22 条决议撤
销之漏洞，乃立法者有意为之。[2]但这种"标新立异式"立法扰乱了一般法
和特别法、上位法和下位法之适用关系，徒增解释困扰，于民法体系构建实
益有限。《公司法》立法漏洞宜交由公司法司法解释和案例指导制度填补。
《民法典》作为私法"一般法"和"总纲性"法律文件，不宜越俎代庖。笔
者认为，未来《民法典》修改应删除第 85 条后半句或者将之移位至《公司
法》或公司法司法解释中，以保持法律体系和谐和法律适用统一。

从《民法典》第 134 条第 2 款决议规则这一范例观察《民法典》"民商

---

〔1〕 参见王雷：《论我国民法典中决议行为与合同行为的区分》，载《法商研究》2018 年第 5
期。

〔2〕《九民纪要》第 3 点规定，《民法总则》与《公司法》是一般法和商事特别法的关系。根据
《民法总则》第 11 条有关"其他法律对民事关系有特别规定的，依照其规定"的规定，原则上应当适
用公司法的规定。但应当注意也有例外。《民法总则》在《公司法》规定基础上增加了新内容的，如
《公司法》第 22 条第 2 款就公司决议的撤销问题进行了规定，《民法总则》第 85 条在该条基础上增加
规定"但是营利法人依据该决议与善意相对人形成的民事法律关系不受影响"，此时应适用《民法总
则》的规定。

合一"体例，中国《民法典》实际上实行的是"低限度"而非"绝对"的民商合一。立法者如欲实行"彻底"或者"绝对"的"民商合一"，完全可以考虑以决议行为为"纲"，以"团体法"和"交易法"的双重逻辑来构建我国《民法典》的规则体系，但是从《民法典》的体例安排和各编具体内容观之，仍止步于传统民法范畴和体系，未采纳（或者未意识到）这一可能的新模式。考虑到难度实在太大以及我国长期继受大陆法系民法立法传统及知识累积等诸因素的影响，要实现这一创举也几无现实可能。在《民法典》对商事关系容纳极为有限的现实下，后《民法典》时代如何实现商事立法的"体系化"和"科学化"业已成为一项迫切而重大的学术议题。

（五）为商法学理论和商事立法体系化提供了重要启迪

传统商法学研究和立法定位长期徘徊/纠结在"主体法""行为法""营业法""企业法""权利法""裁判法"之间，将私法决议行为定位为"特殊"法律行为可以提供一条"崭新"甚至略带"颠覆性"的思路，即从"团体法/组织法"和"程序法"之双重视角来构建我国商法学理论并完善商事立法。当前，我国商法学界热议的《商法通则》/《商法典》立法是否亦有必要从"行为法-决议行为"这一视角谋划其体系和制度安排。这一视角既关照到了《民法典》作为私法"一般法"和"总纲性文件"的地位，以决议行为为"纽带"，又使传统商行为研究不再处于"幽暗的黑箱"之中，将商行为从传统的民事法律行为中剥离。商事法律行为的意思表示是团体意思表示而非自然人内心效果意思（意志）之表达，和民事法律行为并列构成私法法律行为的下位概念，既有利于完善私法法律行为制度，亦可以避免传统民事法律行为无法单独支撑法律行为体系的困境，[1]从而为我国商法学理论和商事立法的"体系化"和"科学化"提供了重要启迪。

---

〔1〕 参见施天涛：《商事法律行为初论》，载《法律科学（西北政法大学学报）》2021年第1期。

第九章

决议"入典"对法律行为概念的冲击与法律行为概念重释

引　言

"法律行为"是传统民法学理论中一个十分成熟和精致的概念，被誉为潘德克顿法学"最为璀璨和耀眼的一颗明珠""大陆法系民法学中最辉煌的成就"。[1]法律行为是 19 世纪德国法律科学的主要议题，19 世纪德意志法律科学恰是因这一理论而享有国际盛誉。[2]百余年来，只要是因袭大陆法系尤其是德国民法学传统和衣钵的国家（如日本），对法律行为内涵和外延的理解几乎异常一致。但是，在我国《民法典》第 134 条第 2 款史无前例地将决议行为作为法律行为的"新"类型之后，秉持德意志法律血统的法律行为概念犹如被"注入了活化剂"。决议行为"入典"给传统法律行为概念及其效力评价体系带来了巨大冲击。为此，有必要重新审视和反思法律行为的内涵和外延。[3]本书尝试在分析决议行为特殊性的基础上重释法律行为概念。具体行文思路如下：先回顾传统民法学理论对法律行为概念的描述，继而梳理决议"入典"的历程及其法律行为属性之确立，在前两部分基础上分析决议"入典"给法律行为概念带来的冲击，最后重新界定法律行为概念并阐释新概念带来的体系效应。

---

〔1〕　参见董安生：《民事法律行为——合同、遗嘱和婚姻行为的一般规则》，中国人民大学出版社 1994 年版，第 31 页。

〔2〕　参见〔德〕维尔纳·弗卢梅：《法律行为论》，迟颖译，法律出版社 2013 年版，第 35 页。

〔3〕　我国学术界多聚焦于决议性质和法律行为效力瑕疵可否适用于决议问题，尚无决议对法律行为概念影响的研究文献。

一、传统民法学理论对法律行为概念的描述

传统法律行为概念以"意思表示"为核心、中心、主轴，强调行为人内心效果意思对其行为后果的决定性作用。这一认识无论是在法律行为概念的滥觞地德国，还是在瑞士、荷兰、葡萄牙、希腊、日本、韩国、巴西等大陆法系国家，均毫无例外地被坚持和继受。[1]追溯法律行为之由来，一般认为，是德国学者胡果在解释罗马法时创设了"法律行为"（Rechtsgeschaft）概念。[2]但首次明确将法律行为和意思表示关联的却是海瑟。1807年，海瑟在《民法概论——潘德克顿学说教程》一书中赋予了法律行为以"设权意思表示行为"之含义，揭示了法律行为的意思表示属性。[3]这里的意思表示显非生活中普通的意思表示，乃追求私法效果之意欲意思，即法效意思。德国历史法学派创始人萨维尼（Saving）在《当代罗马法体系》（第3卷）中对法律行为作出了经典描述，法律行为乃行为人为创设其意欲的法律关系而从事的意思表示行为。[4]萨维尼的继受者普赫塔和温德夏特继承了萨维尼对法律行为的见解并有所发展。温德夏特从功能主义视角，将法律行为定义为旨在法律效力的创设的私的意思宣告，[5]强调法律行为效力系基于行为人意旨而发生。弗卢梅认为，法律行为旨在通过个人自治即通过实现私法自治的原则以成立、变更或解除一个法律关系。[6]拉伦茨认为，法律行为是一次行为或者若干次具有内在联系的行为，至少其中有一项行为具有再引起某种特定法律后果的意思表示或意思实现。[7]直到1908年《德国民法典》编纂之时，尽管德国学者对法律行为的内涵和外延一直存在不小的争议，但是法律行为的实质即意思

---

[1] 参见薛军:《法律行为理论：影响民法典立法模式的重要因素》，载《法商研究》2006年第3期。

[2] 参见朱庆育:《民法总论》，北京大学出版社2013年版，第75页。

[3] 参见董安生:《民事法律行为——合同、遗嘱和婚姻行为的一般规则》，中国人民大学出版社1994年版，第30页。

[4] 参见张俊浩主编:《民法学原理》（修订版），中国政法大学出版社1997年版，第219页。

[5] Saving, System des heutigen romisches Rechts, Bd. 3, S. 98.

[6] 参见 ［德］维尔纳·弗卢梅:《法律行为论》，迟颖译，法律出版社2013年版，第27页。

[7] 参见 ［德］卡尔·拉伦茨:《德国民法通论》（上册），王晓晔等译，法律出版社2017年版，第190页。

表示这一认识在 19 世纪后始终处于支配地位，[1]成了德国潘德克顿法律教义学和法律体系中不可或缺的基本概念。[2]

法律行为和意思表示在理论上密不可分的关系也被投射到了实证法上。《德国民法典》《立法理由书》直截了当地写道，意思表示与法律行为为同义之表达方式。使用意思表示者乃侧重于意思表达之过程，或者乃由于某项意思表示仅是某项法律行为事实构成之组成部分而已。[3]《德国民法典》不区分法律行为和意思表示，两个概念经常被互换使用。其第三章虽然以"法律行为"冠名，但该章法律行为和意思表示经常"跳跃式"混用，两个概念的区别微乎其微。根据《德国民法典》第 119 条、第 120 条、第 123 条的规定，某些具有瑕疵的意思表示可撤销，但第 142 条规定的则是可撤销和已撤销法律行为。[4]《日本民法典》也不区分法律行为和意思表示，同样混用二者。《日本民法典》第 99~103 条、第 107~110 条模糊使用了这两个概念，但是由于法律行为以意思表示为要素，因此不被认为是用语使用上的错误。[5]

中国传统民法学理论虽然对法律行为的概念界定众说纷纭，存在意思表示要素说和私法效果说之争议，但是对于法律行为之核心系意思表示，历来便无争议。如李宜琛认为："法律行为云者，以意思表示为要素，因意思表示而发生私法效果之法律要件。"[6]胡长清谓："法律行为者，以私人欲发生私法之效果之意思表示为要素，有此表示，故发生法律上效果之法律事实。"[7]梅仲协谓："法律行为者，私人之意思表示，依私法之规定，可以达到所希望之法律效果也。"[8]王伯琦谓："法律行为者，以意思表示为要素之

---

〔1〕 参见董安生：《民事法律行为——合同、遗嘱和婚姻行为的一般规则》，中国人民大学出版社 1994 年版，第 31 页。

〔2〕 参见朱庆育：《法律行为概念疏证》，载《中外法学》2008 年第 3 期。

〔3〕 参见［德］迪特尔·梅迪库斯：《德国民法总论》（第 2 版），邵建东译，法律出版社 2001 年版，第 190 页。

〔4〕 参见［德］迪特尔·梅迪库斯：《德国民法总论》（第 2 版），邵建东译，法律出版社 2001 年版，第 190 页。

〔5〕 参见［日］近江幸治：《民法讲义·Ⅰ·民法总则》（第 6 版补订），渠涛等译，渠涛审核，北京大学出版社 2015 年版，第 148 页。

〔6〕 李宜琛：《民法总则》，胡骏勘校，中国方正出版社 2004 年版，第 208 页。

〔7〕 胡长清：《中国民法总论》，中国政法大学出版社 1997 年版，第 207 页。

〔8〕 梅仲协：《民法要义》（修订版），中国政法大学出版社 2004 年版，第 63 页。

法律事实也。"洪欣逊谓:"以意思表示为其成立要素,因意思表示而发生一定私法上效果之法律要件。"〔1〕郑玉波谓:"法律行为者,乃以欲发生私法上效果之意思表示为要素之一种法律事实也;法律行为之特征,即在于以意思表示为要素之一点。"〔2〕史尚宽认为:"法律行为者,以意思表示为要素,法律因意思之表示,而使发生法律效力之私法上之法律要件也。"〔3〕黄立认为,法律行为主要指一个人为了产生一定的法律效果,所作的意思表示。〔4〕梁慧星认为:"指以发生私法上效果的意思表示为要素的一种法律事实。"〔5〕王利明认为,法律行为是民事主体通过意思表示设立、变更、终止民事法律关系的行为。〔6〕尽管学者的表述重点有所不一,但均强调法律行为系民事主体以意思表示为核心发生法律效果的法律要件/事实。

值得警醒并反思的是,自 20 世纪 50 年代中期开始,受苏联民法学理论的影响,基于服务计划经济建设和政治宣传的需要,学界对整个民法学理论进行了彻底改造。将法律行为分为违法行为和合法行为,强调法律行为的合法性。代表性观点认为,法律行为,是公民或者法人为了产生、变更、消灭一定民事法律关系而进行的一种合法行为。〔7〕既然法律行为是合法行为,那么无效和可撤销法律行为便会因不能产生当事人预期的法律效果而被排除在法律行为行列之外。法律行为不再以行为人的意思自治为核心价值,本质发生了"异化"。还有个别学者指出,法律行为实质上是"法律交易",〔8〕法律交易无疑是合法行为,为法律行为合法性辩护。

法律行为"合法说"在很长一段时间内成了我国民法学界不容置疑的"通说"。〔9〕自实证法角度而言,合法说揭示了法律行为效力产生之根源,有

〔1〕 洪欣逊:《中国民法总则》,三民书局 1992 年版,第 242 页。

〔2〕 郑玉波:《民法总则》,中国政法大学出版社 2003 年版,第 217 页。

〔3〕 史尚宽:《民法总论》,张谷校勘,法律出版社 2000 年版,第 266 页。

〔4〕 参见黄立:《民法总则》,中国政法大学出版社 2002 年版,第 191 页。

〔5〕 梁慧星:《民法总则讲义》(修订版),法律出版社 2021 年版,第 225 页。

〔6〕 参见王利明:《民法总则研究》(第 3 版),中国人民大学出版社 2018 年版,第 475 页。

〔7〕 参见中央政法干部学校民法教研室编著:《中华人民共和国民法基本问题》,法律出版社 1958 年版,第 73 页。

〔8〕 参见米健:《法律交易论》,载《中国法学》2004 年第 2 期。

〔9〕 参见法学教材编辑部《民法原理》编写组,佟柔主编:《民法原理》,法律出版社 1983 年版,第 77~78 页;法学教材编辑部编审:《民法讲义》,法律出版社 1981 年版,第 36 页。

利于发挥法律行为制度在实现国家公共政策和维护社会公共利益方面的职能，但是合法说人为限制了法律行为调整的社会行为范围，限制了私法自治和当事人意思自治的空间。[1]1986 年《民法通则》颁布后虽然法律行为"合法说"仍占据主导地位，但意志论亦悄然抬头。例如，寇志新旗帜鲜明地主张用"意思说"理解法律行为的本质。[2]

可喜的是，此次《民法典》编纂拨乱反正，重新突出了法律行为系以意思表示为核心，不再强调其合法性，基本复原了法律行为的本来面目。《民法典》第 133 条规定，"民事法律行为是民事主体通过意思表示设立、变更、终止民事法律关系的行为"，增加了意思表示并且删除了原《民法通则》第 54 条对合法性的规定。《民法典》"总则编"第六章专章规定"民事法律行为"，其第二节第 137 条、第 138 条、第 139 条、第 140 条、第 142 条、第 143 条专节规定"意思表示"，对意思表示方式、意思表示的生效、意思表示撤回、意思表示解释等作出了详尽规定。

尽管在法律行为概念认识上我国民法学理论和立法历经更迭反复，不过总的来说，经过理论和实践的淬炼和省思，法律行为之核心系意思表示已然成了民法学理论中"颠簸不破"的真理和通说。这一观念当前在我国民商法学界业已形成基本共识。只要提及法律行为，莫不知其和意思表示勾连在一起。若脱离了意思表示，法律行为乃至整个民法学理论和立法体系便失去了灵魂和依托。二者实乃鱼和水的互渗交融关系。

二、决议"入典"源流及其法律行为属性确立

以上，笔者不厌其烦、反复地引述，旨在表明法律行为系以意思表示为核心这一"常识"。在《民法典》第 134 条第 2 款史无前例地将决议行为纳入法律行为行列，作为与单方行为、双方行为、多方行为并列的一种类型之后，需要考虑的是，传统以"意思表示"为核心的法律行为概念能否统摄决议行为？决议行为和法律行为之间是何种关系？决议行为"入典"是否会影响法律行为概念及以意思表示为轴心建立起来的法律行为效力瑕疵体系？如果是，会产生怎样的影响？在回答这一问题之前，有必要先考证决议行为"入典"

---

〔1〕 参见王利明：《法律行为制度的若干问题探讨》，载《中国法学》2003 年第 5 期。
〔2〕 参见寇志新等：《民法学》（上册），陕西人民出版社 1998 年版，第 153~154 页。

之源流及其法律行为属性确立过程，在廓清决议"入典"的全貌后，方能对二者关系作出准确的评价。

（一）决议行为"入典"史略

追溯决议行为"入典"之历史可谓悠久绵长。新中国成立后的历次民法典起草，20世纪50年代初的《民法总则（草案）》中虽然有法律行为分类规定，但是仅将其分为单方行为和双方行为两类；60年代《民法总则》起草时由于受当时国内意识形态和国际环境因素的影响，直接取消了关于法律行为的规定；改革开放后，民事立法开始受到重视，80年代初颁布的《民法总则（草案）》又重现法律行为的规定，将之分为单方、双方和多方行为。[1]

决议行为立法的雏形最早出现在学者建议稿/议案中。由梁慧星教授、王利明教授、徐国栋教授、杨立新教授、龙卫球教授领衔起草的《民法典》/《民法总则》专家建议稿/草案中虽未出现"决议"或"决议行为"字眼，但多处有"多方意思表示""共同行为"之表述。[2]2015年3月12日，孙宪忠在向全国人民代表大会提交的《关于中国民法典中民法总则的编制体例》议案中的民事法律行为改造部分提出，应当按照意思自治原则对法律行为制度进行彻底的补强，承认单方行为、双方行为、团体行为的区分。[3]虽未提及"决议行为"但根据通常理解，这里的"团体行为"应当涵盖"决议行为"，因为"决议行为"是典型的"团体法行为"。孙教授如欲弃"决议行为"或者以"共同""数方""多方"行为代之，完全没有必要采用"团体行为"这一称谓。

由中国法学会牵头、民法典编纂项目领导小组完成的《中华人民共和国民法典总则专家建议稿（征求意见稿）》第120条第2款规定："决议行为的成立，应当依照法律或者章程规定的表决程序和表决规则。"第138条规定：

---

〔1〕 参见扈纪华编：《民法总则起草历程》，法律出版社2017年版，第293页。

〔2〕 如杨立新建议稿第175条规定："法律行为在符合其成立要件时成立，或者因单方意思表示而成立，或者因双方或多方意思表示一致而成立。"参见梁慧星主编：《中国民法典草案建议稿附理由·总则编》，法律出版社2013年版；王利明主编：《中国民法典学者建议稿及立法理由·总则编》，法律出版社2005年版；徐国栋主编：《绿色民法典草案》，社会科学文献出版社2004年版；杨立新等：《中华人民共和国民法总则（草案）建议稿》，载《河南财经政法大学学报》2015年第2期。

〔3〕 参见孙宪忠：《我动议——孙宪忠民法典和民法总则议案、建议文集》，北京大学出版社2018年版，第129页。

"决议行为损害特定第三人利益的，该特定第三人有权请求人民法院或者仲裁机构确认该行为相对无效。"〔1〕至此，在诸多版本的《民法典》/《民法总则》专家建议稿/议案中首次出现了"决议行为"的身影。

2015年8月28日全国人民代表大会常务委员会法制工作委员会《民法总则民法室室内稿》第94条第2款规定："决议行为应当依照法律或者章程规定的召集程序和表决规则成立。"2016年6月《民法总则（草案）（一审稿）》第113条第2款修改为"法人、非法人组织的决议行为应当依照法律或者章程规定的程序和表决规则成立"，增加了"法人、非法人组织"的主体限定并且将"召集程序和表决规则"改为"程序和表决规则"。2016年10月《民法总则（草案）（二审稿）》第127条第2款规定："法人、非法人组织依照法律或者章程规定的议事方式和表决程序做出决议的，该决议行为成立。"〔2〕《民法总则（草案）（二审稿）》第127条第2款将一审稿的"程序和表决规则"修改为"议事方式和表决程序"，旨在和《公司法》第43条、第48条股东会或者董事会决议采用"议事方式和表决程序"的表述一致。〔3〕2016年10月《民法总则（草案）（三审稿）》完全吸收了《民法总则（草案）（二审稿）》的规定。〔4〕2017年3月8日提交的《民法总则（草案大会审议稿）》第137条、《民法总则》第134条第2款以及最终呈诸于世的《民法典》第134条第2款亦萧规曹随，延续之前草案的规定，未做任何改动。〔5〕在《民法总则（草案）（一审稿）》确定后即未做大的改动，仅微调了个别语词。《民法总则（草案）（二审稿）》将一审稿的"召集程序和表决规则"改为"议事方式和表决程序"，以使立法用语更加严谨和准确。

（二）决议行为的性质争议及确认

伴随着上述《民法典》编纂工作的推进，对决议行为性质的争议始终不

〔1〕参见《中华人民共和国民法典民法总则专家建议稿（征求意见稿）》，载 https：//www.chinalaw.org.cn/portal/article/index/id/12355.html，2022年7月29日访问。

〔2〕参见石冠彬主编：《中华人民共和国民法典立法演进与新旧法对照》，法律出版社2020年版，第74页。

〔3〕参见冯兆蕙、李霞：《〈民法总则〉第134条第2款"决议行为"之探析》，载《河北法学》2019年第1期。

〔4〕参见陈甦主编：《民法总则评注》（下册），法律出版社2017年版，第949~950页。

〔5〕参见石冠彬主编：《中华人民共和国民法典立法演进与新旧法对照》，法律出版社2020年版，第74页。

断。传统民法学理论虽然多肯定决议行为的特殊性，但是一般均将其归属于多方行为/共同行为。[1]《民法典》编纂前后学术界就决议行为的性质展开了激辩，主要形成了"法律行为说"和"意思形成说"两派对立的观点。前者认为，决议行为符合民事法律行为的全部特征，属于民事法律行为，主要以梁慧星、王利明、孙宪忠、张谷、李建伟、王雷、吴飞飞等为代表；后者认为，决议行为缺乏法律行为的部分要件，属于团体内部意思形成行为的观点，主要以张新宝、李永军、钱玉林、梁上上、陈醇、徐银波等为拥趸。如张新宝认为，虽然《民法典》将决议行为归属于法律行为项下，但是并非所有的决议行为都是法律行为，一些决议仅仅处理法人、非法人组织的内部事项（如决定董事长人选），并不产生设立、变更或终止民事法律关系的效果，则不属于严格意义上的法律行为。[2]李永军更是直言，决议行为不是法律行为，而是"准法律行为"。如股东会会议形成一个收购其他公司股权的决议，仅仅是公司内部意思的形成，说其是法律行为过于牵强。决议的形成一般实行"多数决"，有些股东的意思会被完全否定，这哪里是法律行为呢？决议行为是否属于法律行为值得商榷。[3]

《民法典》立法者显然接受了决议行为属于法律行为的观点。《民法典》第134条第2款将决议行为单列归属于民事法律行为特殊类型，在私法一般法层面确立了决议的法律行为属性。《民法典》颁布后，关于决议行为性质虽然还有零星质疑的声音。近期，有学者善意地调和意思形成说和法律行为说，认为两者并非截然对立，不过是不同研究视角下的产物。[4]不可否认的是，在《民法典》第134条第2款确认了决议行为的法律行为属性后，决议归属

---

[1] 参见［德］迪特尔·梅迪库斯：《德国民法总论》（第2版），邵建东译，法律出版社2001年版，第167页；［德］卡尔·拉伦茨：《德国民法通论》，王晓晔等译，法律出版社2003年版，第320页；［日］我妻荣：《我妻荣民法讲义·Ⅰ·新订民法总则》，于敏译，中国法制出版社2008年版，第229页；［日］山本敬三：《民法讲义·Ⅰ·总则》（第3版），解亘译，北京大学出版社2012年版，第83页；史尚宽：《民法总论》，张谷校勘，法律出版社2000年版，第311页；王泽鉴：《民法总则》，北京大学出版社2009年版，第242页；谢怀栻：《民法总则讲要》，北京大学出版社2007年版，第131页。

[2] 参见张新宝：《〈中华人民共和国民法总则〉释义》，中国人民大学出版社2017年版，第266、267页。

[3] 参见江平主编：《民法学》（第3版），中国政法大学出版社2018年版，第151~152页（该部分由李永军教授执笔）。

[4] 参见王湘淳：《股东会决议：内涵界定与理论依托》，载《甘肃政法大学学报》2022年第3期。

于民事法律行为已悄然成为主导趋势。[1]即便是之前否定决议为法律行为的学者也改弦易辙。[2]笔者认为，决议行为的底层逻辑是意思自治。[3]只要承认该点，决议属法律行为无疑。

三、作为法律行为的决议对法律行为概念的冲击

以上无论是基于立法史梳理还是从理论和实证法层面观察，决议均属于法律行为。再承接本书第一部分，既然法律行为的核心是意思表示，甚至在《德国民法典》中法律行为就是意思表示，那么决议行为和法律行为是何种关系呢？法律行为概念能否统摄决议行为？对该问题的回答关系到决议行为理论发展之"命脉"，我国民商学界对此鲜有深入研究者。传统以意思表示为核心的法律行为概念和决议之间存在巨大的龃龉和矛盾。

（一）决议行为概念澄清

何谓决议行为？《民法典》并未作出明确的界定。《民法典》第 134 条第 2 款只是从决议行为成立的角度做了原则性规定。我国学术界对于决议行为亦无权威的通说定义。据笔者总结，目前对决议行为概念的界定主要存在五种不同的观点：①决议行为指社员的投票表决行为。典型表述为股东会决议是股东行使社员共益权的方式。②指会议决策的过程。即股东会从开会到作出决议结果的过程。这一过程中可能会存在多个表意主体的争辩、谈判、协商、合作、分化、妥协等，但这些单一环节均无法展现决议之全貌。决议行为是遵循正当程序和表决民主原则作出决议结果的动态过程。③从召集到决议的整个会议过程，这种意义的决议除了第二种会议决策过程外，还涵盖开会前的召集、磋商、通知、送达等前置性程序。只要是和会议表决事项相关的一

---

〔1〕 最新文献参见吴飞飞：《决议行为"意思形成说"反思——兼论决议行为作为法律行为之实益》，载《比较法研究》2022 年第 2 期；李建伟：《决议的法律行为属性论争与证成——民法典第 134 条第 2 款的法教义学分析》，载《政法论坛》2022 年第 2 期。

〔2〕 如徐银波在《民法典》颁布前认为决议属社团意思形成行为。（参见徐银波：《决议行为效力规则之构造》，载《法学研究》2015 年第 4 期。）《民法典》颁布后，他又认为既然《民法典》于民事法律行为一章中专门规定决议行为之后，必须尊重法律权威，认可决议行为属于法律行为。[参见徐银波：《民法总则决议行为规则之解释与适用》，载陈小君主编：《私法研究》（第 22 卷），法律出版社 2018 年版，第 21 页。]

〔3〕 展开论证参见薛波：《决议行为"入典"与法律行为分类理论重构》，载《社会科学》2022 年第 7 期；薛波：《私法决议行为的性质归属与体系效应》，载《荆楚法学》2023 年第 5 期。

切准备工作，均属于决议行为。④指决议的结果。这种意义上的决议行为是从静态意义上观察的，即以会议决议形式作出的会议决定。这种决定通常包括肯定决议和否定决议两种形式。[1]例如，A 有限公司召开临时股东会会议，讨论解除董事 B 的董事资格事项，这种决议通常以书面文件形式作出董事 B 被解除或者继续留任的决定。⑤决议行为除指决议过程之外，还包括最终决议结果的送达。例如，A 有限公司召开股东会作出减资决议，在减资决议完成后 A 公司还应当将减资决议结果在 10 日之内通知债权人，并于 30 日内登报公告，以便于债权人行使要求公司清偿债务或者提供担保的司法救济权。

上述五种定义方式中，哪一种更为贴合决议行为概念本质？

首先，社员投票表决行为非决议行为。自静态角度观察，社员投票表决属于民法上的意思表示而非决议行为，与意思表示并无二致。表决权瑕疵属于自然人意思表示瑕疵，传统民法规定的真意保留、戏谑表示、虚假行为、错误、欺诈和胁迫等形态都能予以适用。[2]虽然单个成员意思表示可能会影响决议，典型如控股股东意思经股东会会议表决后即可转化为公司的意思（意志），但只要决议程序和决议内容合法合章，该转化行为并无不当，这是组织法遵循"资本/人数多数决"原则的必然逻辑和结果，属于成员表决意思和公司意思关系范畴，而非决议行为本身。自商事组织法角度而言，团体成员表决意思不是决议本身，决议行为仅指后者。对此，已经有学者清晰论述了股东表决意思和公司团体意思的"二阶"构造。[3]遗憾的是，由于未能清晰界定决议行为概念之意涵，又将股东投票表决归之于决议行为，造成了基本范畴的混乱。

其次，股东会会议议案的提出、会议的召集、会议的通知、会前布置、会议主持人确定等都是为会议召开和决策服务的，属于开会讨论和表决的"前置"和"辅助"程序，是服务于会议的召开，而非决议行为本身的。如果将之包括在决议行为的概念之内，显然过于宽泛，对决议行为本质之认识无益。另外，此时会议能否成功召开尚未可知，一旦召集失败，后续无决议

---

[1] 参见叶林：《股东会会议决议形成制度》，载《法学杂志》2011 年第 10 期。

[2] 参见许中缘：《论意思表示瑕疵的共同法律行为——以社团决议撤销为研究视角》，载《中国法学》2013 年第 6 期。

[3] 参见王湉：《公司决议行为的双阶构造及其效力评价模式》，载《当代法学》2021 年第 5 期。

和决议结果之存在，将之归于决议行为显非妥适。

最后，决议结果的送达亦非决议行为本身。决议行为属于团体意思的作出和表达，决议结果的送达属于另外一个法律事实。如在上例中，A 有限公司将减资决议结果通知给债权人也只是履行 2018 年《公司法》第 177 条第 2 款规定的强制性义务，设置该义务的目的是给债权人提供一个救济和保护。[1]如果将决议结果送达也作为决议行为的一部分，将会造成法律关系的混乱并且会误导司法裁判。针对违反通知债权人减资的效力，我国司法裁判主要存在"无效说"和"有效说"两种观点。[2]有学者认为，2018 年《公司法》第 177 条第 2 款属于强制性法律规定，违反通知债权人义务减资决议无效。[3]笔者认为，该观点混淆了减资决议的效力和对 2018 年《公司法》第 177 条第 2 款通知义务违反的法律效果，两者分属不同的法律事实。未通知债权人或者通知方式不适当（如以公告代替直接通知）并不会当然影响减资决议本身的效力，减资决议效力应当根据 2018 年《公司法》第 22 条及《公司法司法解释（四）》第 1~6 条规定判断。但是否会影响减资行为效力尚有探讨余地。

在剥离掉非决议行为概念要素之后，笔者认为，决议行为强调的是"决议的过程"和根据该决议过程所作出的"决议结果"，二者共同构成了决议行为概念之全部。从行为法角度而言，决议行为的重心应当是作出决议的"动态"过程，这一过程的重点就是每个团体成员的意思表示都要遵循程序正当和表决民主原则，决议结果只不过是依据特定程序之果实，属必然之理。具言之，就是团体成员依据法律、公司章程、自治规约等规定的议事程序和表决方法（资本/人数多数决），就待讨论议案/事项作出表决结果的这样一个"动态"过程。所谓决议，亦并非学者机械化"静态"理解的一个"决"，包括表决权的分配、参与表决的人数法定（章定）、资本/人数多数决、表决回避等；一个"议"，包括议案的提出、发表质询和辩论意见、协商讨论、股东

---

[1] 参见李志刚等：《认缴资本制语境下的股权转让与出资责任》，载《人民司法》2017 年第 13 期（该观点为朱慈蕴教授所持）。

[2] 观点整理参见薛波：《民法典时代民商关系论》，上海人民出版社 2021 年版，第 243 页。

[3] 参见余斌：《公司未通知债权人减资效力研究——基于 50 个案例的实证分析》，载《政治与法律》2018 年第 3 期。

投票。[1]实际上，"决"和"议"不能静态隔离开来，二者是环环相扣、延伸发展的一个动态过程。"议"是"决"的前提和基础，"决"是"议"的结果。决议突出的是团体组织作出意思表示的过程和经由这一过程所形成的决议结果。这一概念动态化地描述了决议行为的本质及实践价值。团体成员投票表决成了决议行为整体动态链条上的一个"环节"和"原子式"存在，这就是为什么不能静态、孤立、机械化地认定社团成员投票表决系决议行为。因为"静态"地说社员投票即决议行为意义甚微，社员表决权及表决权瑕疵只有在和决议瑕疵关系范畴内讨论才能展现其意义（如上文提到的表决权瑕疵可能会导致决议瑕疵，控股股东撤销其意思表示可能导致决议被撤销）。[2]我国学术界在讨论决议行为及其效力时，对决议行为概念往往不予界定，难以真正展示决议行为的组织法特性，在决议效力瑕疵上套用民事法律行为瑕疵理论，造成了理论误导和司法误判。（决议的概念类型及选择如表9-1所示）

表9-1　决议的概念类型及选择

	具体表述	视角选择	概念选择
概念1	社员的投票表决行为	静态	×
概念2	会议决策的过程	动态	√
概念3	从会议召集到决议的整个会议过程	动态	×
概念4	决议结果	静态	√
概念5	决议过程+决议结果送达	动态	×

（二）决议行为和法律行为概念反差及根由

如果遵循上述概念界定，决议行为和传统法律行为的意思表示就相隔比较远了。决议行为虽然肇源于每位团体成员的投票表决，在决议过程中亦离

---

[1] 参见陈醇：《意思形成与意思表示的区别：决议的独立性初探》，载《比较法研究》2008年第6期。

[2] 参见许中缘：《论意思表示瑕疵的共同法律行为——以社团决议撤销为研究视角》，载《中国法学》2013年第6期。

不开每位成员的意思表示及意思表示互动，[1]但是该意思表示只是形成决议结果的原初"条件"和"材料"，而非决议本身。其作用犹如"长城上的砖头"，最终的决议结果早已经脱离了原表决权成员的"意思表示"，产生了化学反应。这就类似于化学中的 C 和 O_2 在一起就形成了 CO_2（$C+O_2=CO_2$）。如果遵循这一认识，决议行为和法律行为的反差极为明显。前者重视程序和结果，后者重视意思表示是否一致和真实。有学者指出，决议行为突出的是程序正当和表决民主原则，[2]决议行为是一种商行为，重视行为所产生的法律效果，它慢待了行为人的意思表示，[3]这些都是很有见地的认识。

缘何会产生这种反差呢？根源即在于法律行为最初是以"自然人"为人像预设，并不（也无意）关注组织和组织体的意思表示及意思表示构造问题。19 世纪是康德自由意志哲学大行其道的时代，《法国民法典》《德国民法典》《奥地利民法典》的立法者深受以文艺复兴为代表的"3R"[4]运动的影响，崇尚人的解放和个人意思自由，个人价值被置于至高无上地位，对团体抱有隐隐的敌视和戒备，认为如果将团体和个人并列，民法的人文主义精神将会被吞噬，容易忽略个人存在的意义和价值。[5]《德国民法典》虽然规定了团体的地位，但是又认为其不过是自然人的变形或者法律拟制，更遑论规定组织体的意思构造和意思形成机制了。我国《民法典》虽然将决议"收编"纳入了法律行为类型，但是法律行为及其效力瑕疵体系构建仍然依循以自然人内心效果意思为中心展开，典型如《民法典》第 143 条规定法律行为的有效要件之一为意思表示真实；第 146 条规定行为人和相对人以虚假的意思表示实施的民事法律行为无效；第 147 条规定行为人对基于重大误解实施的法律行为享有撤销权；第 148 条规定一方以欺诈手段使对方在违背真实意思情况下实施法律行为，受欺诈方享有撤销权、第 149 条规定第三人实施欺诈行为

---

〔1〕 参见陈醇：《论单方法律行为、合同和决议之间的区别——以意思互动为视角》，载《环球法律评论》2010 年第 1 期。

〔2〕 参见陈醇：《意思形成与意思表示的区别：决议的独立性初探》，载《比较法研究》2008 年第 6 期。

〔3〕 参见叶林：《商行为的性质》，载《清华法学》2008 年第 4 期。

〔4〕 3R 运动即欧陆向近代转化出现的文艺复兴、启蒙运动、宗教改革三大运动。英文分别为"Renaissance""Religion Reformation""Revival of Rome Law"，因英文首字母均以"R"开头而得名。

〔5〕 参见李永军：《民法上的人及其理性基础》，载《法学研究》2005 年第 5 期。

时相对方享有撤销权、第 150 条规定一方或第三方胁迫相对方在违背真实意思的情况下实施法律行为，受胁迫方享有撤销权；第 151 条规定显失公平时受损害方享有撤销权等。这些规则完全建立在自然人意思表示及意思表示瑕疵的基础之上，而作为组织意思表示的决议行为和传统自然人精神世界主导下以意思表示为核心的法律行为概念与法律行为效力瑕疵评价体系之间却存在巨大的龃龉和矛盾。由于我国《民法典》实施不久，私法基础理论构建尚待时日，学术界对这一问题关注寥寥。只要翻阅国内的民法学著述便可知，我们承袭的仍然是以"意思表示"为中心的传统法律行为概念。决议"入典"对法律行为概念的冲击无疑是《民法典》时代民法学基础理论亟须回应的重大议题。如若处理不当，则《民法典》"民商合一"体例实现存疑。该问题甚至关系到《民法典》时代私法学基础范畴之重构。

四、决议"入典"后法律行为概念的更新与再造

面对"犹如一只莽撞的犀牛"的决议闯入法律行为大家庭，后《民法典》时代的民法学理论该如何面对？目前，可能的路径选择有二：一是继续恪守 19 世纪意志论哲学主导下的传统法律行为概念，淡化/忽视决议的特殊性，保持法律行为概念的纯粹和功能中立。《民法典》虽然"收编"了决议，但是和法律行为"貌合神离"，只是在类型上承认之；二是吸收决议行为的特殊性，重塑和改造传统法律行为概念，将决议纳入法律行为。笔者认为，法律行为若要继续发挥其在整个私法学中的"核心"和"支柱"功能，统摄整个私法学理论体系，必须积极、勇敢、开放地"拥抱"决议行为这一新成员，更新和改造传统法律行为概念。

（一）法律行为概念的重新定义

但正如本书开篇所示，重新定义"法律行为"这一民法学理论中"最为精致和成熟"的概念无疑极具颠覆性。难度之大，可想而知。如若操作稍有不慎，将可能会扰乱整个民法理论和制度体系。但是，这不能成为我们退避的理由。一旦改造成功，其实益也是巨大的，不仅能使得法律行为这一"老树"焕发"新芽"，而且有机会在私法之核心"行为"部分整合所有民商事法律行为，这对于私法学理论体系建设的意义堪称是革命性的。笔者认为，对法律行为概念的改造在思考进路上不妨遵循/秉持胡适先生"大胆假设、小

心求证"的思路。既要遵循传统，又不能完全拘泥于传统，坚持守成和创新的二元辩证规律。

1. 界定标准

根据《现代汉语词典》的解释，概念是思维的基本形式之一，反映客观事物一般的、本质的特征。在认识过程中，把所感觉的事物的共同特点抽出来，加以概括，就成了概念。[1]人类对理性知识的掌握首先是从概念开始的。概念是人类认识和掌握自然现象之网的网上纽结，[2]是人类认识的结晶和思想的载体，也是衡量一个国家或者民族理论思维水准的标尺。科学的概念以其内涵和外延的确定性标准促进人类认识的精确化和完善化。[3]人类社会对概念的认识亦是随着理论和社会实践而不断累积、不断发展和不断深化的。[4]笔者认为，对概念的界定应当遵循以下标准：①准确性；②清晰性；③规范性；④周延性。

依据上述四性标准，在对法律行为概念的更新和改造上，既要坚持法律行为的本质属性，亦要虑及决议行为自身的特殊性。虽然决议行为和法律行为的伦理基础具有一致性，均为意思自治/私法自治，[5]但在构造机理和意思实现机制上却存在重大区别。在二者"合流/互融"之前，有必要坚持两点论：①必须保证决议行为的融入不会对法律行为概念本身造成"反噬"效果，不会损及以意思表示和法律行为为轴心构建起的整个民法学理论、制度和司法适用体系。应当以传统法律行为概念为"常量"，以决议行为为"变量"；以前者为"一般"，以后者为"特殊"。②应当充分兼顾决议行为的特殊性。将决议行为作为法律行为的新元素融入法律行为概念，必须充分关照决议行为的特殊性以及决议这一新类型的"加入"可能给法律行为概念本身带来的益处，以及改造决议融入法律行为概念之后对私法理论体系构建之实益。

2. 概念界定

承上第三部分所述，鉴于决议行为强调的是"决议过程"和"决议结

---

〔1〕 参见中国社会科学院语言研究所词典编辑室编：《现代汉语词典》，商务印书馆 2016 年版，第 419 页。

〔2〕 参见张文显：《法哲学范畴研究》（修订版），中国政法大学出版社 2001 年版，第 2 页。

〔3〕 参见张文显：《法哲学范畴研究》（修订版），中国政法大学出版社 2001 年版，第 3 页。

〔4〕 参见张文显：《论法学的范畴意识、范畴体系与基石范畴》，载《法学研究》1991 年第 3 期。

〔5〕 参见吴飞飞：《私法决议效力规则构建与解释的法理》，载《法律方法》2019 年第 2 期。

果",二者系紧密不可分、动态发展的两个阶段。决议的过程突出的是程序正当和表决民主两个原则,决议结果类似于法律行为之私法效果。前者是作出决议结果的必经阶段,是程序正义和民主原则的要求,后者是前者发展的必然逻辑结果。前者是一个"动态"过程,后者是一个"静态"结果。这样,对传统法律行为概念的改造,实际上就是将决议行为特殊的意思表示构造(即程序规则)纳入传统法律行为概念,应当说,这一做法具有可行性。据此,笔者认为,所谓法律行为,系以意思表示为材料/素材/元素,根据法律或者章程等规定的形式或者程序做出的旨在发生特定私法效果之法律事实。笔者这一概念界定在破立和框架上部分借鉴了以郑玉波先生和胡长清先生为代表的"私法效果说"之内核并有所拓新和发展,明确法律行为以意思表示为素材,重视其私法效果,最终落脚点为法律事实。新概念对传统法律行为的"继承"和"创新"体现在"常量"和"变量"两方面。

(1)新概念中的"常量"。所谓"一般/常量",即传统法律行为和决议行为均具备的一些"共性"特征,这些在新概念中得到传承和延续。这些"共性"特征也是决议行为能够/有必要和法律行为概念"互融"的前提和保障:第一,坚持意思表示的核心价值。传统法律行为以意思表示为中心自不待言;团体组织作为拟制主体,其意思形成的源头是每位团体成员的意思表示,此亦是不争的事实,不可否认,此乃二者之共性。意思表示是法律行为制度的灵魂,我们在该问题的认识上历经纠结和反复,如今《民法典》拨乱反正,重新确立意思表示的核心地位,殊为不易。因此,我们必须坚持意思表示的核心价值不动摇。第二,法律行为系法律事实之一种。法律事实纷繁复杂,除法律行为之外,还包括事实行为(如无因管理)和准法律行为(如意思通知和观念通知)等。[1]但是,法律行为却是触发法律关系变更最为重要的法律事实。无论是决议行为还是单方行为、是双方行为还是多方行为,亦无论是民事法律行为还是商行为,均属于法律事实之一种。以法律事实作为新概念最后的落脚点,具有较强的统摄性和涵盖力,能够囊括所有不同类型法律行为之共性和实质。第三,法律行为是旨在发生特定私法法律效果之法律事实。无论是单方行为、双方行为、多方行为,还是决议行为,皆是为

---

[1] 参见林诚二:《民法总则》(上册),法律出版社 2008 年版,第 123 页。

了发生行为人/组织体所意欲实现的特定的私法法律效果，其他类型法律行为对私法效果之追求，自不待言。对于决议行为之私法法律效果，指向外部的决议行为（如公司对外担保）发生行为主体（股东会或者董事会）所意欲之法律效果，亦无需论证。指向内部的决议（如董事解任），即便按照意思形成说的观点，仅仅是公司内部意思的形成，缺少法律行为中的对外"表示"阶段，但是这并不表明该内部决议尚未发生私法法律效果。如上例中，解除董事 B 资格的决议，一经作出，即发生 B 的董事资格自动解除/不解除的私法法律效果。因此，能否产生当事人所意欲之私法效果也是评价所有法律行为类型的共性元素。

（2）新概念中的"变量"。当然，"一般/常量"特征只是提炼了法律行为和决议行为二者之"共性"，新概念还具备一些"特殊/变量"。这些才是重塑和更新传统法律行为概念的"源动力"所在，甚至是创新和发展法律行为理论乃至私法学理论之关键。具体而言，决议行为的融入对于传统法律行为概念的更新和改造主要体现在以下四个方面：

第一，细化了法律行为作出的依据和标准。单方行为、双方行为通常根据法律规定形式作出，将决议融入法律行为概念之后，除法律规定形式外，法律行为还可以根据公司章程、合伙合同、自治管理规约等其他形式作出。例如，在业主大会或业委会决议中，可能根据社区自治管理/临时管理规约，亦可能是根据《民法典》《物业管理条例》的规定作出决议；在合伙人会议决议中，可能根据合伙协议或者合伙合同作出决议，亦可能根据《合伙企业法》《合同法》的规定作出决议；在《公司法》中，通常根据公司章程（发起人/认股协议）或者《公司法》的规定作出决议。在多数情况下，基于股东和公司自治理念的引导，公司章程可以对《公司法》的规定作出补充甚至排除性规定。例如，关于法定代表人，《公司法》第 10 条规定可以按照公司章程的规定由董事长、执行董事或者经理担任。这意味着公司章程根据该条可以对法定代表人做进一步的确定。再如，《公司法》第 65 条规定股东表决权按照出资比例行使，但是公司章程另有规定的除外。这意味着股东表决权的行使章程可以规定按认缴出资比例行使，亦可按实缴出资比例行使；第 84 条第 2 款"股权外部转让程序"允许公司章程排除前两款规定予以适用，以体现当事人意思优位；第 90 条关于公司股权继承，亦允许章程作出除外规定。这些补充性和"缺省性"〔1〕规则均细化了当事人（股东）作出法律行为的依据和标准。

第二，适当改造了意思表示的中心地位。前已所述，在意志论哲学统领下，传统民法学主要以自然人为"人像"，意思表示多数时候指向的是自然人内心的真实意愿，其在法律行为中处于中心/支配地位，没有意思表示便没有法律行为。以至于在《德国民法典》《日本民法典》当中，意思表示和法律行为等值互换。中国《民法典》作为21世纪的"范式"民法典，有必要回应社会组织和团体发展的趋势和需要。在将决议行为融入法律行为概念之后，虽然（自然人）意思表示仍然是私法的重要材料/素材/元素，但已经不是唯一。在传统法律行为当中，意思表示既是素材/元素，更是核心和支柱，在团体法中虽然也存在单个表决成员的意思表示及意思表示瑕疵，但法律规制重心却是团体组织"意思形成的过程"和基于各团体成员意思互动"化合"而成的"意思表示结果"。由此分别对应的是决议的程序瑕疵和内容瑕疵。以意思表示为素材/元素可以统摄所有民商类型的法律行为的"共性"要素。但需要强调的是，这种改造不是对意思表示和法律行为关系的"离间"或者"弱化"，乃是基于自然人和团体组织不同意思表示构造之事实。

第三，突出意思表示和意思表示构造之区别。将意思表示作为材料/素材/元素而非法律行为之全部，除提炼出一般法律行为和决议之"共性"外，更重要的目的是彰显决议意思的特殊构造。传统意思表示理论以自然人内心效果意思为依托，着力于解决自然人的意思表示不自由（欺诈和胁迫）和意思表示不一致（单独/通谋虚伪、错误）问题。〔2〕发展出了纷繁复杂的理论学说，包括一要素说、二要素说、三要素说、四要素说、五要素说等。〔3〕最为复杂的五要素说将意思表示分解为行为意思、目的意思、效果意思、表示意

---

〔1〕 缺省性规范亦称推定适用规范，需要当事人明确作出适用与否的选择，当事人未选择时该规范会自动适用。参见［加］布莱恩·R.柴芬斯：《公司法：理论、结构和运作》，林华伟、魏旻译，法律出版社2001年版，第235页。

〔2〕 参见王泽鉴：《民法概要》，北京大学出版社2011年版，第65~66页。

〔3〕 对这些理论之述评见冉克平：《意思表示瑕疵：学说与规范》，法律出版社2018年版，第36~40页。

思、表示行为。[1]前四项属于主观（内在）要件，第五项属于客观（外在）要件。但无论如何细分，意思表示理论作为自然人精神世界意志之体现，其认识目标并非独立于主体之外的自足客体，乃"人类自觉或经过反思的行为"。[2]精神科学的任何概念，皆具"目的论"性质，[3]难以像自然科学那般做物理化切割处理。[4]团体组织（公司）意思则不同，其意思表示构造具有明显的"去人格化"和"可视化"特征，这种意思表示不是单个表决权人内心效果意思的直观呈现，亦不以实现每位成员内心真意为皈依。前已述及，作为拟制主体，团体意思形成主要是每位团体成员采用"资本/人头多数决"的表决方法，遵循严格的议事程序规则，最终形成决议结果的动态发展过程。这一过程中，每位团体成员只需遵循法律、章程、管理规约等规定好的规程按部就班操作即可。最终法律评判更集中于基于正当程序理念引导所作出的决议结果之外观。

第四，将程序元素浇灌注入法律行为概念。传统法律行为概念重意思而轻程序、重实质而轻形式。程序无论是在公法中还是在私法中意义均十分重大。按照罗尔斯的程序正义观，公正的法治秩序是正义的基本要求，而法治则取决于一定形式的正当过程，正当过程又主要通过程序来实现。[5]当代法治在一定程度上就是程序法治，程序具有独立价值。[6]在将程序元素浇灌在法律行为概念当中后，意思表示和意思形成程序并列，实质和形式分流，二者"双峰对峙"，一道构成法律行为概念之"双核"。虽然此前已经有学者关注到了决议行为特殊的程序规则，但是仅在《公司法》等商事特别法层面讨

〔1〕 参见董安生：《民事法律行为——合同、遗嘱和婚姻行为的一般规则》，中国人民大学出版社 1994 年版，第 31 页。

〔2〕 参见［英］弗里德里希·A. 哈耶克：《科学的反革命：理性滥用之研究》，冯克利译，译林出版社 2003 年版，第 18 页。

〔3〕 参见［英］弗里德里希·A. 哈耶克：《科学的反革命：理性滥用之研究》，冯克利译，译林出版社 2003 年版，第 19~20 页。

〔4〕 参见朱庆育：《意思表示解释理论——精神科学视域中的私法推理理论》，中国政法大学出版社 2004 年版，第 134 页。

〔5〕 参见［美］约翰·罗尔斯：《正义论》（修订版），何怀宏、何包刚、廖申白译，中国社会科学出版社 2009 年版，第 239 页。

〔6〕 参见季卫东：《法治秩序的构建》，商务印书馆 2014 年版，第 13 页。

论，[1]未能从私法一般法层面考虑决议行为和法律行为的区分和关联问题。在双方行为中，要式合同除需要当事人意思表示一致之外，还需要遵循法律、行政法规规定或者当事人约定的书面形式。因此，双方行为的法律结构可以被表述为"意思表示+形式"。但是，决议行为的议事方式和表决方法属于高级阶段，议事过程更为繁琐和细密。如股东会会议召开需经过明确议题、会议召集和通知、会议召开和出席、意见表达和协商、进行表决到作出决议结果以及对记录签名确认之流程。[2]表决方式更为严格和复杂，对于公司一般事项，《公司法》规定需要经出席会议股东所持表决权1/2以上通过，对于修改公司章程、公司增资减资、合并分立、解散和变更公司形式等特殊事项，根据《公司法》第66条、第116条之规定需经代表2/3以上表决权股东通过，在表决方式上采用累计投票制、表决权信托、电子表决等花样规则设计。为实现决议和法律行为的统合，有学者形象地将法律行为规范结构凝练为"意思表示+程式"。[3]其中，"程式"是"程序"和"形式"的统称。对此，笔者深表赞同。但需要澄清的是，无论决议程序如何严格和复杂，和合同形式本质相同，均服膺于私法自治这一目的。

总之，重新界定后的法律行为概念能够较好地实现法律行为"一般"要素和决议"特殊"要素之互动和协调：第一，改造意思表示在法律行为中的唯一/中心地位突出了程序价值，丰富了法律行为的实现方式；第二，在强调程序价值的同时又坚持了传统法律行为内核。在一般法层面实现了"一般"和"特殊"要素的整合。

（二）新概念带来的体系效应

在将决议的特殊性"注入"法律行为并重新界定法律行为概念之后，鉴于法律行为在整个民法学理论体系和制度体系中的"至上"地位和"阀门"作用。可以预见，传统私法学理论将会因此发生一系列连锁反应。

1. 丰富法律行为的内涵

传统民法学理论深受康德自由意志哲学的影响，法律行为理论以自然人

---

[1] 参见王湘淳：《论公司意思独立的程序之维》，载《中外法学》2021年第4期。
[2] 参见周游：《公司法语境下决议与协议之界分》，载《政法论坛》2019年第5期。
[3] 参见吴飞飞：《论决议对法律行为理论的冲击及法律行为理论的回应》，载《当代法学》2021年第4期。

的内心效果意思及其实现为主轴展开制度构造，自然人被置于至高无上的位置，忽视团体的价值和团体意思之存在。前已述及，团体组织基于其自身意思构造和表达的特殊性，必须借助一定的载体和方式、遵循严格的程序规则才能作出意思表示，如公司作为典型的社团法人，其主要通过公司章程（发起人/认股协议）和股东会/董事会/监事会决议形成自己的意思，决议更加注重程序正当和表决民主规则。在将决议纳入法律行为改造传统法律行为概念之后，法律行为虽然仍然以意思表示为素材，但是传统以意思表示为唯一/中心要素的法律行为理论被注入了新活力，决议行为的正当程序、表决民主理念和原则被浇灌在了法律行为的概念当中，意思表示和意思表示构造同等重要。这对于法律行为概念而言，无疑犹如"红花上点缀了绿叶"，丰富和充盈了法律行为概念的内涵和外延。

2. 强化法律行为的统摄功能

法律行为概念作为私法体系之枢纽，采用"提取公因式"的技术，使散见于各部分的意思表示被黏合在一起，展示了德国潘德克顿法学高度的抽象和体系化能力。但是，法律行为的辐射能力也常常饱受诟病和质疑。[1]法律行为在亲属和继承领域几无用武之地，即使在被认为贯彻得最为彻底的债法领域也不见得畅通无阻，法定之债就是明证。[2]将决议纳入法律行为改造传统法律行为概念，无疑有助于消解/弱化这种困顿和质疑，强化法律行为对整个私法制度体系的统摄力和凝聚力。众所周知，决议行为在民商法中均广泛存在。无论是民法中的按份共有人决议、建筑物区分所有权中的业主大会和业主委员会决议，还是农民专业合作社决议、继承财产分割决议等，均属之。在商法领域，商事组织法特性使得决议行为的运用更为广泛、规则设计更为缜密，基于股东有限责任和公司人格独立的内在要求，决议行为成了公司这一商事组织最核心的意思表达机制。除股东会决议、董事会决议、监事会决议之外，在其他商事组织中，还包括合伙人会议决议、破产管理人会议决议、重整制度中的关系人会议决议、捐助法人决议等。作为民法学核心的法律行为理论在民商法领域得到了全面贯彻，成了沟通民商两法的"纽带"，对于私法学理论体系建设而言意义重大。

---

〔1〕 参见李永军:《民法总论》（第4版），中国政法大学出版社2018年版，第273页。

〔2〕 参见陈小君:《我国民法典：序编还是总则》，载《法学研究》2004年第6期。

3. 为私法自治注入新活力

传统私法自治以自然人为原型。私法自治原则经由法律行为（尤其是契约）而践行，法律行为乃是其践行私法自治的主要机制。[1]有学者进一步形象地指出，在整个法律行为制度中最重要的就是契约，契约是"唱主角"的，是"大腕儿"，单方行为和决议行为都是"跑龙套"和"唱配角"的。[2]由于忽视了团体组织的价值和团体意思的存在，传统法律行为概念及其理论构设无法完全适应当代组织体经济（如跨国公司、公司集团）、数字经济、平台经济和智能经济蓬勃发展的现实需要。在这些类型主体所作出的法律/商事行为当中，法律关系链条较长，涉及主体众多，利益结构较为复杂。对于跨国公司、公司集团、平台组织等团体权利义务和责任配置而言，除了需要《公司法》《中华人民共和国反垄断法》《中华人民共和国电子商务法》等单行法作出制度规定之外，亦需要私法一般理论及时作出引导和回应。决议行为"入典"后使得私法自治能够完整地涵盖"个人"自治和"团体"自治，[3]共同构筑起私法自治之"一体"和"两翼"，为私法自治注入了新活力。决议行为"入典"也表明中国《民法典》不同于以个人主义理念为主导的《法国民法典》《德国民法典》《奥地利民法典》《瑞士民法典》《日本民法典》等传统"范式"民法典，体现出了鲜明的"团体法"和"组织法"面向。

4. 提供"民商合一"的中国方案

长期以来，对于"民商合一"在哪些地方"合"，在哪些地方"分"，即便是权威的民商法学者在该问题表述上亦多穿凿附会、大而化之，找不到"民商合一"的要害和关键。《民法典》第 134 条第 2 款决议行为规定可谓践行"民商合一"体例之微观范例。无论是在立法技术上还是在内容表达上，该款都就商法规范融入《民法典》的方式和限度做了完美诠释，抓住了"民商合一"的"牛鼻子"。在决议行为"入典"这一问题上，《民法典》立法者表现得也相当"克制"和"冷静"。《民法典》第 134 条第 2 款仅在法律行为成立部分对决议行为成立作出了"宣示性"规定，至于决议程序、表决方法、

---

〔1〕 参见王泽鉴：《民法概要》，北京大学出版社 2011 年版，第 65~66 页。

〔2〕 参见张谷：《对当前民法典编纂的反思》，载《华东政法大学学报》2016 年第 1 期。

〔3〕 参见薛波：《决议行为"入典"与法律行为分类理论重构》，载《社会科学》2022 年第 7 期。

决议效力瑕疵则留待《公司法》等特别法规定。这充分体现了《民法典》总则作为私法"总纲"法律文件的地位和功能。在《民法典》已作出规定的情况下，私法理论构建亦有必要因势利导，改造传统法律行为概念，使得决议这一商法元素浓郁的因子融入其中，以从行为法角度构建中国特色的"民商合一"体制。这种"民商合一"是以私法一般理论为指导，充分关照商法特色和个性发展的民商合一，是承认商法在《民法典》体系外充当民商法发展"开路先锋"的民商合一。改造法律行为无疑把握住了民商关系处置的规律和关键，提供了民商关系处置的中国方案。

5. 提升中国民法学理论研究的自觉和自信

后《民法典》时代，随着民法解释/教义学时代的到来，[1]中国民法学理论要完成从"照着讲"向"接着讲"的迈进，[2]就必须进行大胆的理论创新，锤炼中国自主的民法学知识体系的概念范畴。[3]法律行为作为整个私法学理论体系的"中轴线"，改造法律行为概念无疑是构建具有中国特色私法学理论体系最重要、最关键的环节。一旦改造成功，完成中国民法学基础理论的更新和再造，将不同于《德国民法典》《法国民法典》《奥地利民法典》《瑞士民法典》《日本民法典》等传统大陆法系"范式"民法典，可能是一项前无古人的伟大创举，不啻为中国民法学理论对世界民法立法和民法学理论发展的开创性贡献，必将有助于提升中国民法学理论研究的自觉和自信。

结语：其始也简，将毕也巨

2022 年 4 月 25 日，习近平总书记在中国人民大学考察时指出，加快构建中国特色哲学社会科学体系，归根结底是构建中国自主的知识体系。这一深刻论断要求结合当代中国的私法制度和实践，加强私法理论研究，提炼原创性、标志性概念和范畴。[4]虽然本书对法律行为概念的更新和改造能否成功并且为中国民商法学理论所接纳和认可，还有待历史考证。但是，在党中央一再强调构建中国自主哲学社会科学知识体系的背景下，后《民法典》时代

---

〔1〕 参见王泽鉴：《案例研究与民法发展》，载《法律适用》2017 年第 18 期。

〔2〕 参见王轶：《从"照着讲"到"接着讲"》，载《法学论坛》2011 年第 2 期。

〔3〕 参见张文显：《论建构中国自主法学知识体系》，载《法学家》2023 年第 2 期。

〔4〕 参见张文显：《论建构中国自主法学知识体系》，载《法学家》2023 年第 2 期。

的民商法学研究无疑需要这样的理论自省和自觉。从知识传承和学术创新角度来看，本书对法律行为概念略带"反思性/颠覆性"的研究无疑也是有意义的。法律行为作为"一件已历时百年被雕琢的十分精致的艺术品"，绝非"非颤抖的手不可触摸的圣经"。决议行为"入典"后重释法律行为概念正当其时。当然，本书对法律行为概念的更新和改造也仅仅是一个"开端"和"初步"。决议行为"入典"后法律行为制度之功能、法律行为的效力瑕疵理论能否适用于决议瑕疵、决议行为的外部效力等问题，亦需要反思和推进。我国学术界已经有学者关注到了这些问题。[1]希冀本书的研究能够引起对后《民法典》时代私法学基础理论构建的重视，加快推进具有中国特色私法学理论体系的形塑和完善。

---

[1] 参见徐银波：《决议行为效力规则之构造》，载《法学研究》2015 年第 4 期；李建伟：《公司决议的外部效力研究——〈民法典〉第 85 条法教义学分析》，载《法学评论》2020 年第 4 期。

第十章

决议行为"入典"与法律行为分类理论之重构

一、传统理论对决议行为的忽视与决议行为"入典"

无论是域内还是域外，传统私法学研究主要聚焦于意思表示和法律行为，并以此为"基点"和"主轴"来构筑私法学的理论体系和立法体系，而较少关注"私法决议行为"。随手翻阅域内外经典的民法学著述，找到的只有关于决议行为只言片语的表述。私法决议行为被淹没在了意思表示和法律行为理论的"汪洋大海"之中。

例如，法律行为理论虽然滥觞并且繁盛于德国，但是德国民法学理论对决议行为的研究难言深入。冯·图尔和卡尔·拉伦茨率先提出，应当将决议从合同中分离出来并对决议的特殊性提出了有见地的认识。拉伦茨认为，决议不调整参与制定决议的人们个人之间的关系，而旨在构筑他们共同的权利领域或者他们所代表的法人的权利领域。[1]但二者对决议行为的描述也仅止步于内涵界定及其与合同的区分。梅迪库斯虽然对决议行为的特殊性有了进一步的认识，首次将决议行为和其他法律行为分离，作为与单方行为、双方行为、共同行为并列的一种独立类型并且列举式地概括了决议行为不同于其他法律行为的三项特征，[2]使得决议行为之独立性得以凸显。不过，总的来

---

〔1〕 参见［德］卡尔·拉伦茨：《德国民法通论》，王晓晔等译，法律出版社 2017 年版，第 320 页。

〔2〕 分别为：①若干项意思表示不仅内容相互一致，而且所用的词句也完全一致。例如，在房屋租赁情形下，一项意思表示："我想出租"，另一项意思表示则云："我想承租"。而在一个社团选举董事会时，多项意思表示一致称："我想选举 A 当司库"。②决议的意思表示不是针对其他作出表示的成员而是针对意思形成机构（an das Gremiunm）即针对社团或者针对董事会，此即决议意思指向对象的"涉他性"。③决议对那些未对决议表示同意的人能够产生拘束力。如社团成员大会以必要的多数通过变更章程事项，对那些没投票、投反对票或者弃权票的成员也具有约束力。参见［德］迪特尔·梅迪库斯：《德国民法总论》（第 2 版），邵建东译，法律出版社 2000 年版，第 167 页。

说，深受康德自由意志哲学浸润的《德国民法典》对团体始终抱有隐隐的戒备和敌视，《德国民法典》虽然明确了团体的法律地位，但是又认为其不过是自然人的变形或法律拟制，唯有自然人才具备权利能力（人格）。[1]理论和立法的交互影响导致决议行为成了学术研究的"生僻地"。

自明治维新以降，日本民法学理论和立法继受德国、法国等大陆法系民法学的传统和衣钵，对决议行为的论述亦甚为简略。日本民法学家代表我妻荣、田山辉明、山本敬三、近江幸治、星野英一对决议行为的论述与德国民法学理论如出一辙，一般将之归于合同行为或者多方行为。如我妻荣将法律行为分为单方行为、契约（双方行为）和合同（协定）行为，决议行为属于合同行为，并直言"虽然德国学者对团体行为尤其关于其设立行为和决议等明确了其特质，但关于此的共通理论尚未得到明确"。[2]山本敬三将法律行为分为单方、契约和合同行为，谓合同行为系由多个当事人作出的、内容和方向相同的多个意思表示合致而成立的法律行为。即使一个意思表示被撤销，若剩下的当事人能够使团体存续下去，合同行为本身不会归于无效。[3]近江幸治根据意思表示样态将法律行为分为单方、双方和多方行为，决议行为属于多方行为。[4]

韩国公司法学家李哲松从公司决议的形成过程和效力的特殊性分析认为，决议行为不属于单方、契约、合同行为中的任何一种。决议意思的形成具有团体法的特点，其效力也强烈要求法律关系的稳定。因此，法律行为和意思表示一般原则不适用于决议。决议不能硬套传统法律行为分类，而是应按照独立性法律行为来对待。[5]

在我国，史尚宽教授对法律行为的分类因循德、日民法学理论，将其分为一方行为、契约行为和合同行为。合同行为（Gesamtact）亦被称为协定行

---

〔1〕 参见［德］卡尔·拉伦茨：《德国民法通论》，王晓晔等译，法律出版社2017年版，第46页。

〔2〕 ［日］我妻荣：《我妻荣民法讲义·Ⅰ·新订民法总则》，于敏译，中国法制出版社2008年版，第229页。

〔3〕 参见［日］山本敬三：《民法讲义·Ⅰ·总则》（第3版），解亘译，北京大学出版社2012年版，第83页。

〔4〕 参见［日］近江幸治：《民法讲义·Ⅰ·民法总则》，渠涛等译，渠涛审校，北京大学出版社2015年版，第151页。

〔5〕 参见《韩国公司法》，吴日焕译，中国政法大学出版社2000年版，第383页。

为者，谓因同方向平行的两个以上意思表示之一致而成立之行为也，并将决议行为归于合同行为之下。[1]这一分类和我妻荣、山本敬三基本相同。他在对决议行为特点做简单介绍后转而论述了决议和单方行为、契约区分之实益。[2]与史尚宽略有不同，王泽鉴教授先区分单方行为和多方行为，将多方行为又区分为契约行为和合同行为，并认为合同（决议）行为乃由同一内容的多数意思表示的合致而成立。[3]决议行为仅仅属于多方法律行为的一种类型。其他学者如刘得宽[4]、林诚二[5]亦持此论。

此外，胡长清教授将法律行为分为单独行为、契约行为和共同行为，仅在对共同行为的举例中提及决议行为，未做任何展开论述。[6]谢怀栻教授亦认为，决议行为属于共同行为。[7]魏振瀛教授主编的《民法学》一书将民事法律行为分为单方行为、双方行为和多方行为，未出现决议行为类型，仅在对多方行为的举例中提及了"如公司股东会的决议"，[8]总计不过区区9个字。李永军教授认为，决议行为不是法律行为，而是"准法律行为"。如公司股东会议形成一个收购其他公司股权的决议，实际上仅是公司单个意思的形成机制，说其是法律行为未免过于牵强。在一个"决议"的形成过程中，一般实行"多数决"，有些股东的意思完全被否决，这哪里是法律行为？因此，决议行为是否属于法律行为值得商榷，其最多是一个"准法律行为"。[9]张新宝教授亦持相类似观点。[10]王利明教授此前一直将决议行为归属于共同行为，不过，在我国《民法典》颁布后，他的相关著述出现了明显的修正和转

---

〔1〕 参见史尚宽：《民法总论》，张谷校勘，法律出版社2000年版，第311页。

〔2〕 参见史尚宽：《民法总论》，张谷校勘，法律出版社2000年版，第311页。

〔3〕 参见王泽鉴：《民法总则》，北京大学出版社2009年版，第242页。

〔4〕 参见刘得宽：《民法总则》（修订版），中国政法大学出版社2006年版，第166页。

〔5〕 参见林诚二：《民法总则》（上册），法律出版社2008年版，第218页。

〔6〕 参见胡长清：《中国民法总论》，中国政法大学出版社1997年版，第187~189页。

〔7〕 参见谢怀栻：《民法总则讲要》，北京大学出版社2007年版，第131页。

〔8〕 参见魏振瀛主编：《民法》，北京大学出版社、高等教育出版社2017年版，第123页（该部分由郭明瑞教授执笔）。

〔9〕 参见江平主编：《民法学》（第3版），中国政法大学出版社2018年版，第151~152页（该部分由李永军教授执笔）。

〔10〕 参见张新宝：《〈中华人民共和国民法总则〉释义》，中国人民大学出版社2017年版，第266~267页。

向。[1]（传统法律行为分类及对决议行为的重视程度见表 10-1）

表 10-1 传统法律行为分类及对决议行为的重视程度

	法律行为分类	代表者	对决议行为的重视程度
一	单方行为 vs 多方行为	王泽鉴	较弱
二	单方行为 vs 双方行为 vs 多方行为	史尚宽、近江幸治	较弱
三	单方行为 vs 双方行为 vs 共同行为	胡长清、谢怀栻	较弱
四	单方 vs 双方行为 vs 共同行为 vs 决议行为	梅迪库斯、李哲松	较强

凡此种种，不一而足。总之，相对于历史悠久的意思表示和法律行为理论而言，决议行为被"掩盖"在单方、双方、多方行为等传统民事法律行为"枝繁叶茂"的丛林之中，深藏于"最为幽暗的不为人知的角落"，属于典型的"新生事物"和"弃儿"。以至于有学者这样形象地总结道，在整个法律行为制度中最重要的就是契约。契约是"唱主角"的，是"大腕儿"，单方行为和决议行为都是"跑龙套"和"唱配角"的。[2]

不过，决议行为这种"山水寂寥无人问"的境况随着民法典编纂工作的推进有了较明显的进展。在《民法典》编纂工作启动前后，民商法学界已经有零星研究。如韩长印教授从宏观视角切入对公司设立协议、公司决议、业主规约、结婚行为和共同遗嘱、合伙协议等共同行为进行了深入研究。他认为，决议行为属于共同行为的一个"小分支"和"一种类型。"[3]许中缘在论述共同行为中决议瑕疵和表决权瑕疵撤销的区别和关联时，亦将决议行为归属于共同行为。[4]2014 年《民法典》编纂工作正式启动之后决议行为开始受到学术界的高度关注和重视。部分青年学者对决议行为的伦理基础、性质、

---

[1] 王利明教授关于决议行为的类型归属后文会详细论及，此处不赘。参见王利明：《民法总则研究》（第 3 版），中国人民大学出版社 2018 年版，第 495 页。

[2] 参见张谷：《对当前民法典编纂的反思》，载《华东政法大学学报》2016 年第 1 期。

[3] 参见韩长印：《共同法律行为理论的初步构建——以公司设立为分析对象》，载《中国法学》2009 年第 3 期。

[4] 参见许中缘：《论意思表示瑕疵的共同法律行为——以社团决议撤销为研究视角》，载《中国法学》2013 年第 6 期。

决议行为的效力瑕疵等问题展开了深入研究，呼吁将决议行为纳入《民法典》。[1]在理论的推动之下，[2]最终《民法典》第 134 条第 2 款规定："法人、非法人组织依照法律或者章程规定的议事方式和表决程序作出决议的，该决议行为成立。"

二、决议行为"入典"的历程及其性质定位

追溯决议行为"入典"之历史，可谓源远流长。纵观新中国成立后的历次民法典起草，20 世纪 50 年代初的《民法总则（草案）》中虽然有法律行为分类规定，但仅将其分为单方行为和双方行为两类；20 世纪 60 年代《民法总则》起草时由于受当时国内意识形态和国际环境等因素的影响，直接取消了关于法律行为的规定；改革开放后的民事立法开始受到重视，20 世纪 80 年代初颁布的《民法总则（草案）》又重现法律行为的规定，将之分为单方、双方和多方行为。[3]

决议行为立法的雏形最先出现在学者的建议稿/议案当中。由梁慧星教授、王利明教授、徐国栋教授、杨立新教授领衔起草的民法典/民法总则专家建议稿/草案中虽未出现"决议"或者"决议行为"等字眼，但多处有"多方意思表示""共同行为"之表述。[4]孙宪忠教授于 2015 年 3 月 12 日向全国人民代表大会提交的《关于中国民法典中民法总则的编制体例》议案的民事法律行为改造部分提出，应当按照意思自治原则对法律行为制度进行彻底的

---

〔1〕 参见王雷：《论民法中的决议行为——从农民集体决议、业主管理规约到公司决议》，载《中外法学》2015 年第 1 期；王雷：《我国民法典编纂中的团体法思维》，载《当代法学》2015 年第 4 期；吴飞飞：《决议行为归属与团体法"私法评价体系"构建研究》，载《政治与法律》2016 年第 6 期；徐银波：《决议行为效力规则之构造》，载《法学研究》2015 年第 4 期；薛波：《〈民法总则〉对商事关系的包容性及表现——兼论决议行为立法问题》，载《中南大学学报（社会科学版）》2016 年第 1 期。

〔2〕 决议行为"入典"的动因除理论推动之外尚有其他因素。囿于主旨和篇幅，此处不做展开，后续另撰文探讨。

〔3〕 参见殷纪华编：《民法总则起草历程》，法律出版社 2017 年版，第 293 页。

〔4〕 如杨立新建议稿第 175 条规定："法律行为在符合其成立要件时成立，或者因单方意思表示而成立，或者因双方或多方意思表示一致而成立。"参见梁慧星主编：《中国民法典草案建议稿附理由·总则编》，法律出版社 2013 年版；王利明主编：《中国民法典学者建议稿及立法理由·总则编》，法律出版社 2005 年版；徐国栋主编：《绿色民法典草案》，社会科学文献出版社 2004 年版；杨立新：《中华人民共和国民法总则（草案）建议稿》，载《河南财经政法大学学报》2015 年第 2 期。

补强，承认单方行为、双方行为、团体行为的区分。[1]虽未提及"决议行为"，但根据通常理解，这里的"团体行为"应当涵盖"决议行为"，因为"决议行为"是典型的"团体法行为"，孙教授如欲弃"决议行为"或者以"共同""数方""多方"行为代之，完全没有必要采用"团体行为"这一称谓。

由中国法学会牵头、民法典编纂项目领导小组于2015年4月20日完成的《中华人民共和国民法典总则专家建议稿（征求意见稿）》第120条第2款规定："决议行为的成立，应当依照法律或者章程规定的表决程序和表决规则。"第138条规定："决议行为损害特定第三人利益的，该特定第三人有权请求人民法院或者仲裁机构确认该行为相对无效。"[2]至此，在诸多版本的民法典/民法总则专家建议稿/议案中，首次出现了"决议行为"的身影。

孙宪忠教授向全国人民代表大会提交的《关于中国民法典中民法总则的编制体例》议案恰逢十八届四中全会前夕，中国法学会完成的民法典总则专家建议稿则是在此次民法典编纂议题被正式提出之后，二者和民法典编纂的形式联系颇为紧密，故对《民法总则》立法具有相当大的参考价值。

2015年8月28日全国人民代表大会常务委员会法制工作委员会《民法总则民法室室内稿》第94条第2款规定："决议行为应当依照法律或者章程规定的召集程序和表决规则成立。"2016年6月的《民法总则（草案）（一审稿）》第113条第2款修改为"法人、非法人组织的决议行为应当依照法律或者章程规定的程序和表决规则成立"，增加了"法人、非法人组织"的主体限定，并将"召集程序和表决规则"改为"程序和表决规则"。2016年10月的《民法总则（草案）（二审稿）》第127条第2款规定："法人、非法人组织依照法律或者章程规定的议事方式和表决程序做出决议的，该决议行为成立。"[3]将一审稿中的"程序和表决规则"改为"议事方式和表决程序"，旨在和《公司法》第43条、第48条股东会或者董事会决议"议事方式和表决

---

[1] 参见孙宪忠：《我动议——孙宪忠民法典和民法总则议案、建议文集》，北京大学出版社2018年版，第129页。

[2] 参见《中华人民共和国民法典民法总则专家建议稿（征求意见稿）》，载 https://www.chinalaw.org.cn/portal/article/index/id/12355.html，2020年10月29日访问。

[3] 参见石冠彬主编：《中华人民共和国民法典立法演进与新旧法对照》，法律出版社2020年版，第74页。

程序"的表述一致。2016 年 10 月的《民法总则（草案）（三审稿）》完全接受了二审稿规定。[1]2017 年 3 月 8 日提交的《民法总则（草案大会审议稿）》第 137 条、《民法总则》第 134 条第 2 款以及最终呈之于世的《民法典》第 134 条第 2 款亦萧规曹随，延续了之前草案规定，未做任何改动。[2]

综上可见，虽然在学理上存在巨大争议，但我国民法典立法一直将决议行为作为"独立"的法律行为类型对待。在《民法总则（草案）（一审稿）》确定之后即未做大的改动，仅做了个别语词微调。《民法总则（草案）（二审稿）》将一审稿"召集程序和表决规则"改为"议事方式和表决程序"，以使用语更加严谨和准确。

在此次《民法典》立法过程中，关于决议行为的体系位置曾存在两种主张：一种主张在《民法典》"总则编""民事法律行为"部分规定决议行为；另一种主张在《民法典》"总则编""法人"部分规定决议行为。比较法上，《德国民法典》《日本民法典》《奥地利民法典》《瑞士民法典》均将决议行为置于"总则编"的"法人章"。如《德国民法典》第 27 条、第 28 条、第 32 条、第 33 条、第 34 条、第 35 条规定了决议行为的一般规则。[3]最终，《民法典》立法者选择了前者。这一立法抉择的背后彰显出了立法者在《民法典》"总则编""民事法律行为"部分一体整合民商事法律关系的雄心和努力。

颇为有趣的是，《民法典》颁布之后部分曾激烈反对决议行为属于法律行为的学者亦改弦易辙，认可了其法律行为属性。其中，徐银波博士的观点颇具代表性。他指出，《民法典》于民事法律行为一章中专门规定决议行为之后，必须尊重法律权威，认可决议行为属于民事法律行为。[4]不过，他又认为决议行为并非与单方、双方、共同行为并列的一类法律行为，而是与传统意思表示之法律行为并列的一类法律行为。[5]这一观点似有前后矛盾和撕裂

---

〔1〕 参见陈甦主编：《民法总则评注》（下册），法律出版社 2017 年版，第 949~950 页。

〔2〕 参见石冠彬主编：《中华人民共和国民法典立法演进与新旧法对照》，法律出版社 2020 年版，第 74 页。

〔3〕 但是，学说并不否定决议行为的法律行为属性。详见［德］迪特尔·梅迪库斯：《德国民法总论》（第 2 版），邵建东译，法律出版社 2001 年版，第 142 页。

〔4〕 参见徐银波：《民法总则决议行为规则之解释与适用》，载陈小君主编：《私法研究》（第 22 卷），法律出版社 2018 年版，第 21 页。

〔5〕 参见徐银波：《民法总则决议行为规则之解释与适用》，载陈小君主编：《私法研究》（第 22 卷），法律出版社 2018 年版，第 21 页。

之嫌，一方面认可决议行为的法律行为属性，但是又将其和传统法律行为并列。在词义学上，"并列"非指"包含"关系，乃系"不分主次，并排的摆列"，因此，决议行为和法律行为截然不同。既然决议行为属于法律行为，又何以能够和法律行为"并列"存在呢？其并未给出进一步的解释。

《民法典》颁布之后主流观点亦肯定决议行为的法律行为属性。相关《民法典》释义书对决议行为"特殊性"的解读主要有三：①双方和多方法律行为需要所有当事人的意思表示一致才能成立，而决议行为无需所有当事人意思表示一致才能成立，只需多数人意思表示一致即可成立；②双方或者多方法律行为的设立过程一般不需要遵循特殊的程序，而决议行为一般需要依照一定的程序才能成立；③双方或多方民事法律行为的适用范围一般不受限制，决议行为原则上仅适用于法人或者非法人组织内部的决议事项。[1]虽然明确了决议行为在意思形成方式、遵循程序要求以及拘束范围上具有特殊性，但决议行为在性质上属于法律行为无疑。

三、决议行为"入典"后法律行为分类理论重构

既然《民法典》第 134 条第 2 款已经承认决议行为属于民事法律行为的一种"独立"类型，那么在法律行为分类理论中如何安置决议行为便成了后《民法典》时代民法学理论构建需要慎思的重大疑题。在《民法典》将决议行为和单方行为、双方行为、共同行为"并列"之后，传统法律行为分类理论面临重构。

（一）重构的可能/备选路径

1. 传统路径：归属于多方/共同行为

这一方案属于既有做法，持论者众。史尚宽、胡长清、王泽鉴、郑玉波、谢怀栻、梁慧星、王利明（还可以罗列一份很长的名单，此不赘述）均是这一分类模式的力倡者。尤其是在史、王二人对决议行为作出定性之后，决议行为属于共同/多方行为几近为学界通说。如韩长印和许中缘二位在阐述决议

---

〔1〕 参见黄薇主编：《中华人民共和国民法典释义》（上），法律出版社 2020 年版，第 266 页；李适时主编：《中华人民共和国民法总则释义》，法律出版社 2017 年版，第 420 页；石宏主编：《中华人民共和国民法总则条文说明、立法理由及相关规定》，北京大学出版社 2017 年版，第 323 页。

行为时均不约而同地将其归属于共同行为。[1]该说具有一定道理并且看到了决议行为和共同/多方行为的共通/共同之处。单从意思表示数量和意思表示方向而言，决议行为和多方（共同）行为并无本质区别，二者均属于多方意思表示，意思表示方向均一致。在特殊情形下，当全体团体成员表决一致通过/否定某事项时，决议行为和共同行为完全相同。

2. 激进路径：完全和法律行为脱钩

《民法典》编纂工作启动之后，学术界聚焦于决议行为性质、决议行为的伦理基础、决议效力的瑕疵类型、决议效力瑕疵判定及民事法律行为效力瑕疵在决议行为中的适用及限度问题展开了激辩和热讨。有青年学者基于对决议行为的特殊性研究果断提出，决议行为不属于法律行为，而是非法律行为并且应当从法律行为中剥离。[2]这一观点得到了众多学者的支持和响应。如张新宝教授认为，有些决议行为是法律行为，有些决议行为是非法律行为。[3]前述李永军教授将决议行为定位为"准法律行为"。[4]范健教授进一步强调，决议行为是商行为而非法律行为，不适用意思表示规则。商行为从一开始就推定所有商人具有完全意思能力，法律行为的可撤销和无效是基于意思表示人存在无意思能力之情形，而商行为则不存在可撤销的基础状态。[5]钱玉林认为，决议仅是一个"意思"，还不是法律行为。[6]不过，《民法典》颁布后他又认为决议行为是法律行为。[7]叶林教授也认为，决议行为本质上属于商

---

〔1〕 参见韩长印：《共同法律行为理论的初步构建——以公司设立为分析对象》，载《中国法学》2009年第3期；许中缘：《论意思表示瑕疵的共同法律行为——以社团决议撤销为研究视角》，载《中国法学》2013年第6期。

〔2〕 参见王雷：《论民法中的决议行为　从农民集体决议、业主管理规约到公司决议》，载《中外法学》2015年第1期。

〔3〕 参见张新宝：《〈中华人民共和国民法总则〉释义》，中国人民大学出版社2017年版，第266~267页。

〔4〕 参见江平主编：《民法学》（第3版），中国政法大学出版社2018年版，第151~152页（该部分由李永军教授执笔）。

〔5〕 《"公司法修改巡回论坛"第五场——公司决议及其法律效力与公司法修改》，载《中国法学会商法学研究会编："公司法修改巡回论坛"演讲与论辩辑要》，2021年9月。

〔6〕 参见马恩斯：《广东省法学会民商法学研究会2016年学术年会综述》，载《法治社会》2017年第2期。

〔7〕 参见钱玉林：《民法总则与公司法的适用关系论》，载《法学研究》2018年第3期。

行为。[1] 徐银波博士将决议行为和共同行为、单方行为对比后认为决议行为根本就不是法律行为，只是团体内部的意思形成行为。按传统见解，法律行为包括两个要件：①内部要件，即效果意思；②外部要件，即表示行为。决议行为属于效果意思形成阶段，不属于法律行为。[2]

3. 缓和路径：作为"独立"法律行为类型

该方案下存在两条可能的备选路径：①一般法律行为 VS 特殊法律行为。将决议行为作为一种"特殊"法律行为，将决议行为以外的单方、双方、共同行为统合称为"一般"法律行为。采这一分类系由决议行为特殊性决定，亦与《民法典》第134条第2款对决议行为的性质定位相吻合。王利明教授在最新修订的《民法总则研究》一书中即将民事法律行为区分为"一般法律行为"和"决议行为"。[3] 虽未提及"特殊"二字，但"一般"通常和"特殊"相对应。据此可以推定，其将决议行为作为"特殊"法律行为。②个体法行为 VS 团体法行为。鉴于决议行为属于典型的团体法/组织法行为，可以考虑将决议行为归属于"团体法"行为，将单方、双方、共同行为统称为"个体法"行为。采用这一分类模式可以彰显商法思维区别于民法思维的特殊性，有助于解决"民商合一"或者"民商混同"下民法思维和商法思维的界分和融合问题，无论是对商法理论还是对立法和司法实务发展均具有重大的引导意义。这一模式亦有助于构筑"交易法"和"团体法"双重立法模式。如果运作成熟和良好，亦不排除未来《民法典》修改时重新改造传统民事法律行为和意思表示规则，由传统民法关注意思表示"一致性"和"真实性"问题转向关注意思表示"结构"问题，[4] 将极有可能开创具有中国特色的民法理论、立法、司法体系新范式。（决议行为类型归属的备选路径见表10-2）

---

〔1〕 参见叶林：《商行为的性质》，载《清华法学》2008年第4期。

〔2〕 参见徐银波：《决议行为效力规则之构造》，载《法学研究》2015年第4期。

〔3〕 参见王利明：《民法总则研究》（第3版），中国人民大学出版社2018年版，第495页。

〔4〕 已有学者对此做了研究。参见吴飞飞：《论决议对法律行为理论的冲击及法律行为理论的回应》，载《当代法学》2021年第4期。

表 10-2　决议行为类型归属的备选路径

	备选路径	决议行为之归属	
一	传统路径	多方行为	
		共同行为	
二	激进路径	非法律行为	
三	缓和路径	独立法律行为类型	
		一般法律行为	特殊法律行为
		个体法律行为	团体法律行为

（二）前两条可能/备选路径之否弃

上述三条备选路径可谓各有特点，亦各具优劣，后《民法典》时代我国民事法律行为分类理论该如何抉择呢？笔者认为，我国后《民法典》时代的民事法律行为分类理论应当摒弃传统路径和激进路径，选择缓和路径。

首先，应当摒弃传统路径。虽然传统法律行为分类理论均不约而同地将决议行为划归于共同/多方行为行列，看到了决议行为和共同/多方行为之共性，却忽视了二者的差异性。决议行为虽然在适用领域、行为主体、意思表示数量、意思表示方向等方面和共同/多方行为类似。但是，在《民法典》第134条第2款将决议行为定位为"独立"法律行为的现实之下，传统路径和《民法典》第134条第2款对决议行为的性质定位不符。我国《民法典》第134条第1款规定："民事法律行为可以基于双方或者多方的意思表示一致成立，也可以基于单方的意思表示成立。"在规定双方、共同、单方行为成立规则的前提下，紧承第2款规定："法人、非法人组织依照法律或者章程规定的议事方式和表决程序作出决议的，该决议行为成立。"单列一款旨在将决议行为作为法律行为的独立类型，在立法已明确的情况下再将决议行为归入共同行为不合时宜。

其次，激进路径亦不可取。在该方案下，决议行为被认为非法律行为而系"意思形成行为"。只是团体的一个"内部"效果意思，尚缺乏法律行为的"外部"要件，应当和法律行为彻底"脱钩/决裂"。但是，无论如何强调决议行为的"特殊性"均不能抹杀其法律行为属性，决议行为具有明显的法律行为特质：第一，传统法律行为和决议行为都是以意思自治为其精神皈依，无论是个人自治还是团体自治本质均为民商事主体独断意思（意志）的表达，决议行为和单方、双方行为在伦理基础上具有一致性。第二，决议行为也以意思表示这一要素为内核。如股东表决权代表的是股东自己意思，采用"资本/人头多数决"最终形成公司意思（意志）。但这种不同不过是意思表示"构造"之不同，支撑公司决议背后的仍然是"意思表示"这一元素。意思形成说认为决议行为只不过是团体内部一个意思表示，尚无对外行为，因此非法律行为。实际上这一理由十分牵强。在《德国民法典》中法律行为和意思表示经常被来回"跳跃式"混用，二者的区别微乎其微。《德国民法典》第 119 条、第 120 条、第 123 条规定某些具有瑕疵的意思表示可撤销，但是第 142 条规定的则是可撤销和已撤销的法律行为。[1]《德国民法典立法理由书》记载："就常规言，意思表示与法律行为为同义之表达方式。"[2]德国民法学家弗卢梅认为："将法律行为和意思表示区分意义甚微，仅在法律行为中所出现的问题涉及意思表示时，将其转化为意思表示可能更加便于掌握。"[3]温德夏特在其《学说汇纂法学教科书》中直言："法律行为就是意思表示。"[4]我国学者朱庆育亦认为："二者性质不必两论，属于同一概念。"[5]第三，从指向结果来看，决议行为包括指向内部的决议和指向外部的决议两类，指向内部的决议并非不产生私法法律效果。如股东（大）会决议解任某董事或经理，此虽属于公司内部事务决定事项，但仍然产生相应的私法法律效果。如果是经理资格决议解除，根据传统公司法理论，经理系公司的雇员、高级雇员或高级职员，[6]经理获得聘任的前提是其与公司之间存在雇佣或者劳动关系，或者在聘任同时与公司建立雇佣或劳动关系。[7]决议一经完成即在经理和公司之间产生雇佣或劳动合同关系解除的法律效果。再如董事长选任决议，决

---

〔1〕［德］迪特尔·梅迪库斯：《德国民法总论》（第 2 版），邵建东译，法律出版社 2000 年版，第 190 页。

〔2〕［德］迪特尔·梅迪库斯：《德国民法总论》（第 2 版），邵建东译，法律出版社 2000 年版，第 190 页。

〔3〕［德］维尔纳·弗卢梅：《法律行为论》，迟颖译，法律出版社 2013 年版，第 32 页。

〔4〕［德］维尔纳·弗卢梅：《法律行为论》，迟颖译，法律出版社 2013 年版，第 32 页。

〔5〕朱庆育：《意思表示与法律行为》，载《比较法研究》2004 年第 1 期。

〔6〕参见江平主编：《新编公司法教程》（第 2 版），法律出版社 2003 年版，第 146 页。

〔7〕参见赵旭东：《再思公司经理的法律定位与制度设计》，载《法律科学（西北政法大学学报）》2021 年第 3 期。

议一经完成，当选的董事长即和公司建立了约束关系。其应当根据《公司法》第180条、第181条之规定严格履行董事的勤勉义务和忠实义务，并且为公司利益行事。诚如学者所言，决议行为不仅为团体设定了权利义务，亦为团体成员设定了权利义务。[1]因此，应当辩证对待决议之拘束力。

（三）缓和路径之确立

在排除掉前两条路径后剩下的就是缓和路径了，决议行为的法律行为类型归属宜采缓和路径。缓和路径之下存在两种备选模式，哪一种更为妥适呢？从对决议行为独立性和特殊性的认识程度而言，两种方案均有较为充分的体现。笔者认为，我国民事法律行为分类理论宜采用"团体法"和"个体法"这一分类模式。

1. 一般 VS 特殊分类模式之批判

第一，"类"之本义为"相同事物的综合"，延义指"相似、好像"，核心在于"同"。"分类"之目的乃要将此事物与彼事物区分并展现事物之特质。"一般"和"特殊"这一分类模式虽然与《民法典》第134条第2款对决议行为的定位相吻合，但略显普通，无法直观、准确地展现决议行为的本质以及决议区别于其他法律行为类型的特殊性。第二，"一般"和"特殊"分类模式在形式上将决议行为和其他法律行为分庭抗礼，虽然可以突出决议行为的独立价值。但是，在我国《民法典》通篇以"个体法"（主要是合同）为"主轴"和"核心"构建的现实之下，这一分类和实证法相悖离。虽然我国《民法典》第277条、第278条、第279条、第280条规定了建筑物区分所有权业主大会的决议事项和决议规则，但总体较为零散，遍览各分编，几乎找不到系统、完整的团体法规则。第三，"一般"和"特殊"分类意味着决议行为、单方行为、双方行为等均被统摄于"民事法律行为"概念之下。那么，法律行为的成立和效力判定规则也理应能够适用于决议。但是，法律行为的可撤销和无效均建立在表意人表意瑕疵基础之上，意思表示瑕疵和法律行为效力瑕疵规则几乎无法适用于决议。例如，《民法典》第147条、第148条、第149条、第150条规定的因重大误解、一方受欺诈或者第三方实施欺诈行为、一方或者第三方以胁迫手段使对方违背真实意思实施的民事法律

_____

〔1〕 参见瞿灵敏：《民法典编纂中的决议：法律属性、类型归属与立法评析》，载《法学论坛》2017年第4期。

行为，行为人可以请求人民法院或仲裁机构予以撤销。在这些情形下的可撤销实际撤销的都是行为人的意思表示，本质上为表意人内心效果意思。但是，《公司法》第26条第1款规定股东会、董事会决议可撤销情形主要指召集程序、表决方式违反法律、行政法规或者公司章程，或者决议内容违反公司章程。决议可撤销的指涉对象是决议程序违法违章或内容违章而非单个表决主体（自然人）的意思表示。通常，表决成员意思表示的撤销很难影响决议效力。[1]第四，"决议行为是法人、非法人组织形成意思表示的重要形式，是市场经济活动的重要组成部分。在商事法律关系中，决议行为很多，有必要在总则编中予以规定"。[2]决议行为"入典"承载着"民商合一"体例下商法特殊元素的独立和表达，被认为是《民法典》践行"民商合一"体例之微观著例。"一般"和"特殊"的分类模式难以直观地展现民商法思维区分。

2. 个体法 VS 团体法分类模式确立及理据

根据《当代汉语词典》的解释，团体系"有共同目的、志趣的人所组成的集体"。[3]"团体"一词滥觞于罗马法，罗马法中的"universitas"即具有团体之含义。古罗马法学家乌尔比安指出，团体成员的变更不影响团体的存在。[4]托马斯·霍布斯在其名著《利维坦》中指出："团体就是在一种利益或事业中联合起来的任何数目的人。"[5]德国著名法学家祁克在《德意志团体法论》一书中首次承认团体人格并将之作为权利义务主体。他认为，所谓团体，系指从相互结合的个人之总体中区分出来，作为单一全体的权利义务主体且被法秩序所承认的人团体。[6]叶林教授指出，团体由具有共同利益和目标的成员自愿结社而成的人的集合。[7]吴高臣认为，私法上的团体是指由

---

〔1〕 当然也不绝对，这主要和股东所持的股份数有关，如控股股东或持股比例较高者亦可能影响决议通过与否。但在多数情况下单个股东撤销其意思表示后，若决议意思仍符合公司法规定的法定表决权数，不影响决议效力。

〔2〕 郭锋等编著：《中华人民共和国民法典条文精释与实务指南·总则篇》，中国法制出版社2021年版，第498页。

〔3〕 参见《当代汉语词典》编委会编：《当代汉语词典》，中华书局2009年版，第234页。

〔4〕 参见吴高臣：《团体法的基本原则研究》，载《法学杂志》2017年第1期。

〔5〕 [英]霍布斯：《利维坦》，黎思复、黎廷弼译，杨昌裕校，商务印书馆1985年版，第174、183页。

〔6〕 参见何勤华：《近代德国私法学家祁克述评》，载《法商研究》1995年第6期。

〔7〕 参见叶林：《私法权利的转型——一个团体法视角的观察》，载《法学家》2010年第4期。

具有相同利益和目标的成员自愿结合而形成的组织。[1]团体概念有广狭之分，广义泛指一切组织，即由诸多要素按照一定方式相互联系起来的集合体；狭义指基于共同利益和目标的社会成员按照一定的形式在自愿基础上组成的人的联合体。就团体的类型而言，可以以组织形态和法律属性为标准对其进行分类。以组织形态为标准可以将其分为社团和财团，财团一般为公益性组织（如基金会、慈善机构、宗教团体等），社团则可以是营利性组织（如公司）；以法律属性划分团体可分为公共团体和私人团体。[2]与个体相较，团体具有如下特征：①形成的自愿性。团体系成员之间自愿结合形成的，非来源于国家强制力或者其他。②目标的一致性。设立团体是为了实现所有成员的共同目的和共同利益。③表现形式的组织性。团体有团体宗旨、团体规则和团体机构。④团体和成员的分离性。团体有区别于团体成员的独立财产和独立人格。⑤责任归属的明确性。团体成员为团体利益行事后果归于团体。

所谓团体法，即从对主体约束出发规范团体组织和全体团体成员甚至外部第三人的特别私法。团体法调整的法律关系包括：①团体设立、组织、运行、消灭之法律关系；②团体和成员之法律关系；③成员和成员之法律关系；④团体内部机关之权责法律关系；⑤团体与第三人之法律关系。[3]虽然对团体法的特征众说纷纭、莫衷一是。但笔者认为，能够反映团体法运作规律、体现其本质的特征有四：①意思（意志）形成具有程序性。团体意思（意志）形成需遵循严格的程序要件，程序是团体意志合规合法形成的保障。②意思表示呈现"双阶构造"，即团体意思和团体成员意思的分离。[4]团体法主要关注团体意志的形成和表达，成员意思表示属于传统民法的意思表示范畴。③团体内部允许"异质"利益存在，因此采用"资本/人头多数决"意思形成方式，最终团体意思吸收了少数反对/弃权派成员的意思。④团体意思具

---

〔1〕 参见吴高臣：《团体法的基本原则研究》，载《法学杂志》2017年第1期。

〔2〕 需要说明的是，公共团体一般采取特许设立原则，包括国家机关和公共机构，公共团体的设立、运行和消灭与私法团体迥异有别，属于行政法研究范畴，本书不作涉及。私人团体又分为公益团体、私益团体和二者兼有的团体，私益团体以公司为代表。在本书语境下，团体主要指私法团体。参见李志刚：《公司股东大会决议问题研究——团体法的视角》，中国法制出版社2012年版，第37~38页。

〔3〕 关于团体决议是否调整团体和第三人的法律关系，我国学术界存在争议，笔者对此持肯定态度。对此展开的分析，参见蒋大兴：《超越商事交易裁判中的"普通民法逻辑"》，载《国家检察官学院学报》2021年第2期。

〔4〕 参见王滢：《公司决议行为的双阶构造及其效力评价模式》，载《当代法学》2021年第5期。

有"溢出"效应。其不仅对团体和团体成员（无论反对、赞成或弃权）具有约束力，对外部第三人亦具约束力。

决议行为具备团体法的全部特征，决议行为主要适用于作为团体法的商法领域，如股东会决议、董事会决议、监事会决议、合伙企业合伙人决议、破产债权人会议决议等，属于最典型的团体法范畴：第一，决议的作出必须遵循特定的程序要求。决议主要包括"议事方式"和"表决程序"两个方面。[1]前者指采用"集体讨论"还是"书面征求意见"的形式，后者包括决议前置程序、会议召集、会议公告和通知、会议出席、会议主持、会议讨论（质询、辩论、解释、查证）、会议表决、会议纪要和决议结果公开、实施评估等。第二，决议意思和参与表决成员意思分离，虽然决议意思肇源于所有表决成员意思，却非由该意思表示构成。"通常，决议行为中起决定作用的不是参与者意思表示的一致，而系多数决原则。"[2]经由资本/人头多数决"凝练"成的决议意思代表的是团体意志。诚如学者所言，决议意思系表决成员的意思表示在管制法和自治法作用之下形成团体意志的"化合过程"，并非参与表决成员之表决行为的简单相加。决议和表决行为并非同一层次上的整体和部分关系。[3]此和共同行为形成了鲜明对比，共同行为只是各表决人意思之简单"聚合/总和"。若用公式表示，共同行为是"1+2+3+4+5……＝N"，决议行为则是"1+2+3+4+5……＞N"。因此，有学者提出，应当严格区分表决权撤销和决议行为撤销。[4]第三，决议过程中允许"异质"利益存在。决议成员参与表决之意思表示存在赞成、反对、弃权等多种样态。根据私法自治和行为自主原则，这些意思表示均是其对待决议事项所做的个人判断，乃其独立意志（意思）之表达。只不过基于民主决策和正当程序原则，最终形成的团体意思（意志）吸收了"反对"或者"弃权"成员的意思表示，少数派意思被忽略了。第四，决议除约束团体本身和团体成员外，对第三人亦具有"溢出"效应，典型如公司对外担保合同的效力判断。《公司法》第15条第1款以强制性规定的形式要求公司对外担保，依照公司章程的规定需经过

---

〔1〕 参见王雷：《〈民法总则〉中决议行为法律制度的力量与弱点》，载《当代法学》2018年第5期。

〔2〕 ［德］维尔纳·弗卢梅：《法律行为论》，迟颖译，法律出版社2013年版，第32页。

〔3〕 参见周淳：《组织法视阈中的公司决议及其法律适用》，载《中国法学》2019年第6期。

〔4〕 参见许中缘：《论意思表示瑕疵的共同法律行为——以社团决议撤销为研究视角》，载《中国法学》2013年第6期。

股东（大）会或者董事会决议决定，对于违反该规定的法定代表人越权担保合同效力问题民法学者和商法学者各执一词，[1]司法实践亦历经反复更迭，仍难臻一致。[2]《九民纪要》和最新颁布的《民法典担保制度解释》对该问题取得了较一致的立场，即公司对外担保合同的"有效"抑或"无效"，端赖交易相对人"善意"与否。如相对人"善意"则担保合同有效，相对人"非善意"则担保合同无效，[3]"善意"指相对人不知道或不应当知道法定代表人超越权限订立担保合同。[4]承认了《公司法》第16条第1款的"溢出"效应。[5]关于交易相对人（债权人）"善意"的判断标准，《九民纪要》第18点第2款规定，以交易相对人是否履行"形式审查"义务为标准，[6]《民法典担保制度解释》第7条却认为债权人应当尽到"合理审查"义务。[7]《民

---

〔1〕 参见刘俊海：《公司法定代表人越权签署的担保合同效力规则的反思与重构》，载《中国法学》2020年第5期；邹海林：《公司代表越权担保的制度逻辑解析——以公司法第16条第1款为中心》，载《法学研究》2019年第5期；迟颖：《法定代表人越权行为的效力与责任承担——〈民法典〉第61条第2、3款解释论》，载《清华法学》2021年第4期；高圣平：《公司担保相关法律问题研究》，载《中国法学》2013年第2期；高圣平、范佳慧：《公司法定代表人越权担保效力判断的解释基础——基于最高人民法院裁判分歧的分析和展开》，载《比较法研究》2019年第1期；杨代雄：《公司为他人担保的效力》，载《吉林大学社会科学学报》2018年第1期；曾大鹏：《公司越权对外担保的效力研究——基于法律解释方法之检讨》，载《华东政法大学学报》2013年第5期；冉克平《论公司对外担保合同的效力——兼评〈公司法〉第149条第3款》，载《北方法学》2014年第2期；王文宇《论公司违法缔结担保合同之效力》，载刘俊海主编：《中国资本市场法治评论》（第4卷），法律出版社2014年版。

〔2〕 参见《最高人民法院公报》2011年第2期；最高人民法院［2020］最高法民终1143号民事判决书；上海市第二中级人民法院［2009］沪二中民四（商）初字第6号民事判决书；北京市高级人民法院［2009］高民终字第1730号民事判决书；浙江省临海市中级人民法院［2009］临商初字第205号民事判决书。

〔3〕 参见《九民纪要》第17点和《民法典担保制度解释》第7条。《九民纪要》第17点后半句规定："法定代表人未经授权擅自为他人提供担保的，构成越权代表，人民法院应当根据《合同法》第50条关于法定代表人越权代表的规定，区分订立合同时债权人是否善意分别认定合同效力：债权人善意的，合同有效；反之，合同无效。"

〔4〕 参见《九民纪要》第18点。

〔5〕《九民纪要》第17点前半句明确规定："担保行为不是法定代表人所能单独决定的事项，而必须以公司股东（大）会、董事会等公司机关的决议作为授权的基础和来源。"

〔6〕 该款规定："债权人对公司机关决议内容的审查一般限于形式审查，只要求尽到必要的注意义务即可，标准不宜太过严苛。……"

〔7〕 该条第3款规定："第一款所称善意，是指相对人在订立担保合同时不知道且不应当知道法定代表人超越权限。相对人有证据证明已对公司决议进行了合理审查，人民法院应当认定其构成善意，但是公司有证据证明相对人知道或者应当知道决议系伪造、变造的除外。"

法典担保制度解释》和《九民纪要》规定不一。尽管有学者认为"合理审查"较之"形式审查"更具有可取性和合理性，要求更高，债权人作为商人对公司担保决议的审查不应当仅限于会议决议文件、股东签字签章等形式要件，有时候应当更为具体和深入。[1]但是，何谓"合理审查"、其边界在何处又属于一个价值判断问题。《民法典担保制度解释》虽然用意良善，但是对《九民纪要》的颠覆性修改又滋生了新的司法难题。不过，不论对此处债权人审查义务作何种理解，《民法典担保制度解释》和《九民纪要》均明确了公司担保决议（团体意思）对交易第三人的"溢出"效应。

尽管共同行为亦存于团体法当中（如发起人协议），但共同行为中意思表示的内容、方向、方式均相同，只不过系多个行为主体意思表示之"聚合/总和"，最终形成一个内容和方向完全相同的"集合意思"。因此，有学者将其作为个体法的"分支"归于"合同行为"行列，[2]笔者对此深表赞同。在所有民事法律行为类型中，只有决议行为与团体法的本质高度贴合，体现了其精髓和要义。虽然将法律行为区分为"个体法"和"团体法"行为也只是表现形式和理论层面的探讨。但这一分类却能够彰显《民法典》时代民法学理论构建对团体法之重视。众所周知，传统民法学以"自然人"为人像构筑民法制度体系，个人系自己内心意思的决定者、发动者和负责者，民法学理论和制度体系的构建始终以保障自然人内心效果意思的实现为皈依和目标，忽视或者慢待了团体意思（意志）以及团体法规则之构建。"个体法"和"团体法"行为在中国私法一般理论中的"二分"和"双峰对峙"表明，不同于德国、法国、奥地利、瑞士、日本等传统大陆法系以"个体法"为中心的民法学理论和民法立法，我国《民法典》和民法学理论以"个体法"和"团体法"并重，此可谓是对世界民法立法和理论的开创性贡献。（决议行为在法律行为分类中的归属见表10-3）

---

[1] 参见甘培忠、马丽艳：《公司对外担保制度的规范逻辑解析——从〈公司法〉第16条属性认识展开》，载《法律适用》2021年第3期。

[2] 参见吴飞飞：《决议行为归属与团体法"私法评价体系"构建研究》，载《政治与法律》2016年第6期。

表 10-3　决议行为在法律行为中的归属

类型一	一般法律行为	特殊法律行为	×
	单方行为、双方行为、共同行为	决议行为	×
类型二	个体法行为	团体法行为	√
	单方行为、双方行为、共同行为	决议行为	√

四、法律行为分类理论重构后的理论和实践效应

将决议行为归属"团体法行为"重构民事法律行为分类理论之后，会使理论和实践发生一系列连锁反应。

（一）理论效应

第一，革新民事法律行为类型理论。传统民事法律行为分类理论主要包括单方和多方法律行为、财产行为和身份行为、负担行为和处分行为、有偿法律行为和无偿法律行为、要式法律行为和非要式法律行为、连续性给付法律行为和非连续性给付法律行为、诺成性法律行为和实践性（要物）法律行为、生前法律行为和死因法律行为等类型，[1]看不到决议行为的身影。前已述及，学理上要么将之归于多方行为，要么将之归于共同行为。即便是承认决议行为特殊性的学者（如梅迪库斯）亦仅将决议作为法律行为的一种类型，无法彰显其特殊性和独立价值。在采用"个体法行为"和"团体法行为"这一分类后，决议行为作为"团体法"之支柱，单方、双方、共同行为作为"个体法"之核心一道构成法律行为之"两翼"，丰富和革新了法律行为类型理论。

第二，丰富私法自治原则的内涵。私法自治原则经由法律行为（尤其是契约）而践行，法律行为乃实践私法自治的主要机制。[2]传统民法学理论言及私法自治，主要是指个人（自然人）自治。在将决议行为"独立"归属于团体法行为后，不同于传统私法自治仅仅依靠单方行为、双方行为这些法律行为来实现自然人内心的效果意思。决议行为以其特有的意思形成机制（资

---

〔1〕　参见江平主编：《民法学》（第 3 版），中国政法大学出版社 2018 年版，第 150~156 页。

〔2〕　参见王泽鉴：《民法概要》，北京大学出版社 2011 年版，第 66 页。

本/人头多数决）和表达机制（遵循特定的程序）丰富了私法自治的内涵和实现途径，使私法自治能够涵盖"个人自治"和"团体自治"，私法自治的内涵更加充盈和丰满。团体自治作为一种价值观，追求的是团体自身及团体成员整体利益的最大化。在此意义上可谓是个人自治之修正和延伸，它拓展了私法自治空间，亦削弱了个人自治的过于极端化倾向且没有废弃私法自治。[1]

第三，彰显"民商合一"的"中国特色"。采用这一分类亦是后《民法典》时代民法学理论对《民法典》"民商合一"体例的精准解释。我国《民法典》虽然力推"民商合一"体例，但这种"民商合一"不是对民商区别的抹杀和否定，反而恰恰是以尊重商法特色和独立性为前提的"相对"或"有限"合一。[2]《民法典》虽然在调整对象、基本原则、法源类型、民事权利、代理部分彰显了对商事关系的包容性面向，如《民法典》第10条确立了"法律-习惯"二位阶的法源体系，此处的习惯包括民事习惯和商事习惯，[3]《民法典》第125条规定了股权等其他投资性权利，等等。但是《民法典》的核心章第六章"民事法律行为""合一"才是"民商合一"最重要的载体和场域。《民法典》在"民事法律行为"部分开宗明义地"宣示性"规定决议行为成立规则，旨在为商事行为提供"一般性、基础性、总纲性"规范。后《民法典》时代的民法学理论构建亦有必要围绕这一立法设计在民事法律行为分类理论部分将法律行为分为"个体法行为"和"团体法行为"，前者主要适用于传统民法领域，后者主要适用于《公司法》《合伙企业法》《破产法》等商法领域，借此以彰显民法典时代民法学理论对"民商合一"体例"中国特色"的回应和维护。"团体法""个体法"的分立对商事立法亦具有一定的引导意义，为未来的《商法通则》/《商法典》立法预留了空间和可能。[4]

---

〔1〕 参见叶林：《私法权利的转型——一个团体法视角的观察》，载《法学家》2010年第4期。

〔2〕 参见赵万一：《后民法典时代商法独立性的理论证成及其在中国的实现》，载《法律科学（西北政法大学学报）》2021年第2期；赵万一：《民商合一体制下商法独立性的可能性及其实现路径》，载《法学杂志》2021年第7期。

〔3〕 参见王利明主编：《中华人民共和国民法总则详解》，中国法制出版社2017年版，第51页（该条由王利明教授撰写）。

〔4〕 2020年11月习近平总书记在中央全面依法治国工作会议上强调，要总结编纂民法典的经验，适时推动条件成熟的立法领域法典编纂工作，这为《商法通则》/《商法典》立法提供了政策契机。目前行政立法领域法典编纂工作已启动。参见许安标：《总结编纂民法典的经验推动条件成熟立法领域法典编纂》，载《民主与法制》2021年第35期。

（二）实践效应

第一，回应社会实践的现实需要。正所谓"我们生于组织体之中，也死于组织之中。介于生死之间的生活组织，也由组织所填满"。[1]21 世纪法典化的时空和社会环境都已发生了历史性嬗变，以公司为代表的法人和非法人组织早已经成为经济生活的主角及社会主体自我管理的主要载体。[2]2009 年公司为全球 81%的人口提供了工作机会，构成了全球经济力量的 90%，创造了全球生产总值的 94%。[3]据统计：2019 年全国新登记注册市场主体数量为 2377.4 万户，同比上年增加 227.8 万户，增长 10.6%；科技企业孵化器数量预计增至 5200 家左右，增长约 7.4%；国家高新技术开发区企业单位数超过 14 万个，增长 19.7%以上。2019 年创业板、新三板挂牌公司数量为 9744 家，是 2014 年的 4.9 倍。[4]截至 2020 年 12 月份，全国有限责任公司总计 3832.2 万户（占比 98.66%），股份有限公司总计 51.9 万户（占比 1.34%）。[5]当今世界早已迈入了"公司帝国主义"时代，私法一般理论构建理应对公司组织和团体予以及时的回应。采用"团体法"和"个体法"这一法律行为分类模式有力地解释了现实，彰显了中国民法学理论的时代特色和实践特色。

第二，对商法思维培育具有引导作用。长期以来，我国民商审判中民商思维不分，习惯以交易法/合同法思维处理商事纠纷，对组织法/团体法的关照严重不足。司法裁判在处理股东资格确认、股权代持、股权让与、有限责任公司股权变动、股权善意取得、通道业务信托合同等"民商交叉"问题时存在偏谬。兹举两例以释明：

例一，关于股权能否适用善意取得，《最高人民法院关于适用〈中华人民共和国公司法〉若干问题的规定（三）》（以下简称《公司法司法解释（三）》）第 25 条、第 27 条规定名义股东/原股东处分股权参照《物权法》第 106 条

---

〔1〕〔美〕理查德.H. 霍尔：《组织：结构、过程及结果》，张友星、刘五一、沈勇译，上海财经大学出版社 2003 年版，第 4 页。

〔2〕参见李志刚：《公司股东大会决议问题研究——团体法的视角》，中国法制出版社 2012 年版，第 36 页。

〔3〕参见《公司的力量》节目组：《公司的力量》，山西教育出版社 2010 年版，第 4 页。

〔4〕数据参见：http://www.stats.gov.cn/tjsj/sjjd/202007/t20200713_ 1775410.html，2021 年 1 月 4 日访问。

〔5〕数据参见：http://www.stats.gov.cn/tjsj/sjjd/202007/t20200713_ 1775410.html，2021 年 1 月 4 日访问。

（现《民法典》第 311 条）物权善意取得处理。实际上，股权变动和物权变动的结构模式截然不同，物权变动仅需借助动产交付和不动产登记规则即可完成，有限责任公司股权变动则需转让方和受让方的让与合意，并且《公司法》第 55 条、第 56 条以及《中华人民共和国公司登记管理条例》第 34 条规定，受让方获得股权还需要经过签发出资证明书、变更股东名册及由公司申请变更股权工商登记等一系列程序，这些程序的实施和完成均离不开公司的协力和参与。因此，受让人能否取得股权本质上取决于公司"承认"与否，这就基本上限制了股权善意取得的适用空间和可能。但是，《公司法司法解释（三）》第 25 条、第 27 条参照物权善意取得处理名义股东/原股东处分股权问题，造成了司法误读和误判。并且，物权善意取得的前提是无权处分，名义股东处分股权属于有权处分，有权处分如何适用善意取得？《公司法司法解释（三）》第 27 条本质上是赋予公司的"反悔权"。[1]造成这一错误认识的根源即以个体法/交易法思维处理属于团体法/组织法的股权转让问题，忽视了公司法的团体法本质。

例二，关于股权变动模式学术界存在纯粹意思主义、修正意思主义、形式主义等多种观点。[2]股权变动模式本质上是对交易法领域的物权变动模式的移用和嫁接，无论何种模式均忽视了股权的"社员权"属性。[3]股权法律关系产生于股东和公司之间，是股东对公司的权利，其指涉对象只能是"公司"，因此股权变动应当注意公司的角色和地位，重视公司意思的介入和参与。[4]但是，无论是纯粹意思主义、修正意思主义还是形式主义均忽视了股权变动中的公司意思。纯粹/修正意思主义股权变动模式将股权变动理解为转让方和受让方关于"股权"这种特殊标的物所有权转移的双务合同，股权转让合同生效后股权权属即从转让方转移至受让方，属于典型的以物权转让思维处理股权转让问题。形式主义物权变动模式虽然区分"股权转让合同"和"股权转让行为"，认为前者属于负担（债权）行为，后者属于处分（物权）

---

〔1〕 参见王涌：《股权如何善意取得？——关于〈公司法〉司法解释三第 28 条的疑问》，载《暨南学报（哲学社会科学版）》2012 年第 12 期。

〔2〕 参见李建伟：《公司法学》，中国人民大学出版社 2024 年版，第 242 页。

〔3〕 参见 ［德］卡尔·拉伦茨：《德国民法通论》，王晓晔等译，法律出版社 2017 年版，第 221 页。

〔4〕 参见叶林：《公司在股权转让中的法律地位》，载《当代法学》2013 年第 2 期。

行为，转让合同效力和股权权属变动无涉。[1]但这一模式却又将变更股东名册、工商登记等形式要件之后股权尚发生变动。[1]但这一模式却又将变更股东名册和股权工商登记理解为"事实行为"而非"民事法律行为"，对推动股权变动背后公司意思的推动作用体察不周，忽视了团体意思的介入和参与。受股权变动交易法/个体法思维模式影响，完全认缴制下出资义务未届期转让股权时原股权上所附的未届期的出资义务能否随之一并转移至受让方，目前存在转让股东担责说、[2]受让股东责任说、[3]连带责任说、[4]区分责任说[5]等多种裁判观点。[6]理论界往往习惯性套用债务承担原理解释未届期股权转让问题，即转让股东作为公司债务人，向外部第三人转让股权时应当征得债权人之同意。[7]这一观点虽然察觉到了股权转让中"公司"的地位和作用，但仍然未能全面体悟商事团体法思维之精髓。这一假设只能存在于治理结构良好且控制权较为分散的公司中。作为拟制的法律主体，公司意思形成过程中控股股东或实际控制人往往会将其意思（意志）向公司渗透。在股权高度集中，所有权和控制权重合的公司，债权人（公司）之同意权可能完全被转让股东所控制，同意权形同虚设。[8]这种以交易法/个体法的债务承担原理处理属于团体法/组织法领域的股权转让问题的方式，造成了司法的误读和误判，亦影响了商法的创新和发展。无论是一般还是未届期股权转让均应当重视团体意思之介入。

上述两例主要是由对公司法的团体法本质认识不足和对团体法思维运用不准和不深入造成的。在《民法典》"民商合一"体例下，如果在私法理论

---

〔1〕 参见赵旭东主编：《公司法学》，高等教育出版社 2012 年版，第 300 页。

〔2〕 参见北京市中级人民法院〔2018〕京民终 403 号民事判决书。

〔3〕 参见最高人民法院〔2016〕民再 301 号民事判决书；上海市第一中级人民法院〔2011〕沪一中民四（商）终字第 363 号民事判决书；广东省高级人民法院〔2017〕粤 71 民终 151 号民事判决书；厦门市中级人民法院〔2011〕厦民终字第 2498 号民事判决书；浙江省高级人民法院〔2017〕浙04 民终 1929 号民事判决书。

〔4〕 参见四川省高级人民法院〔2016〕川民再 232 号民事判决书。

〔5〕 参见四川省成都市中级人民法院执行裁定书〔2017〕川 01 执异 1943 号民事判决书；上海市普陀区人民法院民事判决书〔2014〕普民二（商）初字第 5182 号民事判决书。

〔6〕 参见薛波：《民法典时代民商关系论》，上海人民出版社 2021 年版，第 343 页。

〔7〕 参见刘敏：《论未实缴出资股权转让后的出资责任》，载《法商研究》2019 年第 6 期。

〔8〕 对这些观点的分析和介绍参见薛波：《论出资未届期股权转让后出资责任之主体》，载《学术论坛》2021 年第 4 期。

核心"民事法律行为"部分旗帜鲜明地区分"团体法行为"和"个体法行为",对《民法典》时代在团体法思维之培育、对商事裁判思维的形塑和养成无疑具有重要引导意义。

第十一章

营利法人所有权制度"入典"的
历史意蕴与体系效应

——兼评《民法典》第 269 条第 1 款

　　我国《民法典》第 269 条第 1 款在原《物权法》第 68 条第 1 款的基础上确立了营利法人所有权制度。[1]这是"一项重大的制度创新"[2]。这一创新对理论和实践意义重大，营利法人所有权属于传统民商法学研究的"基础性"问题，既关涉国有企业改革中企业财产独立和市场主体独立人格之塑造，亦关涉《民法典》"民商合一"立法体例的贯彻和实现，也和正在修改中的《公司法》的推进思路和立法方案选择密切关联。[3]遗憾的是，《民法典》实施后学术界对该条款的解读尚无人问津。本书拟对此展开研究。本章的论证思路如下：第一，先追溯制度的历史由来，以对其全貌有客观完整的认识；第二，考察其"入典"之动因；第三，在前两部分的基础上，从理论、制度、实践三个维度诠释营利法人所有权制度"入典"之实益；第四，最后回归该

---

　　[1]《民法典》第 269 条第 1 款虽然未直接使用"营利法人所有权"或"营利法人财产所有权"的称谓或用语，但从内容观之，其规定营利法人对其不动产和动产依照法律、行政法规以及章程享有"占有、使用、收益、处分"的权利，这四大权能实际上涵盖了所有权全部权能。《民法典》颁布后主流解释亦认为该款确立了营利法人所有权制度。详见最高人民法院民法典贯彻实施领导小组编：《中华人民共和国民法典理解与适用》，人民法院出版社 2020 年版，第 236 页；黄薇主编：《中华人民共和国民法典释义》（上册），法律出版社 2020 年版，第 497 页；孙宪忠、朱广新主编：《民法典评注·物权编》，中国法制出版社 2020 年版，第 511 页；崔建远：《中国民法典释评·物权编》（上卷），中国人民大学出版社 2020 年版，第 344 页；杨立新主编：《〈中华人民共和国民法典〉条文精important与实案全析》，中国人民大学出版社 2020 年版，第 375 页。

　　[2]　孙宪忠、朱广新主编：《民法典评注·物权编》，中国法制出版社 2020 年版，第 511 页。

　　[3]　2018 年 9 月 8 日《公司法》修改被正式纳入《十三届全国人大常委会立法规划》；2019 年 5 月 7 日全国人民代表大会常务委员会法制工作委员会成立《公司法》修改领导小组、咨询小组和工作小组，启动《公司法》修改研究程序；2021 年 12 月 22 日第十三届全国人民代表大会常务委员会第三十二次会议对《中华人民共和国公司法（修订草案）》进行了分组审议，12 月 24 日修订草案向社会公开征求意见。参见 http://www.npc.gov.cn/npc/c199/list_ 2. shtml，2021 年 12 月 24 日访问。

制度本身，从体系关联的角度分析《民法典》和《公司法》适用之衔接。

一、营利法人所有权制度"入典"的历史溯源

追溯营利法人所有权制度的由来，可谓源远流长。1949 年新中国成立后，中央政府通过没收官僚资本和对农业、手工业和资本主义工商业的社会主义改造，逐步确立了高度集中的计划经济体制。国有企业产值在工业总产值中的比重从 1949 年的 26.2%上升到 1952 年的 41.5%，1957 年的 53.8%，[1]国有企业基本控制了国家经济的重要领域。但这一时期国有企业的自主性缺乏，经营活力和效率都十分低下。毛泽东较早意识到了这一问题，1956 年他在《论十大关系》讲话中指出："把什么东西统统都集中到中央或省市，不给工厂一点权利，一点余地，恐怕不妥。"[2]20 世纪 60 年代孙冶方亦提出："属于扩大再生产的范围的事属于国家'大权'，国家必须严格管理，属于简单再生产范围的事是企业应当自己管的'小权'，国家多加干涉就会管死。"[3]新中国成立初期，我国有民法学者将全民所有制企业财产权概括为"国营企业的经营管理权"，[4]该称谓完全属于计划经济体制下的产物。1957 年至 1958年，在充分认识到高度集中计划经济体制带来的弊端后中共中央尝试对计划、工业、基本建设等管理体制进行改进。[5]1961 年中共八届三中全会确立了"调整、巩固、充实、提高"的著名国民经济"八字"方针，试图改变国有企业的管理方式，探索提高企业效率的中国道路。[6]

1978 年中共十一届三中全会后，国有企业改革走上了一条以扩大企业自主权为目标的改革之路。1984 年 10 月 20 日党的十二届三中全会通过的《中共中央关于经济体制改革的决定》确立国企改革"所有权"和"经营权"两权分离的思路。受此影响，1986 年颁布的《民法通则》第 82 条规定："全民

〔1〕 参见李楷主编：《现代企业制度通鉴》，国际文化出版公司 1994 年版，第 441、446 页。

〔2〕 《毛泽东选集》（第 5 卷），人民出版社 1999 年版，第 34 页。

〔3〕 孙冶方：《关于全民所有制经济内部的财政体制问题》，载孙冶方：《孙冶方选集》，山西经济出版社 1984 年版，第 240~253 页。

〔4〕 参见中央政法干部学校民法教研室编著：《中华人民共和国民法基本问题》，法律出版社1958 年版，第 137 页。

〔5〕 详细梳理参见王汉亮：《中国国有企业产权问题研究》，北京大学出版社 2003 年版，第 59页。

〔6〕 参见王汉亮：《中国国有企业产权问题研究》，北京大学出版社 2003 年版，第 76、81 页。

所有制企业对国家授予它经营管理的财产依法享有经营权，受法律保护。"有学者认为此处的"经营权"即"所有权"。[1]不过从编排体例观之，该条位于《民法通则》第五章第一节"财产所有权和与财产所有权有关的财产权"，该"经营权"应当被作为"与财产所有权有关的财产权"之一种，我国民法理论一般将该经营权归入他物权之一类。[2]1988年通过的《全民所有制工业企业法》第2条第2款将经营权权能细化为"企业对国家授予其经营管理的财产享有占有、使用和依法处分的权利"。所有权占有、使用、收益、处分四大权能之中，经营权独占其三，至于另外一项权能"处分权"仍保留为国家所有。

1992年确立社会主义市场经济体制建设的目标之后，中共十四届三中全会通过的《中共中央关于建立社会主义市场经济体制若干问题的决定》从方针政策的角度首次采用了法人财产权的表述。[3]这一规定旋即被1993年《公司法》吸收。该法第4条第2、3款规定："公司享有由股东投资形成的全部法人财产权，依法享有民事权利，承担民事责任。公司中的国有资产所有权属于国家。"自此，法人财产权理论在我国《公司法》中正式确立并承袭。2005年《公司法》修改时虽然删除了第4条中"公司中的国有资产所有权属于国家"的表述，但沿用的仍是法人财产权。2013年公司资本制度改革和2018年公司股份回购制度修订对该条款亦未作任何改动。2021年12月24日第十三届全国人大常委会第三十二次会议审议公布的《中华人民共和国公司法（修订草案）》（以下简称《修订草案》）对该款亦未作改动，[4]只是将

---

〔1〕 参见梁慧星：《论企业法人与企业法人所有权》，载《法学研究》1981年第1期。

〔2〕 参见佟柔主编：《中国民法》，法律出版社1990年版，第264~271页。

〔3〕 参见吴天保等：《国有企业改革比较法律研究》，人民法院出版社2002年版，第218页。

〔4〕 从笔者近年来多次参加全国商法学术会议与同行的交流来看，坚持"法人财产权"的原因在于，商法学者普遍认为公司财产除动产和不动产之外，还包括专利、商誉、商标等无形财产，是这些财产的总合。因此，用"财产"指代更为准确。笔者认为，这一认识貌似合理，实则似是而非，浮于表面。我们在谈论"公司财产"这一概念时，显然是从"静态"角度而言的，从静态角度谈论公司财产及类型的意义有限。只有将公司的所有财产看成一个"有机整体"并明确其对这些财产的"控制"和"所有"，"公司财产"才具有"动态"的实质意义。根据新制度经济学代表科斯的观点，产权界定既是市场交易的前提，也是资源有效配置的基础。（参见［美］罗纳德·科斯：《社会成本问题》，刘守英等译，载［美］R.科斯等：《财产权利与制度变迁——产权学派与新制度学派译文集》，刘守英等译，上海三联书店、上海人民出版社2014年版，第39页。）因此，确定企业（公司）对其财产"所有"是公司经营活动和对外交易的前提和基础。另外，有个别民法学者套用《德国民法典》所有权概念，强调所有权客体只能是有体物，而公司财产包括物权、债权及知识产权，不符合所有权的定义，因此是一个非科学提法。（参见张志坡：《公司财产权利三重结构说之批判》，载《金陵法律评论》2013年第1期。）

现《公司法》第 5 条第 2 款移位至第 3 条中作为其第 2 款。[1]由于《公司法》修改工作正在如火如荼地推进中，后续是否会修改该条款还尚待观察。

实质性改变来自 2007 年颁布的《物权法》。该法第 68 条第 1 款规定："企业法人对其不动产和动产依照法律、行政法规以及章程享有占有、使用、收益和处分的权利。"该款明确规定了企业法人的财产所有权。但颇为吊诡的是，《物权法》颁布之后关于企业法人财产所有权的规定并未引起学术界的重视，对该款的解读也寥寥无几。[2]随着《民法典》编纂工作的启动，《民法典》编纂主要是对民商单行法和司法解释及司法解释性质文件的系统整合。在这一方针指导下《物权法》第 68 条第 1 款得到了立法者的重视并被修改后直接"入典"。

自《民法典》编纂伊始，关于本条的立法意见一致认为，应当适应《民法总则》关于法人分类制度变革的现实，将法人财产权的主体由"企业法人""企业法人以外的法人"修改为"营利法人""营利法人以外的法人"。[3]《民法典·物权法（草案）（征求意见稿）》第 65 条规定："营利法人对其不动产和动产依照法律、行政法规以及章程享有占有、使用、收益和处分的权利。营利法人以外的法人，对其不动产和动产的权利，适用有关法律、行政法规以及章程的规定。"作出这样修改主要是为了和《民法典》"总则编""营利

（接上页）笔者认为不然，所有权客体为有体物属于 19 世纪末 20 世纪初德国概念法学派的产物，随着企业财团抵押、浮动抵押、集合抵押等新型担保物权的涌现，对现代物权的客体的界定早已突破了传统有体物范畴，如企业财团抵押企业所有的动产、不动产、债权、无形财产权打包成一个"物财团"，形成观念上的可交易的"整体物"，制作财团目录并且登记设立的抵押权。财团抵押在日本、德国相当发达，日本在《民法典》之外以特别法形式制定了《铁道抵押法》《工厂抵押法》《矿业抵押法》《渔业抵押法》等，为企业融资提供便利。（参见［日］近江幸治：《担保物权法》，祝娅、王卫军、房兆融译，沈国明、李康民审校，法律出版社 2000 年版，第 214～215 页。）崔建远教授亦认为，和自然人对某不动产或动产享有所有权相比，法人所有权有其特点。例如，其客体可以是多数、多个财产的集合，如建设用地使用权、房屋、场地、设备、工具、知识产权等。［参见崔建远：《中国民法典释评·物权编》（上卷），中国人民大学出版社 2020 年版，第 344 页。］

〔1〕《中华人民共和国公司法（修订草案）》第 3 条规定："公司是企业法人，有独立的法人财产，享有法人财产权。公司以其全部财产对公司债务承担责任。公司的合法权益受法律保护，不受侵犯。"

〔2〕从笔者阅读的文献范围来看，仅有孙宪忠教授对该款做过评析。不过，他是从政府投资企业的物权角度切入的。参见孙宪忠：《"政府投资"企业的物权分析》，载《中国法学》2011 年第 3 期。

〔3〕参见黄薇主编：《中华人民共和国民法典释义》（上册），法律出版社 2020 年版，第 496～497 页。

法人""非营利法人""特别法人"的法人分类模式保持一致，以保持各编概念的一致和逻辑的自洽。

2018年8月27日，第十三届全国人民代表大会常务委员会第五次会议对《民法典各分编（草案）》进行了初次审议。2019年9月全国人大法制工作委员会将草案印发至各省、自治区、直辖市的人大常委会以及中央有关部门、有关人民团体和社会组织、部分高等院校和研究机构、基层立法联系点征求意见，有单位提出本条属于《公司法》的内容，建议删除，[1]但这一提议未被采纳。《民法典各分编（草案）》第64条、《民法典·物权编（草案）（二审稿）》第64条及《民法典（草案）》第269条亦萧规曹随，皆接受了该征求意见稿第65条规定。[2]最终《民法典·物权编》第240条规定，所有权人对自己的不动产或者动产，依法享有占有、使用、收益和处分的权利。第269条第1款的规定和该条的内容保持一致，即营利法人对其不动产、动产依照法律、行政法规以及章程享有占有、使用、收益、处分的权利。至此，营利法人所有权在《民法典》中正式确立。

二、营利法人所有权制度"入典"的动因透视

《民法典》缘何要确立营利法人所有权制度？营利法人所有权制度"入典"的动因何在？根据哈耶克的解释，人类行为模式存在"建构理性主义"（Constructivist Rationality）和"进化理性主义"（Ecological Rationality）两种观察方式。[3]前者认为，人生来就具有智识和道德禀赋，能够依据无限的理性建构出完美的制度；后者认为，制度起源并不是理性的构造和设计，而在于成功且存续下来的实践，存续下来的实践是适者生存。[4]各种制度并不是人们在预见到这些制度可能带来的益处之后才建立的。[5]如果从这二重视角

---

〔1〕 参见《民法典立法背景与观点全集》编写组编：《民法典立法背景与观点全集》，法律出版社2020年版，第135页。

〔2〕 参见孙宪忠、朱广新主编：《民法典评注·物权编》，中国法制出版社2020年版，第511页。

〔3〕 参见［英］弗里德利希·冯·哈耶克：《法律、立法与自由》（第1卷），邓正来等译，中国大百科全书出版社2000年版，第61页。

〔4〕 参见［英］弗里德利希·冯·哈耶克：《自由秩序原理》，邓正来译，生活·读书·新知三联书店1997年版，第61页。

〔5〕 参见［英］弗里德利希·冯·哈耶克：《自由秩序原理》，邓正来译，生活·读书·新知三联书店1997年版，第61页。

切入观察和分析的话，营利法人所有权制度"入典"是"自上而下"的建构理性主义和"自下而上"社会实践进化双向互动和累积的结果，是中国特色社会主义市场经济建设经验在法律层面的凝练和集中表达。

（一）政策动因

政策是法律的先导和指引，法律是政策的实现和发展。[1]制度背后总是承载和凝结着特定的政策导向。营利法人所有权制度"入典"背后充分彰显了政策与立法之间的联动和互渗关系。1992年党的十四大确立社会主义市场经济体制改革目标之后，中共十四届三中全会通过的《中共中央关于建立社会主义市场经济体制若干问题的决定》将理顺产权关系、建立现代企业制度作为建设市场经济体制框架的基础性环节。该决定在阐述现代企业制度特征时指出"企业中的国有资产所有权属于国家，企业拥有包括国家在内的出资者形成的全部法人财产权"，"规范的公司，能够有效地实现出资者所有权与企业法人财产权的分离"。1997年党的十五大报告对社会主义初级阶段的描述再次阐释了与之相联的公有制经济含义、公有制实现方式及非公有制的合法地位等论述，对所有制理论有了重大突破，将"所有制"和"所有制的实现方式"区别开来。2016年11月4日《中共中央、国务院关于完善产权保护制度依法保护产权的意见》提出要平等保护各类市场主体的合法权利。2018年11月1日，习近平总书记主持召开民营企业家座谈会时强调，要坚定不移地发展壮大民营企业，改善民营企业的营商环境问题，扎实推进"放管服"改革。[2]2019年2月25日习近平总书记在中央全面依法治国委员会第二次会议上进一步强调，法治是最好的营商环境，要将平等保护贯彻到立法、司法、执法、守法各个环节，依法平等保护各类市场主体的产权和合法权益。[3]2019年12月4日《中共中央、国务院关于营造更好发展环境支持民营企业发展改革的意见》提出保护民营企业和企业家的合法财产。要严格按照法定程序采取查封、扣押、冻结等措施，依法严格区分违法所得、其他涉案财产与合法财产，严格区分企业法人财产与股东个人财产，严格区分涉案人员个人

---

〔1〕 参见陈柏峰主编：《法理学》，法律出版社2021年版，第268~269页。

〔2〕 参见《习近平总书记2018年11月1日在民营企业座谈会上的讲话》，载 http://cpc.people. com.cn/n1/2018/1102/c64094-30377329.html，2019年2月11日访问。

〔3〕 参见《习近平总书记2019年2月25日在中央全面依法治国委员会第二次会议上的讲话》，载 http://politics.gmw.cn/2019-02/26/content_32567955.htm，2019年3月5日访问。

财产与家庭成员财产。中央持续不断推进的顶层设计及市场化改革，为营利法人所有权制度"入典"提供了政策支撑和保障。

（二）理论动因

近代民法由于深受康德自由意志哲学的影响，私法中的人被认为是切断情感并纯化意志、涤除个性、偏好、欲望和性欲使之符合理性标准的人格人（法律主体），[1]是理性有意思表现的强有力的聪慧的人，具有知识面、经济能力的差异不被考虑的"抽象人格"。[2]自然人和法人在民法上本无区别。法人依据自己意思对其拥有的财产的"支配"和"拥有"属于法人制度建设中不言自明的道理。改革开放以后，随着民商法学研究的恢复和发展，学界在法人财产权及其相关理论研究方面取得了较为丰硕的成果：第一，对企业法人财产权的性质进行了深入研究，形成了所有权说、[3]综合权利说、[4]结合权说、[5]独立的民事权利说[6]等诸种学说，这些学说为公司财产权立法向更科学、更合理方向发展做了理论上的铺垫和知识储备。第二，对公司法人财产权的性质及其和股权之间相互依存、相互制衡关系的探讨也更为深入和细腻。学者认为，股权和法人财产权是相伴而生的一对法定权利，他们之间既彼此独立又相互制衡。[7]第三，对股东有限责任研究取得显著进展。[8]股东有限责任对应的即公司以其全部的责任财产对外承担无限责任，这必然以公司对其所有的财产拥有"支配权"和"控制权"为前提。第四，对公司表意机制的研究更为丰富。

---

〔1〕 参见［德］罗尔夫·克尼佩尔：《法律与历史——论〈德国民法典〉的形成与变迁》，朱岩译，法律出版社 2005 年版，第 59 页；李永军：《民法上的人及其理性基础》，载《法学研究》2005 年第 5 期。

〔2〕 参见［日］星野英一：《现代民法基本问题》，段匡、杨永生译，上海三联书店 2012 年版，第 67 页。

〔3〕 参见梁慧星：《论企业法人与企业法人所有权》，载《法学研究》1981 年第 1 期。

〔4〕 参见柳经纬：《企业财产权"物权说"评析》，载《现代法学》1997 年第 6 期。

〔5〕 参见胡静林主编：《企业法人财产权》，经济科学出版社 1995 年版，第 66 页。

〔6〕 参见江平、孔祥俊：《论股权》，载《中国法学》1994 年第 1 期；漆多俊：《论股权》，载《现代法学》1993 年第 4 期。

〔7〕 参见雷兴虎、冯果：《论股东的股权与公司的法人财产权》，载《法学评论》1997 年第 2 期；雷兴虎：《公司法新论》，中国法制出版社 2001 年版，第 89 页。

〔8〕 参见［美］斯蒂芬·M. 班布里奇、M. 托德·亨德森：《有限责任——法律与经济分析》，李诗鸿译，上海人民出版社 2019 年版，第 38 页；赵旭东：《公司法上的有限责任制度及其评价》，载《比较法研究》1987 年第 1 期；赵廉慧：《有限责任的性质与功能》，载《广东社会科学》2021 年第 6 期。

近年来，学术界聚焦于公司意思（意志）的形成和表达机制、决议行为的性质、决议行为和合同（双方）行为、共同行为、单方行为的区分、决议行为"入典"的方法和限度、民事法律行为效力瑕疵理论在决议效力瑕疵中适用及限度问题形成了一批卓有成效的成果，[1]这些研究成果丰富和完善了公司意思表示理论。公司意思（意志）独立和财产所有权二者系互为依存的紧密关系，公司独立财产所有权是独立意思（意志）表达和实现的保障，前者需要以后者为依托。学术研究的累积为营利法人所有权"入典"奠定了充分的理论基础。

（三）实践动因

第一，公司组织在市场经济中规模的不断扩张及商业繁荣使其主体地位和重要性不断凸显，是《民法典》确认营利法人所有权制度的实践动因之一。据统计，2019 年全国新登记注册市场主体数量为 2377.4 万户，同比上年增加 227.8 万户，增长 10.6%；科技企业孵化器数量预计增至 5200 家左右，增长约 7.4%；国家高新技术开发区企业单位数超过 14 万个，增长 19.7%以上。2019 年创业板、新三板挂牌公司数量为 9744 家，是 2014 年的 4.9 倍。[2]截至 2020 年 12 月份，全国有限责任公司总计有 3832.2 万户（占比 98.66%），股份有限公司总计 51.9 万户（占比 1.34%）。[3]据中国城市营商环境报告显示，2020 年深圳市的市场主体总数和每千人企业数、PCT 国际专利申请数、上市公司数均居全国首位。其中市场主体总量约为 300 万个，各类有限责任公司的企业数约为 200 万个，每千人市场主体数和企业数这两个指标达到了

---

〔1〕 具体参见何建：《公司意思表示论》，法律出版社 2019 年版；韩龙：《公司董事会决议效力研究》，法律出版社 2016 年版；张雪娥：《公司股东大会决议效力研究》，法律出版社 2018 年版；蒋大兴：《公司组织意思表示之特殊构造——不完全代表/代理与公司内部决议之外部效力》，载《比较法研究》2020 年第 3 期；徐银波：《决议行为效力规则之构造》，载《法学研究》2015 年第 4 期；徐银波：《法人依瑕疵决议所为行为之效力》，载《法学研究》2020 年第 2 期；王雷：《论民法中的决议行为——从农民集体决议、业主管理规约到公司决议》，载《中外法学》2015 年第 1 期；王雷：《论我国民法典中决议行为与合同行为的区分》，载《法商研究》2018 年第 5 期；王滢：《公司决议行为的双阶构造及其效力评价模式》，载《当代法学》2021 年第 5 期；吴飞飞：《论决议对法律行为理论的冲击及法律行为理论的回应》，载《当代法学》2021 年第 4 期。

〔2〕 数据来源国家统计局官网：http://www.stats.gov.cn/tjsj/sjjd/202007/t20200713_ 1775410. html，2021 年 1 月 4 日访问。

〔3〕 数据来源国家统计局官网：http://www.stats.gov.cn/tjsj/sjjd/202007/t20200713_ 1775410. html，2021 年 1 月 4 日访问。

250 个和 150 个左右。[1]当今中国早已经迈入了"公司帝国主义"时代，《民法典》有必要对商业实践的发展予以积极回应。第二，各地层出不穷的营商环境改革创新催生市场主体权利和主权意识的觉醒和高涨，是营利法人所有权制度"入典"的实践动因之二。广东省较早在全国推行商事登记制度改革试点，分别在 2015 年 12 月 3 日和 2016 年 7 月 28 日出台《广东省商事登记条例》《广东省市场监管条例》，借鉴国际营商环境评价通例对标国际开展开办企业便利度评估和排名，尊重商事主体的意思高度自治和自我管理，发挥企业市场主体作用。深圳市更是力度空前，几乎每年都会出台营商环境新举措。如《深圳市关于加大营商环境改革力度的若干措施》（2018 年）、《深圳市建设国际一流营商环境改革创新试验区行动方案》（2019 年）、《深圳市 2019 年优化营商环境改革工作要点》（2019 年）、《深圳经济特区优化营商环境条例》（2020 年）、《深圳市 2021 深化"放管服"改革优化营商环境重点任务工作清单》（2021 年）、《深圳市贯彻〈深圳经济特区优化营商环境条例〉实施方案》（2021 年）等。其他诸如《上海市着力优化营商环境加快构建开放型经济新体制行动方案》（2017 年）、《辽宁省优化营商环境条例》（2017 年）、《河北省优化营商环境条例》（2017 年）、《陕西省优化营商环境条例（草案）》（2017 年）、《浙江省优化营商环境条例（草案）》（2018 年）等。陕西省更是将 2018 年确定为"营商环境提升年"，对标世界银行《全球营商环境报告》核心评价指标，[2]提出全面实施优化提升营商环境"十大行动"[3]。各地营商环境改革为法人所有权制度"入典"奠定了坚实的实践基础。

综上，《民法典》确立营利法人所有权制度非一蹴而就，而是政策、理论、实践因素互动和互融的结果，我们应当立体化、多向度地透视营利法人

---

〔1〕 参见粤港澳大湾区研究院、21 经济研究院 2020 年 12 月 21 日发布的《2020 年中国 296 个地级及以上城市营商环境报告》，载 http://m.gmw.cn//baijia/2020-12/231301969425.html，2021 年 1 月 4 日访问。

〔2〕《全球营商环境报告》是世界银行于 2001 年成立的 Doing Business 小组创建的一套评估各国私营部门发展环境的指标体系。评估对象涉及 190 个国家（地区），内容涵盖企业生命周期的 10 个领域：开办企业、办理施工许可、获得电力、登记财产、获得信贷、保护投资者、纳税、跨境贸易、执行合同和办理破产。

〔3〕 包括开办企业、办理施工许可、接入水电气暖、办理不动产登记、信贷、纳税、跨境贸易和投资便利化、降成本等八方面和营商环境监测评价和强化督查考核两方面，对营商环境建设提出明确的量化目标和实现目标的措施及办法。

所有权制度"入典"之动因。那种将营利法人所有权制度"入典"理解为单纯由国家"自上而下"的"强制性制度变迁"或由市场"自下而上"的"诱致性制度变迁"均难言准确。[1]

三、营利法人所有权制度"入典"的体系效应

"一切法都要受到目的和利益的约束",[2]法律规则设计应当考虑其可能带来的实益和效用。在澄清了营利法人所有权制度"入典"的历史由来及其"入典"动因后,从体系化的视角观察,营利法人所有权制度"入典"会给民商法尤其是公司法理论、制度、实践带来怎样效应和实益呢?对此,可以从三个层面展开。

(一)理论层面

1. 乃践行"民商合一"之微观著例

我国《民法典》编纂之初即秉持"民商合一"的立法体例,[3]《民法典》对商事关系的纳入模式和纳入商法规范的数量和质量直接决定着"民商合一"立法体例之成败。关于民商立法体例之选择,在民法典编纂之初学术界存在"独立成编、独立成章、独立成条、完全融合"四种模式,[4]最终《民法典》选用了"完全融合"模式。在这一模式指导之下,如何将体现商事关系特点的"一般性、共通性、普适性"规定融入《民法典》是一项颇具难度和挑战性的课题。营利法人所有权制度"入典"可谓践行"民商合一"立法体例的微观著例和生动实践。[5]一方面,该制度属于《民法典》"物权编"第二分编"所有权"立法的重要内容,确立营利法人所有权制度是贯彻《物权法》

---

〔1〕 林毅夫将制度变迁分为诱致性制度变迁和强制性制度变迁两种类型。前者指一群(个)人在响应由制度不均衡引致的获利机会时所进行的自发性变迁;后者指由政府法令引致的制度变迁。参见林毅夫:《关于制度变迁的经济学理论:诱致性制度变迁与强制性制度变迁》,刘守英译,载〔美〕R.科斯等:《财产权利与制度变迁——产权学派与新制度学派译文集》,刘守英等译,上海三联书店、上海人民出版社2014年版,第269页。

〔2〕〔德〕伯恩·魏德士:《法理学》,丁晓春、吴越译,法律出版社2013年版,第232页。

〔3〕 参见《民法典立法背景与观点全集》编写组:《民法典立法背景与观点全集》,法律出版社2020年版,第135页。

〔4〕 参见雷兴虎、薛波:《〈民法总则〉包容商事关系模式研究》,载《甘肃政法学院学报》2017年第1期。

〔5〕 参见薛波:《民法典时代民商关系论》,上海人民出版社2021年版,第121页。

第 4 条和《民法典》第 207 条"一体承认、平等保护"原则之内在要求，营利法人所有权制度"入典"完善了所有权立法的内容，属于《民法典·物权编》的重大突破和创新。另一方面，营利法人所有权制度不仅是所有权的重要组成部分，更重要的是，它也是《公司法》的"基础性"和"命脉性"条款，在《公司法》整个制度体系中处于"总纲"和"引领"地位。承认公司对其拥有的全部责任财产的"意思独断"和"支配力"——法人所有权——是公司运营活动和对外交易（交换）活动开展的基础和前提，是《公司法》立法体系的"核心"和"关键"所在。承认法人所有权等于确立了公司的独立人格、独立意思能力和责任能力，使股东有限责任、股权（份）转让、公司所有权和控制权分离理论具有实质意义。根据现代英美公司法理论，有限责任作为现代公司法的基石，以保护公司所有者个人资产免受公司债权人侵害为目的，其和"实体保护"[1]规则结合才能发挥其功能。所谓"实体保护"即强调将主体（公司）资产隔离于该实体的所有者的债权人，不能成为这些人的个人债权人的担保。[2]有限责任和实体保护二者共同创建了公司法上的"资产分割"制度。借此，公司资产构成了公司债权人的担保，所有者个人财产构成了该所有者个人债权人的担保。[3]借助"资产分割"公司债权人和所有者的个人债权人在监督和评估公司及所有者个人财产方面各司其职，使得资金供给方可以专注于对资金接收方的特定风险的评估、调查和监督。[4]能够在整体上降低公司及其所有者的融资成本，灵活分配股东和债权人之间的风险和回报，简化企业和个人破产程序，而且通过将公司资产隔绝于所有者个人财产，促进了股份流通和交易。[5]营利法人所有权和这些公司

---

〔1〕 "实体保护"这一术语，核心特征被描述为"确定性资产分割"。Henry Hansmann, Reinier Kraakman, and Richard Squire, "Law and the Rise of the Firm", *119 Harvard Daw Review*, Vol. 119, No. 5, 2006, p. 1333.

〔2〕 参见 ［美］莱纳·克拉克曼等：《公司法剖析：比较与功能的视角》（第 2 版），罗培新译，法律出版社 2012 年版，第 7 页。

〔3〕 参见 ［美］莱纳·克拉克曼等：《公司法剖析：比较与功能的视角》（第 2 版），罗培新译，法律出版社 2012 年版，第 10 页。

〔4〕 参见 ［英］艾利斯·费伦：《公司金融法律原理》，罗培新译，北京大学出版社 2012 年版，第 14 页。

〔5〕 参见 ［美］莱纳·克拉克曼等：《公司法剖析：比较与功能的视角》（第 2 版），罗培新译，法律出版社 2012 年版，第 10~11 页。

法的基础制度相连相契、共频共振，一道融通和活化了公司法制度体系。

2. 有助于重识法人本质之学说

营利法人所有权制度"入典"有助于重新认识和评价法人本质之学说。法人本质是法人研究的基础性问题，长期以来争论不休，至今仍无定论。主要包括三种学说：①法人拟制说。该说为罗马注释法学派所首倡，是最早关于法人的学说，亦是对英美法系影响最大的一种学说。12世纪至13世纪就有罗马法注释法学家解释，法人为有团体名义之多数人的集合，法人是独立存在的"抽象人"。[1]14世纪罗马教皇英诺肯季四世在解释教会团体性质时指出："法人人格乃是基于法之拟制，法人纯为观念的存在。"[2]注释法学家代表巴特鲁斯进一步强调："自然人是实在的人类，法人则为无肉体、无精神的观念上的存在，只不过为法律所拟制的产物。"近代法人拟制说的代表当首推德国历史法学派巨擘萨维尼（Saving），他认为，仅自然人为法律秩序之法律主体，法人不过是自然人的变形，通过法律之力将社团拟制为自然人。[3]法人拟制说建立在19世纪理性主义社会思潮基础上，确认个人乃私法之终极关怀的人文主义法学观，契合了当时反封建的时代主题。该说突出法人成为权利主体的法技术因素，折射出权利主体的构造物。②法人实在说。该说肇源于日耳曼法上的团体思想，为德国法学家基尔克（Otto von Gierke）所首倡。19世纪末，社会团体的社会价值受到极大重视，法人实在说应运而生。法人实在说和拟制说截然对立，认为以法人之实体，非为法律之创造物，乃为一种社会实在。[4]法人实在说具体又包括有机体说和组织体说，前者认为社团有机体有其独立的意思能力，社团不因法律拟制而存在，而是一种社会实在；后者认为法人是一种组织体，法人的意志和目的在于实现法人自身的利益，法人实在说确立了法人成为权利主体的事实基础，为法人人格独立提供了有力辩护。③法人否认说。法人否认说包括目的（无主）财产说、受益者主体说和管理者主体说。[5]法人否认说试图从实证和法社会学角度研究法人本质，认识到了法人内部的利益冲突，为现代公司治理结构和分权提供了思想基础，

〔1〕 参见朱慈蕴：《公司法人格否认法理研究》，法律出版社1998年版，第20页。

〔2〕 王利明、郭明瑞、方流芳：《民法新论》，中国政法大学出版社1988年版，第217页。

〔3〕 参见王泽鉴：《民法总则》，北京大学出版社2009年版，第150页。

〔4〕 参见史尚宽：《民法总论》，张谷校勘，中国政法大学出版社2000年版，第139页。

〔5〕 参见史尚宽：《民法总论》，张谷校勘，中国政法大学出版社2000年版，第139~140页。

但却忽视了法人的相对独立性。尽管"法人现象一经产生其本质就一直是一个悬而未决的法哲学争议命题"。[1]但是如果从营利法人所有权视角切入观察法人本质的各种学说，则会发现法人否认说和法人拟制说存在明显不足，法人实在说和营利法人所有权制度之确立是相吻合的。

（二）制度层面

1. 丰富和完善了《民法典》产权制度体系

《民法典》作为一部"固根本、稳预期、利长远"的基础性法律，对发展中国特色社会主义市场经济，巩固社会主义基本经济制度意义重大。[2]编纂《民法典》的核心目标之一就是要进一步完善以"自治、公平、效率"为核心的产权确认和产权保护制度。[3]《民法典》在系统总结现行民商事单行法、司法解释和司法解释性质文件以及案例指导制度经验的基础上，[4]回应时代关切，建立起了完善的产权确认和产权保护制度体系。《民法典》第3条规定民事主体的人身权利、财产权利及其他合法利益受法律保护，第4条规定民事主体在民事活动中的法律地位一律平等，第6条规定从事民事活动应遵循公平原则，这些规定确立了产权保护的基本制度框架，具有重大的宣示价值和实践意义。《民法典》第206条第3款规定，国家保障一切市场主体的平等法律地位和发展权利，第207条规定国家、集体、私人的物权和其他权利人的物权受法律平等保护，任何组织或者个人不得侵犯，确立了各类民事主体产权平等保护的法律依据。《民法典》第269条第1款的营利法人所有权制度和这些规定的立法精神和宗旨可谓一脉相承，一道构筑起了系统完备的产权制度体系。

---

〔1〕 参见［德］G. 拉德布鲁赫：《法哲学》，王朴译，法律出版社2005年版，第150页。

〔2〕 参见习近平：《充分认识颁布实施民法典重大意义 依法更好保障人民合法权益》，载《求是》2020年第7期。

〔3〕 参见全国人民代表大会常务委员会法制工作委员会主任沈春耀2018年8月27日在第十三届全国人民代表大会常务委员会第五次会议上所作的《关于民法典各分编（草案）的说明》。

〔4〕 我国《民法典》统合吸收了民商单行法、民商司法解释以及司法解释性质文件、案例指导制度这四类法源。详细分析参见薛波：《后民法典时代司法解释与案例指导制度功能调适论》，载《河北法学》2021年第2期。

2. 为《公司法》第 3 条第 1 款修改提供基本遵循[1]

《民法典》和《公司法》属于上位法和下位法、一般法和特殊法的关系。《民法典》"总则编"作为私法的"总纲"和"一般性"规定之集成，对《公司法》等各商事单行法的修订具有引导意义。《公司法》修订不得和《民法典·总则编》的基本理念、精神实质相抵触，不得违背《民法典》的基本原则，这是《民法典》和《公司法》关系协调的法理基础和基本要求。[2]《民法典》第 269 条第 1 款为《公司法》第 3 条第 1 款的修改提供了遵循，正在修改中的《公司法》有必要对标《民法典》269 条第 1 款及时作出相应调整和修订，以保持私法立法体系内部的融贯和一致，法律适用的统一和协调。具言之：①将《公司法》第 3 条第 1 款第一句中的"企业法人"修改为"营利法人"，明确公司的性质为"营利法人"，以和《民法典·总则编》确立的"营利法人、非营利法人、特别法人""三分法"的法人分类模式及《民法典·物权编》第 240 条、第 269 条第 1 款的规范内容相衔接。②将《公司法》第 3 条第 1 款的"法人财产权"直接修改为"法人所有权"并明确公司以股东投资形成的股本、公司经营所获得的利润和其他一切合法财产对公司的债务承担责任。修改后的条文为：公司是营利法人，有独立的法人财产，享有法人财产所有权。公司以股东投资形成的股本、公司经营所获得的利润和其他一切合法财产对公司的债务承担责任。在确立了公司独立财产和地位之后，犹如找到了开门的"钥匙"，后续公司资本制度和治理制度改革才能顺畅推进。

（三）实践层面

1. 有助于检视《公司法》的实施效果

如果从营利法人所有权的视角来检视我国 2013 年底完成的公司资本缴纳制度改革，则改革目标和制度设计存在诸多偏谬之处。完全认缴制虽然强化了股东对出资事项（出资缴纳期限、类型、方式）的自治权，尤其在出资缴

---

[1] 参见薛波、雷兴虎：《公司法确立法人财产所有权的理论证成》，载《甘肃社会科学》2022 年第 2 期。

[2] 参见郭富青：《论公司法与邻近法律部门的立法协同》，载《法律科学（西北政法大学学报）》2021 年第 6 期。

纳期限上完全脱离了法律控制轨道，[1]允许股东（发起人）约定和公司章程自治，有助于实现"大众创业、万众创新"的政策目标。但是，由于 2013 年公司资本制度改革缺乏正确的目标引导和体系化的制度设计，在有关涉公司资本制度改革核心—公司筹资"机动性"和"灵活性"—这一问题上未做任何适应性改进。当前，我国公司资本制度形成模式仍然属于法定资本制范畴。[2]公司资金筹措的"弹性"仍然掌握在"股东"而非"公司"手里，立法未赋予公司机关（董事会/执行董事）对公司资金筹措的决定权和自主权，董事会/执行董事未拥有根据公司实际经营需要在公司章程授权额度内发行股份的权利。尤为严重的是，完全认缴制形成的"认"和"缴"分离机制使得股东（发起人）完全可能只"认"不"缴"或"认"而"少缴"，在为股东彻底"松绑"的同时，却未能建立起相应的出资约束/控制机制和催缴机制，导致股东—公司—公司债权人之间利益关系失衡。[3]有学者批评认为，完全认缴制使公司财产和股东财产的区分原则遭到破坏，不仅严重削弱了公司独立人格，弱化公司的稳定性和可信度，亦不利于有限责任功能的发挥。[4]

为弥补完全认缴制诱致之缺陷，学术界已经提出了多种主张和解决方案。例如，为保障公司资本的及时到位和股东出资得以全面、真实的缴纳，有学者提出，应当建立以董事会/执行董事为主导的出资催缴机制。[5]还有学者就该机制的催缴主体、催缴事由、催缴方式、催缴时限以及催而未缴的法律后果做了系统设计。[6]《中华人民共和国公司法修订草案》（以下简称《修订草案》）第 48 条亦吸收了学术界的讨论成果和《九民纪要》第 6 点关于在公司

〔1〕 参见邹海林：《我国司法实务应对公司注册资本制度改革的路径选择》，载《法律适用》2014 年第 5 期。

〔2〕 参见赵旭东：《资本制度变革下的资本法律责任——公司法修改的理性解读》，载《法学研究》2014 年第 5 期。

〔3〕 参见甘培忠：《论公司资本制度颠覆性改革的环境与逻辑缺陷及制度补救》，载《科技与法律》2014 年第 3 期。

〔4〕 参见徐强胜：《我国公司人格的基本制度再造——以公司资本制度与董事会地位为核心》，载《环球法律评论》2020 年第 3 期。

〔5〕 参见袁碧华：《"认"与"缴"二分视角下公司催缴出资制度研究》，载《中国法学》2019 年第 2 期。

〔6〕 参见薛波：《公司存续中股东出资义务加速到期的困境及其破解》，载《西部法学评论》2021 年第 5 期。

不能清偿到期债务且明显缺乏清偿能力时公司或公司债权人的催缴权的裁判规则，明确规定因公司不能清偿到期债务并且明显缺乏清偿能力的，公司或者债权人有权要求已认缴出资但是未届缴纳期限的股东提前缴纳出资。《修订草案》第48条旨在明确股东认缴尚未实际缴付的出资已属于公司的责任财产，股东的出资期限利益不得对抗公司资本充足要求，试图为公司责任财产的范围划定一个清晰边界。但是出资催缴权的制度设计首先是以公司对其财产"所有"和"控制"为基础和前提的。如果不明确公司法人所有权的概念和归属问题，则公司和债权人催缴权构建犹如空中楼阁、无从谈起。

再如，2005年我国《公司法》修订史无前例地将公司法人格否认制度成文化，此举亦存在进一步探讨空间。[1]无论在大陆法系抑或英美法系国家，公司法人格否认制度作为公司人格独立和股东有限责任原则的"例外"和"补充"，均是作为判例法存在的，[2]并且该制度特定的适用范围、模糊的适用标准和严格的适用条件，亦给其精准适用带来了不小障碍和难题，[3]以至于在国外对法人格否认制度的批评和质疑从未间断过。[4]例如，美国著名公司法学者弗兰克·艾斯特（Frank Easter）和丹尼尔·费舍尔（Daniel Fischel）教授形象地将法人格否认案件比喻为"闪电"，发生概率不高但后果极其严重，纯属随机事件，毫无原则性可言。[5]还有学者将之描述为"公司法的沼泽地"或者"司法的乐透抽奖"，完全无章可循，难以预测，充满了变数，一切听天由命。[6]而实证研究显示，我国公司法人格否认制度的适用率较之于

---

〔1〕 值得检讨的是，《民法典》第83条第2款进一步将公司法人格否认制度"提升"至一般规定适用于公司、国有企业、集体企业等营利法人，该做法违背了法人格否认制度设计的宗旨。批评意见参见薛波：《公司法人格否认制度"入典"的正当性质疑——兼评〈民法总则〉"法人章"的立法技术》，载《法律科学（西北政法大学学报）》2018年第4期。

〔2〕 参见［德］格茨·怀克、克里斯蒂娜·温德比西勒：《德国公司法》（第21版），殷盛译，法律出版社2010年版，第389页。

〔3〕 参见薛波：《公司法人格否认制度"入典"的正当性质疑——兼评〈民法总则〉"法人章"的立法技术》，载《法律科学（西北政法大学学报）》2018年第4期。

〔4〕 Stephen M. Bainbridge, "Abolishing Veil Piercing", 26 J. Corp. L, 479, 535（2001）.

〔5〕 Frank H. Easterbrook & Daniel R. Fischel, "Limited Liability and the Corporation", 52U. Chi. L. Rev. 89, 89（1985）; see also John Farrar, "Fraud, Fairness and Piercing the Corporate Veil", 16 *Canadian Business Law Journal*, 474, 478（1990）.

〔6〕 Robert Thompson, "Piercingc the Corporate Veil: Is the Common Law the Problem?", 37 Conn. L. Rev., 619, 623（2005）.

国外是比较高的。自 2006 年 1 月 1 日至 2010 年 12 月 31 日 5 年期间，我国共计有 99 件公司法人格否认案例，其中胜诉 63 个，胜诉率接近 2/3，这一数字同期明显高于国外，美国大概是 40%，英国是 47%，澳大利亚是 38%。频繁使用法人格否认制度无疑会戕害公司人格独立和有限责任这一现代公司组织之基石。

2. 有助于推进国有企业市场化改革

在当今经济全球化和一体化趋势放缓的现实下，中国的国有企业改革应当坚定不移坚持市场化的改革方向。应当承认，由国家出资到企业的财产应当按照"股权—法人所有权"的逻辑构建，并以此为基点完善国有企业的公司治理结构，妥善协调好股东会、董事会、监事会三会之间的职能和关系。同时，基于国企承担的政策性使命和企业社会责任承担方面的要求，应当妥善处理好国企党建建设、国企党委和公司内部治理机关的权界划分问题以及党组织参与公司治理的方式和边界、党组织在国有企业治理中的角色定位问题。这些问题都必须在承认公司法人所有权的逻辑和前提下展开。党组织只能对公司治理起到政策上的引领、引导、帮扶、助推作用，不能直接介入或干涉公司具体业务。在介入目的和方式上党委参与公司治理都是为了给公司经营提供便利和条件以提升公司运营效能。如果脱离了这一逻辑和主线，国有企业改革将会出现方向性的错误，中国特色社会主义市场经济建设亦将会付出不必要的成本。

对此，2021 年 12 月 24 日公布的《修订草案》的相关规定值得赞许和肯定。《修订草案》第 17 条在延续 2018 年《公司法》第 19 条对有限公司和股份有限公司中的党组织规定的基础上，对国有企业中党的领导做了特殊规定。《修订草案》说明部分强调，坚持党的领导，是国有企业的本质特征和独特优势，是完善中国特色现代企业制度的根本要求。[1]明确党对国有企业的领导，保证党组织把方向、管大局、保落实的领导作用。[2]《修订草案》第 145 条规定："国家出资公司中中国共产党的组织，按照中国共产党章程的规定发挥领

---

〔1〕 参见《关于〈中华人民共和国公司法（修订草案）〉的说明》，载 www. npc. gov. cn/npc/c199/list_ 2. shtml，2021 年 12 月 24 日访问。

〔2〕 参见《关于〈中华人民共和国公司法（修订草案）〉的说明》，载 www. npc. gov. cn/npc/c199/list_ 2. shtml，2021 年 12 月 24 日访问。

导作用，研究讨论公司重大经营管理事项，支持股东会、董事会、监事会、高级管理人员依法行使职权"。《修订草案》在强化党对国有企业的领导同时也以严谨的措辞明确了其职能边界，党组织对国有企业发挥领导作用的基础是依照党章的规定，党对国有企业的领导是"把方向""管大局"和"促落实"，是"支持"国有企业机关独立、依法行使职权而不是"直接""参与/介入"国有企业治理和具体业务。

3. 有助于纠正公司司法裁判的观念谬误

营利法人所有权制度"入典"对"侵占公司财产"和"抽逃出资"概念澄清亦具有基础意义。如果承认公司对于出资人（股东）投入到公司的动产、不动产享有所有权，则《公司法》第53条，《公司法司法解释（三）》第12条、第14条等关于抽逃出资的规定值得商榷。出资人（股东）所拥有和控制的动产或者不动产作为出资财产一旦移交给公司，出资人（股东）即丧失对该动产或不动产的所有权，获得的乃是基于该出资享有的对公司的股权。如果后续股东拿回该出资财产则显然属于"侵占公司财产"而非"抽逃出资"。对于以"侵占公司财产"取代"抽逃出资"这一中国公司立法和司法的概念的必要性和可行性，已有研究做了较为充分论证。[1]

再如，《公司法司法解释（三）》第13条规定，股东未履行或者未完全履行出资义务时，公司债权人请求未履行和未完全履行出资义务的股东在未出资本息范围内对公司债务不能清偿的部分承担补充赔偿责任的，人民法院应予支持；第14条第2款规定，公司债权人请求抽逃出资的股东在抽逃出资的本息范围内对公司债务不能清偿的部分承担补充赔偿责任的，人民法院应予支持；第18条规定有限责任公司的股东未履行或者未全面履行出资义务即转让股权，受让人如果知道或者应当知道，公司请求该股东履行出资义务、受让人对此承担连带责任的，人民法院应予支持；公司债权人依照本规定第13条第2款请求转让方在未出资的本息范围内对公司债务不能清偿部分承担补充赔偿责任，同时请求前述受让人对此承担连带责任的，人民法院应予支持。《公司法司法解释（三）》以较大篇幅规定了公司债权人对股东的直接

---

〔1〕 参见樊云慧：《从"抽逃出资"到"侵占公司财产"：一个概念的厘清——以公司注册资本登记制度改革为切入点》，载《法商研究》2014年第1期。

追诉权，本质系资本信用理念的强化，[1]其试图通过资本的信用担保功能为公司债权人提供全面的救济和周全保护。但是，按照法律关系原理，股东和公司债权人原本不存在任何法律关系，《公司法司法解释（三）》为保护债权人使其频繁"穿透"公司这一实体，可能会损及公司人格独立和股东有限责任原则。如果承认营利法人所有权，就应当明确公司以其全部的责任财产对债权人承担责任，而不是一味地直接要求股东为公司债权人"兜底"。如此，可能会抑制投资者积极性，亦不利于"大众创新、万众创业"优化营商环境目标之实现。

四、营利法人所有权制度和《公司法》的衔接

任何法律规范都不是孤立存在的，都是整个法律体系的一部分，[2]法学最重要的任务之一是要指出此规范和彼规范之间的意义关联。[3]通过前文第三部分的分析可见，营利法人所有权制度"入典"除为《公司法》第3条第1款之修订提供基本遵循之外。作为商法的一般性、基础性条款，营利法人所有权制度"入典"对商法尤其《公司法》影响最大，其功能实现还需要注意《公司法》和《民法典》相关制度的衔接和联动。

第一，对《公司法》第3条第1款之回应。《民法典》第269条第1款仅规定营利法人对其动产和不动产享有占有、使用、收益和处分的权利。前已述及，公司财产的类型极其广泛和多样，除动产和不动产之外，还包括债权以及商誉、商标、知识产权等无形财产权。《民法典》为恪守传统物权法"动产"和"不动产"二分逻辑，未将其他类型财产权涵盖进去。这种考虑关照到了《民法典》概念和体系逻辑的严谨性和科学性，在法理上具有一定正当性和可取性。但是正在修改中的《公司法》第3条第1款和《民法典》第269条第1款如何保持体系联动和适用衔接，是遵照《民法典》第269条第1款规定明确公司对其不动产和动产享有占有、使用、收益和处分的权利，还是进一步规定"公司法人所有权"或"公司法人财产所有权"不对其各种权

---

〔1〕 参见彭冰：《未完成的改革——以股东分期缴付出资制度为例》，载《华东政法大学学报》2006年第1期。

〔2〕 参见［德］伯恩·魏德士：《法理学》，丁晓春、吴越译，法律出版社2013年版，第141页。

〔3〕 参见［德］卡尔·拉伦茨：《法学方法论》，陈爱娥译，商务印书馆2003年版，第144页。

能作出列举式规定，抑或墨守成规沿袭"法人财产权"称谓，前文第三部分已给出明确答案。

第二，对《民法典》第269条第1款之优化。虽然《民法典》第269条第1款的历史进步值得肯定，但是就《民法典》第269条第1款的立法技术和功能实现而言，还存在优化和完善的空间。该款以"列举式"方式规定营利法人对其享有的不动产和动产享有占有、使用、收益、处分的权利，列举式虽然具有清晰明确的优点，但是不够精准并且涵盖力有限。当前《公司法》修改正在进行之中，如果此次公司法修改为"法人所有权"或者"法人财产所有权"，在作为该制度主要适用场域的《公司法》修改的前提下，《民法典》亦应当顺势而为，在未来修法时直接将其改为"法人所有权"；如果《公司法》对该款未作改动，《民法典》亦不能裹足不前，而应当大胆革新，也宜以一般法的形式明确"营利法人所有权"这一称谓而舍弃"列举式"。

第三，与抽逃出资规则群之联动。虽然前文对法人格否认制度"成文化"提出质疑，亦对以"侵占公司财产"取代"抽逃出资"概念表示赞同。但是在现行法律框架下，营利法人所有权制度需注意和这些规则群的衔接适用。在明确出资人将其支配的动产或不动产投入公司由公司享有所有权后，只要办理完相关产权权属变动手续，出资人不得直接支配已投入的出资财产。若事后拿回该出资或通过其他形式变相抽逃出资，公司可以根据《公司法》第53条、第105条、第253条和《公司法司法解释（三）》第12条、第14条、第17条、第19条要求股东返回出资本息，协助抽逃出资的其他股东、董事、高管或者实际控制人承担连带责任；公司债权人可以诉请抽逃出资股东在抽逃出资本息范围内对公司债务不能清偿部分承担补充责任，协助抽逃的其他股东和公司利害关系人承担连带责任。若股东滥用出资人权利逃避债务严重损害公司债权人利益的，公司债权人可依据《民法典》第83条第2款和《公司法》第23条规定诉请公司和股东对法人债务承担连带责任。但从维护公司法人财产所有权的完整性和独立性而言，笔者认为在适用该制度时应当从严把握其适用范围和适用要件，不可为了保护债权人利益而恣意"刺穿"公司面纱。

第四，公司章程对《民法典》第269条第1款适用之排除。该款规定营利法人对其动产和不动产依照法律、行政法规和章程规定享有所有权，存在进一步解释的空间。如果公司章程和法律、行政法规关于公司某项（个）动产或不动产的权利归属问题发生冲突，不动产根据《民法典》第 209 条、第 261 条之规定，以不动产登记簿为确定物权归属和内容之依据。如果是动产或者某项专利等无形财产权，抑或事后查知出资人以盗赃物出资的，如何确定该出资财产的归属？此时章程可否"排除"法律或者行政法规甚至刑法规定"优先"适用？还是径直适用《民法典》第 153 条因公司章程规定违反强制性规定无效，此涉及对章程（私法）自治空间及对章程作为裁判法源的地位和功能之认识。[1]对此，尚待法教义学/解释学进一步的补强。

---

〔1〕 对于章程的裁判法源地位有学者做了深入研究。参见钱玉林：《作为裁判法源的公司章程：立法表达与司法实践》，载《法商研究》2011 年第 1 期。

主要参考文献

一、中文著作

【1】孙隆基：《中国文化的深层结构》，中信出版社 2015 年版。

【2】费孝通：《中国文化的重建》，华东师范大学出版社 2014 年版。

【3】苏力：《制度是如何形成的》，北京大学出版社 2007 年版。

【4】季卫东：《法治秩序的构建》，商务印书馆 2014 年版。

【5】张文显：《法哲学范畴研究》，中国政法大学出版社 2001 年版。

【6】葛洪义：《法律方法讲义》，中国人民大学出版社 2009 年版。

【7】严存生：《法理学》，中国政法大学出版社 2009 年版。

【8】舒国滢主编：《法理学导论》，北京大学出版社 2012 年版。

【9】董皞主编：《中国判例解释构建之路》，中国政法大学出版社 2009 年版。

【10】王伟国：《最高人民法院民商事类司法解释研究》，中国人民大学出版社 2010 年版。

【11】周枏：《罗马法原论》（上册），商务印书馆 2014 年版。

【12】梅仲协：《民法要义》，中国政法大学出版社 1998 年版。

【13】胡长清：《中国民法总论》，中国政法大学出版社 1997 年版。

【14】郑玉波：《民法总则》，中国政法大学出版社 2003 年版。

【15】史尚宽：《民法总论》，中国政法大学出版社 2000 年版。

【16】王泽鉴：《民法总则》，北京大学出版社 2009 年版。

【17】苏永钦：《寻找新民法》，北京大学出版社 2012 年版。

【18】谢怀栻：《外国民商法精要》，法律出版社 2014 年版。

【19】谢怀栻：《民法总则讲要》，北京大学出版社 2007 年版。

【20】江平主编：《民法学》，中国政法大学出版社 2018 年版。

【21】张俊浩主编：《民法学原理》，中国政法大学出版社 1997 年版。

【22】梁慧星：《民法总则讲义》，法律出版社 2021 年版。

【23】王利明：《民法总则研究》，中国人民大学出版社 2018 年版。

【24】 孙宪忠：《权利体系与科学规范——民法典立法笔记》，社会科学文献出版社 2018 年版。

【25】 李永军：《民法总论》，中国政法大学出版社 2019 年版。

【26】 朱庆育：《民法总论》，北京大学出版社 2013 年版。

【27】 朱庆育：《意思表示解释理论：精神科学视域中的私法推理理论》，中国政法大学出版社 2004 年版。

【28】 寇志新主编：《民法学》（上册），陕西科学技术出版社 1989 年版。

【29】 董安生：《民事法律行为》，中国人民大学出版社 1994 年版。

【30】 柳经纬：《当代中国私法进程》，中国法制出版社 2013 年版。

【31】 冉克平：《意思表示瑕疵：学说与规范》，法律出版社 2018 年版。

【32】 《民法典立法背景与观点全集》编写组编：《民法典立法背景与观点全集》，法律出版社 2020 年版。

【33】 《民法总则立法背景与观点全集》编写组编：《民法总则立法背景与观点全集》，法律出版社 2017 年版。

【34】 陈甦主编：《民法总则评注》（下册），法律出版社 2017 年版。

【35】 张新宝：《〈中华人民共和国民法总则〉释义》，中国人民大学出版社 2017 年版。

【36】 柯芳枝：《公司法论》，中国政法大学出版社 2004 年版。

【37】 王文宇：《公司法论》，中国政法大学出版社 2003 年版。

【38】 江平主编：《新编公司法教程》，法律出版社 2003 年版。

【39】 赵旭东主编：《公司法学》，高等教育出版社 2012 年版。

【40】 朱慈蕴：《公司法人格否认法理研究》，法律出版社 1998 年版。

【41】 雷兴虎主编：《公司法新论》，中国法制出版社 2001 年版。

【42】 李建伟：《公司法学》，中国人民大学出版社 2024 年版。

【43】 蒋大兴：《公司法的展开与评判：方法·判例·制度》，法律出版社 2001 年版。

【44】 钱玉林：《股东大会决议瑕疵研究》，法律出版社 2005 年版。

【45】 黄辉：《现代公司法比较研究——国际经验及对中国的启示》，清华大学出版社 2011 年版。

二、中文译著

【1】 ［德］茨威格特、克茨：《比较法总论》，潘汉典等译，法律出版社 2003 年版。

【2】 ［美］约翰·亨利·梅里曼：《大陆法系》，顾培东、禄正平译，法律出版社 2007 年版。

【3】 ［奥］凯尔森：《法与国家的一般理论》，沈宗灵译，中国大百科全书出版社 2006

年版。

【4】［德］马克斯·韦伯：《论经济与社会中的法律》，张乃根译，中国大百科全书出版社1998年版。

【5】［德］霍尔斯特·海因里希·雅科布斯：《十九世纪德国民法科学与立法》，王娜译，法律出版社2003年版。

【6】［英］弗里德利希·冯·哈耶克：《法律、立法与自由》（第1卷），邓正来等译，中国大百科全书出版社2000年版。

【7】［美］迈克尔·E.泰格：《法律与资本主义的兴起》，纪琨译，上海辞书出版社2014年版。

【8】［德］卡尔·恩吉施：《法律思维导论》，郑永流译，法律出版社2013年版。

【9】［美］格伦顿、戈登、奥萨魁：《比较法律传统》，米健等译，中国政法大学出版社1993年版。

【10】［美］艾伦·沃森：《民法法系的演变及形成》，李静冰、姚新华译，中国法制出版社2005年版。

【11】［德］康德：《法的形而上学原理——权利的科学》，沈叔平译，商务印书馆2003年版。

【12】［德］古斯塔夫·拉德布鲁赫：《法学导论》，米健译，商务印书馆2013年版。

【13】［德］古斯塔夫·拉德布鲁赫：《法哲学》，王朴译，法律出版社2013年版。

【14】［德］卡尔·拉伦茨：《德国民法通论》（上册），王晓晔等译，法律出版社2017年版。

【15】［德］卡尔·拉伦茨：《法学方法论》，陈爱娥译，商务印书馆2003年版。

【16】［德］伯恩·魏德士：《法理学》，丁晓春、吴越译，法律出版社2013年版。

【17】［法］孟德斯鸠：《论法的精神》，许明龙译，商务印书馆2012年版。

【18】［美］罗斯科·庞德：《普通法的精神》，唐前宏等译，法律出版社2010年版。

【19】［日］大木雅夫：《比较法》，范愉译，法律出版社2006年版。

【20】［意］罗道尔夫·萨科：《比较法导论》，费安玲等译，商务印书馆2014年版。

【21】［德］罗尔夫·克尼佩尔：《法律与历史》，朱岩译，法律出版社2003年版。

【22】［德］维尔纳·弗卢梅：《法律行为论》，迟颖译，法律出版社2013年版。

【23】［德］迪特尔·梅迪库斯：《德国民法总论》，邵建东译，法律出版社2000年版。

【24】［日］近江幸治：《民法讲义》，渠涛等译，北京大学出版社2015年版。

【25】［日］我妻荣：《新订民法总则》，于敏译，中国法制出版社2008年版。

【26】［日］山本敬三：《民法讲义》，解亘译，北京大学出版社2012年版。

【27】［日］星野英一：《现代民法基本问题》，段匡、杨永生译，上海三联书店2012

年版。

【28】［美］罗纳德·科斯：《社会成本问题》，刘守英等译，载［美］罗纳德·科斯等：《财产权利与制度变迁——产权学派与新制度学派译文集》，上海三联书店、上海人民出版社 2014 年版。

【29】［加］布莱恩·R. 柴芬斯：《公司法：理论、结构和运作》，林华伟等译，法律出版社 2001 年版。

【30】［美］莱纳·克拉克曼等：《公司法剖析：比较与功能的视角》，罗培新译，法律出版社 2012 年版。

【31】［英］艾利斯·费伦：《公司金融法律原理》，罗培新译，北京大学出版社 2012 年版。

【32】［德］格茨·怀克、克里斯蒂娜·温德比西勒：《德国公司法》，殷盛译，法律出版社 2010 年版。

三、中文论文

【1】张文显：《论建构中国自主法学知识体系》，载《法学家》2023 年第 2 期。

【2】沈宗灵：《二战后美国法律对民法法系法律的影响》，载《北京大学学报（哲学社会科学版）》1995 年第 5 期。

【3】季卫东：《程序比较论》，载《比较法研究》1993 年第 1 期。

【4】顾培东：《我国成文法体制下不同属性判例的功能定位》，载《中国法学》2021 年第 4 期。

【5】谢怀栻：《大陆法国家民法典研究》，载《外国法译评》1994 年第 3 期。

【6】杨振山、王洪亮：《继受法律的理性科学化——当代法学家的使命与继受法律的理论化》，载《比较法研究》2004 年第 1 期。

【7】梁慧星：《中国民法学的历史回顾与展望》，载《望江法学》2007 年第 1 期。

【8】梁慧星：《论企业法人与企业法人所有权》，载《法学研究》1981 年第 1 期。

【9】王利明：《法律行为制度的若干问题探讨》，载《中国法学》2003 年第 5 期。

【10】孙宪忠：《"政府投资"企业的物权分析》，载《中国法学》2011 年第 3 期。

【11】徐国栋：《〈法国民法典〉模式的传播和变形小史》，载《法学家》2004 年第 2 期。

【12】陈小君：《我国民法典：序编还是总则》，载《法学研究》2004 年第 6 期。

【13】苏永钦：《体系为纲，总分为宜——从民法典理论看大陆新制定的民法总则》，载《中国法律评论》2017 年第 3 期。

【14】柳经纬：《渐行渐远的民法典》，载《比较法研究》2012 年第 1 期。

【15】谢晖：《经验哲学之兴衰与中国判例法的命运》，载《法律科学》2000 年第 4 期。

【16】施天涛：《商事关系的重新发现与当今商法的使命》，载《清华法学》2017 年第
6 期。

【17】许中缘：《我国〈民法总则〉对民商合一体例的立法创新》，载《法学》2017 年第
7 期。

【18】张红：《论国家政策作为民法法源》，载《中国社会科学》2015 年第 12 期。

【19】薛军：《当我们说民法典，我们是在说什么》，载《中外法学》2014 年第 6 期。

【20】贺荣：《司法实践中深刻认识和把握民法典的中国特色实践特色时代特色》，载《人
民司法》2020 年第 22 期。

【21】袁明圣：《司法解释"立法化"现象探微》，载《法商研究》2003 年第 2 期。

【22】郭锋：《〈民法典〉实施与司法解释清理制定》，载《上海政法学院学报（法治论
丛）》2021 年第 1 期。

【23】张骐：《论中国案例指导制度向司法判例制度转型的必要性与正当性》，载《比较法
研究》2017 年第 5 期。

【24】陈兴良：《部门法理学之提倡》，载《法律科学（西北政法学院学报）》2003 年第
5 期。

【25】［德］A. F. J. 蒂堡：《论制定一部德意志统一民法典之必要性》，傅广宇译，载《比
较法研究》2008 年第 3 期。

【26】［法］让·路易·伯格：《法典编纂的主要方法和特征》，郭琛译，载《清华法学》
2006 年第 2 期。

【27】陈爱娥：《萨维尼：历史法学派与近代法学方法论的创始者》，载《清华法学》2003
年第 2 期。

【28】江平：《制定一部开放型的民法典》，载《政法论坛》2003 年第 1 期。

【29】张新宝：《侵权责任法的一般条款》，载《法学研究》2001 年第 4 期。

【30】刘艳红：《人性民法与物性刑法的融合发展》，载《中国社会科学》2020 年第 4 期。

【31】李建伟：《公司决议的外部效力研究——〈民法典〉第 85 条法教义学分析》，载
《法学评论》2020 年第 4 期。

【32】蒋大兴：《商法通则/商法典总则的可能体系——为什么我们认为"七编制"是合适
的》，载《学术论坛》2019 年第 1 期。

【33】钱玉林：《民法总则与公司法的适用关系论》，载《法学研究》2018 年第 3 期。

【34】王保树：《商事通则：超越民商合一与民商分立》，载《法学研究》2005 年第 1 期。

【35】王保树：《竞争与发展：公司法改革面临的主题》，载《现代法学》2003 年第 3 期。

【36】朱慈蕴：《股东违反出资义务应向谁承担违约责任》，载《北方法学》2014 年第
1 期。

【37】 冯果、李安安：《投资者革命、股东积极主义与公司法的结构性变革》，载《法律科学》2012 年第 2 期。

【38】 刘俊海：《改革开放 30 年来公司立法的回顾与前瞻》，载《法学论坛》2008 年第 3 期。

【39】 罗培新：《公司担保法律规则的价值冲突与司法考量》，载《中外法学》2012 年第 6 期。

【40】 邹海林：《我国司法实务应对公司注册资本制度改革的路径选择》，载《法律适用》2014 年第 5 期。

【41】 甘培忠：《论长期坚守我国法定资本制的核心价值》，载《法律适用》2014 年第 6 期。

【42】 谢鸿飞：《中国民法典的生活世界、价值体系与立法表达》，载《清华法学》2014 年第 6 期。

【43】 徐银波：《决议行为效力规则之构造》，载《法学研究》2015 年第 4 期。

【44】 王雷：《论民法中的决议行为——从农民集体决议、业主管理规约到公司决议》，载《中外法学》2015 年第 1 期。

【45】 张谷：《对当前民法典编纂的反思》，载《华东政法大学学报》2016 年第 1 期。

【46】 韩长印：《共同法律行为理论的初步构建——以公司设立为分析对象》，载《中国法学》2009 年第 3 期。

【47】 许中缘：《论意思表示瑕疵的共同法律行为——以社团决议撤销为研究视角》，载《中国法学》2013 年第 6 期。

【48】 陈醇：《意思形成与意思表示的区别：决议的独立性初探》，载《比较法研究》2008 年第 6 期。

【49】 张凌寒：《平台"穿透式监管"的理据及限度》，载《法律科学（西北政法大学学报）》2022 年第 1 期。

【50】 叶林：《商行为的性质》，载《清华法学》2008 年第 4 期。

【51】 叶林：《公司在股权转让中的法律地位》，载《当代法学》2013 年第 2 期。

【52】 王滢：《公司决议行为的双阶构造及其效力评价模式》，载《当代法学》2021 年第 5 期。

【53】 李永军：《从〈民法总则〉第 143 条评我国法律行为规范体系的缺失》，载《比较法研究》2019 年第 1 期。

【54】 瞿灵敏：《民法典编纂中的决议：法律属性、类型归属与立法评析》，载《法学论坛》2017 年第 4 期。

【55】 朱庆育：《意思表示与法律行为》，载《比较法研究》2004 年第 1 期。

【56】 王湘淳：《股东会决议：内涵界定与理论依托》，载《甘肃政法大学学报》2022 年第 3 期。

【57】 李志刚等：《认缴资本制语境下的股权转让与出资责任》，载《人民司法》2017 年第 13 期。

【58】 刘俊海：《公司法定代表人越权签署的担保合同效力规则的反思与重构》，载《中国法学》2020 年第 5 期。

【59】 迟颖：《法定代表人越权行为的效力与责任承担——〈民法典〉第 61 条第 2、3 款解释论》，载《清华法学》2021 年第 4 期。

【60】 高圣平、范佳慧：《公司法定代表人越权担保效力判断的解释基础——基于最高人民法院裁判分歧的分析和展开》，载《比较法研究》2019 年第 1 期。

【61】 江平、孔祥俊：《论股权》，载《中国法学》1994 年第 1 期。

【62】 赵旭东：《公司法上的有限责任制度及其评价》，载《比较法研究》1987 年第 1 期。

【63】 赵旭东：《资本制度变革下的资本法律责任——公司法修改的理性解读》，载《法学研究》2014 年第 5 期。

【64】 郭富青：《论公司法与邻近法律部门的立法协同》，载《法律科学》2021 年第 6 期。

【65】 甘培忠：《论公司资本制度颠覆性改革的环境与逻辑缺陷及制度补救》，载《科技与法律》2014 年第 3 期。

【66】 徐强胜：《我国公司人格的基本制度再造——以公司资本制度与董事会地位为核心》，载《环球法律评论》2020 年第 3 期。

【67】 黄辉：《中国公司法人格否认制度实证研究》，载《法学研究》2012 年第 1 期。

【68】 樊云慧：《从"抽逃出资"到"侵占公司财产"：一个概念的厘清——以公司注册资本登记制度改革为切入点》，载《法商研究》2014 年第 1 期。

【69】 彭冰：《未完成的改革——以股东分期缴付出资制度为例》，载《华东政法大学学报》2006 年第 1 期。

【70】 薛波：《私法决议行为的性质归属与体系效应》，载《荆楚法学》2023 年第 5 期。

【71】 薛波：《决议行为"入典"与法律行为分类理论重构》，载《社会科学》2022 年第 7 期。

【72】 薛波：《后民法典时代司法解释与案例指导制度功能调适论》，载《河北法学》2021 年第 2 期。

【73】 薛波：《公司法人格否认制度"入典"的正当性质疑——兼评〈民法总则〉"法人章"的立法技术》，载《法律科学（西北政法大学学报）》2018 年第 4 期。

【74】 薛波：《决议"入典"对法律行为概念的冲击与法律行为概念重勘》，载《学术界》2024 年第 3 期。

【75】 薛波：《后民法典时代民商法法源结构的效用评估与消极效用克服》，载《学术界》 2022 年第 9 期。

【76】 薛波：《中国特色民法典编纂方法的效应评估与消极效应祛除》，载《学术论坛》 2022 年第 5 期。

四、外文文献

【1】 Vernon V. Palmer, "The Death of a Code：TheBirth of a Digest", *Tulane Law Review*, 1988.

【2】 *Justice William O. Douglas's Comment in Joint Anti−Fascist Refugee Committee v. Mcgrath*, see United States Supreme Court Reports（95 law. Ed. OCT. 1950 Term），The Lawyers Cooperative Publish Company，1951.

【3】 John Rawls, *A Theory of Justice*, The Belknap Press of Harvard University Press, 1971.

【4】 Robert S. Summers, " Evaluating and Improving Legal Processes−A Plea for 'Process Values' ", *Cornell Law Review*, Vol. 60, No. 1. 1974.

【5】 Savigny, System des heutigen römischen Rechts, Bd. 3, S. 98.

【6】 Henry Hansmann, Reinier Kraakman and Richard Squire, "Law and the Rise of the Firm", 119 *Harvard Law Review*, Vol. 119, No. 5, 2006.

【7】 Stephen M. Bainbridge, " Abolishing Veil Piercing", 26 J. Corp. L, 479, 535（2001）.

【8】 Frank H. Easterbrook & Daniel R. Fischel, "Limited Liability and the Corporation", 52U. Chi. L. Rev. 89, 89（1985）.

【9】 John Farrar, "Fraud, Fairness and Piercing the Corporate Veil", 16 *Canadian Business Law Journal*, 474, 478（1990）.

【10】 Robert Thompson, "Piercing the Corporate Veil：Is the Common Law the Problem?", 37 Conn. L. Rev. , 619, 623（2005）.